LES LECTRICES ONT AIMÉ !

« De la frénésie de l'écrivain à la frontière entre réalité et fiction, tout est parfaitement maîtrisé pour que l'on entraperçoive à peine le dénouement. Une chose est sûre : romantique, ce livre l'est ! »

Aurélie, du blog *Mon jardin littéraire*

« Ce roman est une ode à l'art et à l'amour, où les personnages semblent aux mains d'un destin qu'ils ne contrôlent pas. L'écriture est agréable, avec des descriptions riches et des personnages dont la sensibilité est palpable. »

Maud, du blog *Les Tribulations d'une Maman Mammouth*

« Ce livre est une invitation à la poésie, à la littérature et à la musique. Écoutez le bruit des pages, il vous raconte l'histoire d'Éva et Polina, deux personnages que l'on n'a définitivement pas envie de quitter… »

Élodie, du blog *Au Chapitre*

« Une histoire entraînante, douce, poétique et littéraire. Une écriture efficace et juste. Un coup de cœur, un livre que l'on savoure tant pour l'histoire que pour l'amour de la littérature. »

Michelle, du blog *A book is always a good idea*

« Littérature et peinture s'unissent pour donner naissance à un bijou d'écriture. Le bruit des pages n'aura jamais été aussi doux. »

Laura, du blog *Devoratix Libri*

« L'auteure nous conte un récit plein de douceur, de romantisme et de poésie comme je n'en avais pas lu depuis longtemps. »

Alexandra, du blog *La bibliothèque des rêves*

« Une auteure qui transmet bien dans son roman sa passion pour l'écriture, la lecture et le goût des mots. Je suis émerveillée par cette imagination, par la poésie présente dans le livre, l'amour, et le destin des personnages ! »

Marie, du blog *Marie à tout prix happy*

« Entre ambiance feutrée et froid sibérien, ce livre m'a transportée du début à la fin. Éva nous démontre que, lorsque l'on croit en soi et en ses rêves, on peut tout réussir dans la vie. »

Élodie, du blog *Eliot et des livres*

29 boulevard Raspail
75007 Paris – France
www.editionscharleston.fr

ISBN : 978-2-36812-461-1

Maquette : Patrick Leleux PAO

Pour suivre notre actualité, rejoignez-nous sur Facebook (Editions.Charleston), sur Twitter (@LillyCharleston) et sur Instagram (@LillyCharleston) !

Livia Meinzolt

LE BRUIT DES PAGES

Roman

CHARLESTON

Je suis enceinte.
Depuis ma naissance, je suis enceinte
D'une histoire, d'un amour doux et puissant
Qui transcende les siècles et les frontières.

L'AVEU

> *« J'ai usé du stratagème ordinaire des romanciers :*
> *j'ai commencé par des épisodes captivants,*
> *extraits du milieu ou de la fin,*
> *et je les ai enveloppés de brouillard. »*
>
> Nikolaï Tchernychevski, *Que faire ?*

Lundi 27 février 1917, Petrograd

IL-EST-MORT. CE SONT LES TROIS MOTS les plus cuisants que j'ai eu à prononcer. Et pourtant, je ne souffrais pas encore. Non, j'étais bienheureux ! Ce n'est que face à votre douleur que j'ai réalisé mon erreur, ma cruelle illusion d'avoir voulu posséder ce qui ne peut souffrir aucun maître : l'amour. J'ai alors compris que mes espoirs n'étaient que chimères, mais je l'ai compris trop tard. Je l'avais déjà tué.

Ils l'ont tué, c'est ainsi que je vous l'ai annoncé. C'est vrai, ce n'est pas moi qui ai appuyé sur la gâchette. J'ai juste vu. J'ai vu, et je n'ai pas bougé, glacé, immobile entre les secondes, avec entre mes mains le seul geste capable de le sauver.

La balle s'est logée dans son dos, juste là, sous l'omoplate, à gauche près du cœur. Je le sais, parce que j'ai vu. J'ai contemplé sa chute, son effondrement sur le pavé.

Son corps entre mes bras, lorsque ses yeux vitreux se sont accrochés aux miens, tremblait encore de l'impact fatal. Il a toussé et de ses lèvres s'est échappé un filet de sang épais. Saisissant ma main sur sa poitrine, il a puisé dans ses ultimes forces pour murmurer :

— Tu prendras soin d'elle, n'est-ce pas ?

J'ai acquiescé, et ses prunelles se sont éteintes.

Et à cet instant, je n'ai pas pensé que mon ami était mort, non. J'ai cru que notre amour avait une chance, et pour cet amour je l'ai sacrifié.

Première partie

« L'amour, qui porte des coups si sûrs aux cœurs sensibles,
blessa cet infortuné par des charmes qu'une mort trop cruelle m'a ravis ;
et cet amour, que ne brave pas longtemps un cœur aimé,
m'attacha à mon amant d'un lien si durable, que la mort, comme tu vois,
n'en a pas rompu l'étreinte. »

Dante, A., Chant V de *L'Enfer, La Divine Comédie*

1

Elle frémit devant la beauté du tableau

L'AIR ÉTAIT DOUX, un pigeon prenait son envol, et le ronronnement d'une voiture disparaissait au coin de la rue. Les pas d'une jeune femme résonnaient sur les pavés encore humides, les ondulations de sa longue jupe corolle accompagnant la cadence de sa marche. Élégante, les épaules fines sous un chemisier fleuri, le pied souple, elle s'appelait Éva. Flottant à sa suite, un parfum d'ylang-ylang et une longue chevelure dorée. Ses iris d'azur reflétaient les fenêtres élancées des immeubles, les toits et, un peu plus haut, le ciel dominant Paris.

Éva aimait la rumeur de la ville, fourmilière qui s'éveille, qui bâille, s'étire, s'ébroue, et se prépare pour une nouvelle journée. Elle s'imaginait l'intimité des appartements environnants, les jambes enlacées des amoureux alanguis, le trait d'eye-liner rapide et adroit d'une femme pressée. Mais aujourd'hui, ce n'était pas l'une de ses promenades matinales habituelles. Éva avait une destination bien précise qui l'avait menée vers le quartier de la Butte-aux-Cailles, jusque devant cette façade grisonnante se dressant sur trois étages.

Elle s'immobilisa et contempla les grands volets de bois masquant la vitrine de l'ancienne librairie. Ventre noué, Éva s'avança vers la porte de l'immeuble et nota, lorsqu'elle introduisit la clé, le léger tremblement de ses mains. Elle entra et enclencha la lumière automatique du couloir.

Plus qu'une porte et j'y suis, courage...

La poignée familière, ronde et lisse, se rappela à sa paume. À l'intérieur, l'obscurité était complète. Seul le rayon projeté par l'ampoule dessinait quelques reliefs. Éva sortit sa lampe de poche, mais le timide faisceau ne s'avéra pas à la hauteur de ses espérances ; elle avait peur du noir. Bravant son appréhension, elle entra et une odeur âcre lui envahit les narines. Tandis qu'elle cheminait, ses empreintes suivaient ses pas sur la fine couche poussiéreuse.

Première étape, le compteur. Pas de panique.

Tout était censé fonctionner, sauf peut-être quelques ampoules ayant rendu l'âme. Elle buta sur une pile de livres qui s'effondra dans un bruit mat, grogna, et poursuivit son avancée jusqu'à la porte à double battant de l'arrière-boutique. Les gonds grincèrent.

Et mince, il fait encore plus noir ici...

Petite cuisine, minuscule salle de bains, ainsi qu'une cour sombre et humide. À tâtons, Éva actionna d'avance l'interrupteur et traversa, bras tendus, jusqu'à l'emplacement du compteur. Un clic, l'ampoule au plafond grésilla, et s'éclaira. Éblouie, elle demeura immobile. S'accoutumant à la lumière, ses yeux déchiffrèrent ce qui l'entourait. Elle caressa le papier peint aux motifs floraux défraîchit, frissonna, et retourna dans l'autre pièce toujours plongée dans l'obscurité. Par chance, l'électricité fonctionnait comme prévu. La tâche qui l'attendait n'était pas des moindres, une anarchie littéraire régnait dans chaque recoin, jusqu'au sommet des étagères qui occupaient la quasi-totalité de l'espace. En chêne, lourdes et imposantes, elles formaient un labyrinthe étriqué où s'entassaient quelques milliers d'ouvrages, à la reliure ancienne et abîmée. Le sol n'était pas épargné non plus et un peu partout surgissaient des tours branlantes, prêtes à s'effondrer à la première secousse. Contre l'un des murs, fière, coincée entre deux étagères, trônait l'antique horloge en acajou dont le balancement demeurait figé. Un nouveau frisson stria l'échine d'Éva.

Je ne peux plus reculer maintenant. Allez, étape par étape. Tout d'abord, aérer.

L'endroit était presque irrespirable. Éva ouvrit la porte-fenêtre donnant sur la cour jonchée de détritus, revint dans la pièce principale et soupira. Sous l'escalier, le vieux piano pleurait son éclat lustré d'antan et supportait, lui aussi, l'assaut des pages poussiéreuses.

Son regard se figea sur les marches menant à l'étage. Sa main, lorsqu'elle la posa sur la rampe, était moite d'appréhension. Le gémissement du bois l'accompagna jusqu'à un couloir sombre desservant trois portes. Elle actionna l'interrupteur et s'arrêta devant la première chambre sur la gauche. Inspirant, elle tourna la poignée et ouvrit grand la porte afin que la lumière pénètre à l'intérieur. Les contours du lit se dessinèrent dans la pénombre.

C'était là qu'elle avait trouvé Ernest, comme endormi. L'émotion lui serra l'estomac et elle prit à nouveau une profonde inspiration.

Ne pas y penser, efficacité.

L'ampoule étant grillée, elle avança à l'aveugle jusqu'à la fenêtre. Les volets résistèrent et elle s'y reprit à trois fois avant de venir à bout des gonds grippés. Soulagée par la clarté, elle inspecta la pièce. Rien n'avait changé, chaque chose était à sa place. Seule la poussière rappelait le chemin du temps. Elle ne s'attarda pas et passa à l'autre chambre, plus petite, dont la lucarne donnait sur la cour. Le lit étroit accueillait des piles de livres, magazines et journaux jaunis. Une commode en rotin et une solide armoire partageaient le reste de l'espace. La troisième pièce était plus un débarras qu'autre chose et un bric-à-brac hétéroclite s'y entassait.

Heureusement que Louna vient m'aider demain...

Éva avait deux semaines pour s'installer à la librairie avant la fin de son préavis. Là-bas, à son studio, les cartons étaient déjà empaquetés, tout était prêt. Le problème était devant ses yeux. Presque deux ans qu'elle n'avait pas voulu remettre les pieds ici. Deux ans où elle n'avait rien fait pour ranger ni nettoyer.

Éva avait rencontré Ernest plusieurs années auparavant, alors qu'elle venait tout juste de s'installer à Paris. Le vieil homme était déjà malade et n'ouvrait plus sa librairie. Le panneau « fermé » l'indiquait d'ailleurs de façon très explicite. Chaque fois qu'Éva passait devant, le grand rideau était tiré et on ne pouvait rien apercevoir à l'intérieur. La vitrine, en revanche, était habitée par quelques livres poussiéreux dont un qui attirait particulièrement son attention. Le titre était en russe, et cela était suffisant pour attiser sa curiosité. Éva, depuis l'enfance, était passionnée par la littérature, l'histoire, et la culture de ce pays.

Un jour, enfin, elle osa sonner. Après plusieurs minutes, le vieil homme vint lui ouvrir en claudiquant. Son visage était doux, son crâne dégarni, sur son nez glissait une paire de petites lunettes rondes et quelques poils blancs s'échappaient de ses grandes oreilles. Ils avaient discuté durant plus d'une heure, de littérature bien entendu, et Éva avait obtenu la permission de revenir farfouiller dans la librairie. Ernest était un érudit et elle s'enrichissait à son contact. Néanmoins, la santé du vieil homme déclinait et elle s'en rendit compte rapidement. Comme il ne voyait plus très bien, elle offrit de lui faire la lecture et cela devint très vite un rituel aussi précieux à l'un qu'à l'autre. Par générosité, mais aussi pour la remercier, Ernest lui laissait emprunter ce qui lui plaisait parmi l'énorme collection et, si d'aventure elle avait un coup de foudre pour un livre, il lui en faisait cadeau de bon cœur. Souvent, elle repartait les bras chargés d'ouvrages de toutes sortes, un sourire béat sur les lèvres. Solitaire, Éva fréquentait peu de gens et la compagnie d'Ernest lui était devenue si agréable qu'elle prit pour habitude de lui faire ses courses et de lui cuisiner des petits plats qu'ils dégustaient en tête à tête autour d'une bonne conversation. Ils parlaient de tout, de la vie, de l'humain et de la nature, de l'amour, de la mort et du temps qui passe, comme ils pouvaient aussi savourer de longs moments de silence. Les mois passant, Ernest finit par lui donner les clés afin qu'elle puisse aller et venir à sa guise, car même le trajet jusqu'à la porte lui devenait pénible. Sa santé s'aggravait et il refusait l'aide de qui que ce soit, excepté d'Éva, arguant qu'il mourrait bien quand il le faudrait.

Une après-midi, comme il était prévu qu'ils mangent des crêpes, Éva entra avec sa clé et s'installa à la cuisine. Supposant qu'Ernest avait prolongé sa sieste, elle ne le dérangea pas jusqu'à ce que tout fût prêt. Montant dans sa chambre pour le réveiller, elle eut le douloureux choc de le découvrir allongé dans son lit, paisiblement mort. Sa peine avait été grande, même si elle s'y était préparée maintes fois. Ce à quoi Éva ne s'attendait pas, c'est que le notaire du défunt la contacte pour l'ouverture du testament. Ernest n'avait aucune famille et avait pris soin de l'inscrire comme seule bénéficiaire de tout ce qu'il possédait, la librairie ainsi qu'un maigre pécule qu'elle avait accueilli avec stupeur et gratitude. Pourtant, elle n'y retourna pas. Trop de souvenirs aigres-doux et d'émotions se confrontaient en elle, lui donnant la nausée et la chair de poule à la seule idée d'y remettre les pieds.

Son rythme de travail s'intensifiant, Éva se plongea avec frénésie dans ses études de lettres, remisant l'existence de la librairie dans un coin de sa mémoire jusqu'à ce qu'en cette année 2016, à la fin du mois de février, les propriétaires de son studio lui annoncent qu'ils ne pourraient pas renouveler le bail. L'endroit devait être libéré fin mai. Trop préoccupée par les examens approchants et malgré les mises en garde de ses proches, Éva négligea ses recherches d'un nouvel appartement et se retrouva, ses examens achevés, au pied du mur, à court de temps et d'options. Elle se rendit à l'évidence : emménager à la librairie était sa seule solution. La montagne de travail et de rangement était considérable, voilà qui était sûr, mais au moins elle ne s'ennuierait pas.

Toujours debout face au débarras, Éva avisa un cadre emballé et se fraya un chemin jusqu'à lui. Elle le déshabilla et constata que la toile, correctement protégée, n'avait pas été endommagée. L'orientant vers la lumière, elle frémit devant la beauté du tableau.

Un ciel bleu où s'étiraient des nuages cotonneux, une clairière constellée de fleurs et de coquelicots, bordée d'une forêt de pins, de bouleaux et autres arbres inconnus. Au premier plan, sur la gauche, un acacia aux racines noueuses et au feuillage tendre veillait sur la prairie. Presque dissimulée par le large tronc, courbée sur un carnet, les jambes repliées sous une robe blanche à volants, une jeune fille écrivait. À son côté reposait une ombrelle et au loin une silhouette fauve apparaissait, bondissant d'entre les hautes herbes. Au bas de la peinture, Éva aperçut une date quelque peu effacée, 1916. Même si elle connaissait l'alphabet cyrillique, l'écriture fine et penchée au bas du tableau ne fut pas aisée à déchiffrer. Elle y parvint tout de même et comprit, après quelques recherches, que c'était là le nom d'une ville du Caucase, *Kislovodsk*, au sud de la Russie.

Alors ça doit être lui, le fameux tableau du testament qui ne doit jamais quitter la librairie…

Émue, Éva l'emporta avec elle. Après une intense contemplation, elle le posa sur la commode de sa future chambre en vue de l'accrocher, bien au centre, au mur face à son lit.

Deux semaines plus tard, le studio d'Éva était enfin rendu et la librairie, heureuse, avait retrouvé quelques couleurs et vomi le trop-plein qui l'étouffait. Frottant, triant, dépoussiérant, vidant, transportant, les deux amies n'avaient pas arrêté une seconde. L'ancienne chambre d'Ernest avait été élue comme nouveau salon, bureau, et bibliothèque confondus. Éva dormirait dans l'autre, mais pas encore. Pour le moment, elle logeait chez Louna et appréhendait cette première nuit seule.

S'affalant sur le canapé, son amie repoussa les boucles brunes qui lui tombaient devant les yeux et soupira. De petite taille, le regard mordoré et le sourire ravageur, elle avait un physique sportif, mais conservait malgré tout quelques rondeurs qui enrobaient ses muscles, ses joues, et sublimaient sa féminité.

— Je déclare le marathon des cartons officiellement terminé !

Et elle souleva faiblement le poing en signe de victoire.

— Ou pas, marmonna Éva, observant les piles de boîtes attendant patiemment leur libération.

Elle soupira et massa ses cervicales douloureuses.

— Maintenant qu'il n'y a plus le stress de l'état des lieux, remarqua Louna, tu peux faire ça à ton rythme, aménager tranquillement ta librairie, puis tu verras au fur et à mesure.

— Oui, c'est ce que je me dis. Du repos, du temps pour moi, ça ne peut que me faire du bien… De toute façon, je ne me sentais pas de commencer le master en septembre. Avec l'argent d'Ernest que j'avais mis de côté, je peux vivre pendant au moins un an. Surtout que je ne dépense presque rien au quotidien… J'ai vraiment envie de me poser, de faire le point. Il y a tellement de choses à faire ici, et de possibilités…

— Et ça ne te dirait pas de venir passer quelques semaines à Bali avec moi, cet hiver ? T'as du temps, des sous de côté, ce serait sympa, non ? C'est un peu tôt pour penser à ça, on n'est que début juin, mais je suis sûre que ça te ferait du bien un bon break, les orteils en éventail sur le sable blanc !

— Mmm, si je venais, ce serait pour toi, pour rencontrer tes amis, voir ta maison, mais certainement pas pour la plage. Au fait, tu repars quand déjà ?

— Le 12 novembre, ça te laisse encore du temps pour te décider… Je parie qu'une fois là-bas tu changeras d'avis. L'eau turquoise, transparente, la beauté des récifs, personne ne peut y résister, crois-moi !

— Rivière, piscine, lagon, baignoire, c'est pareil pour moi. Je déteste le contact de l'eau, je ne supporte pas de nager, je coule à moitié, et la tête immergée ça m'angoisse. Prendre une douche est déjà une épreuve, alors la mer, je t'en parle pas !

— Oui, oui, je sais…

— Et puis, sans vouloir te vexer, si je me payais un billet d'avion cet hiver, ce serait plutôt pour la neige en Russie…

— Pourquoi tu ne le fais pas dans ce cas, depuis le temps que tu en parles ?

— Oh, mais, j'y pense très sérieusement ! En plus, du 8 au 16 mars c'est le centenaire de la révolution de Février. J'aimerais bien y aller à cette période, faire le parallèle avec l'histoire en étant sur place, mais j'ai peur qu'il n'y ait pas beaucoup de neige. Mars c'est un peu tard…

— Mais pourquoi appeler ça la révolution de Février, si c'est en mars ?

— Parce qu'à l'époque, les Russes suivaient le calendrier julien et il y a treize jours de décalage avec le grégorien, notre calendrier. Donc, la Révolution a débuté le 23 février.

— Je comprends mieux… N'empêche, ce serait un joli cadeau à te faire pour ton anniversaire. Entre toi et ta mère, j'oublie toujours, c'est le 12 ou le 13 mars ?

— Le 12, mais tu sais que je n'aime pas le fêter.

— Oui, mais là c'est différent, tu serais à Saint-Pétersbourg !

Éva se tourna vers son amie en souriant.

— C'est vrai, ce serait un beau cadeau… Tu sais, je rêve tellement souvent que je me balade dans les rues enneigées de cette ville que c'est presque comme si j'y étais déjà allée !

Il leur fallut une dizaine de jours supplémentaires pour rendre l'endroit habitable. Même la salle de bains, bien que toujours minuscule, était propre et accueillante, et la cuisine avait été réaménagée au mieux. La petite chambre hébergeait désormais un lit deux places, occupant la majorité de l'espace, mais la commode en rotin avait pu être conservée, au détriment de l'armoire. Le débarras avait quant à lui grossi sa collection de meubles et cartons.

Au rez-de-chaussée, les imposantes étagères, ainsi que les livres qui les garnissaient, étaient restées à leur place. Par contre, tous les ouvrages qui traînaient ici et là avaient été transportés à l'étage, devenu le quartier général. L'endroit ressemblait peu à peu au nid douillet auquel Éva aspirait. Dans le salon et la chambre, deux immenses tapis, l'un pourpre et l'autre émeraude, recouvraient le plancher. Sur un large pan de mur, Éva avait fixé des étagères où ses livres s'alignaient fièrement. Le bureau quant à lui se dorait au soleil qui se déversait par la fenêtre. Cerise sur le gâteau, une étonnante diversité de plantes vertes et touffues avait envahi chacune des pièces, car la verdure était indispensable à Éva. Depuis qu'elle habitait Paris, celle-ci lui manquait terriblement. Profitant donc de l'espace que lui offrait la librairie et emportée par son élan, elle avait transformé l'endroit en jungle d'intérieur. Un asparagus par-ci, un alocasia par-là, un lierre chevelu ici, un ficus dans ce coin ; elle s'en était donné à cœur joie. Aussitôt la végétation installée, elle put enfin se dire : « Oui, c'est chez moi, c'est mon cocon. »

Étendues sur le tapis moelleux, un coussin sous leur tête, les deux amies bavardaient en fumant de l'herbe et fêtaient la première nuit qu'Éva s'apprêtait à passer dans sa nouvelle demeure. Faisant rougir et crépiter la braise, elle recracha un épais nuage.

— Être entourée de livres, je crois que c'est la vision que je me suis toujours faite du paradis.

Elle se redressa pour boire une gorgée de thé et grimaça au contact du liquide froid. Rapprochant le cendrier, Louna l'interrogea :

— Ça fait longtemps que tu n'as pas écrit une nouvelle… quelque chose ?

— Oh oui. Mais je crois que ça me frustre plus d'écrire que de ne pas le faire. Je n'arrive pas à inventer une histoire qui me plaît, une qui n'avorte pas au bout de vingt pages, et à chaque fois ça me contrarie tellement… Et puis, avec les études, je n'ai pas vraiment eu le temps de faire autre chose.

Éva tourna la tasse entre ses mains et s'absorba dans la contemplation du dépôt brun qui couvrait les parois, tandis que Louna parcourait du regard les étagères emplies de livres.

— Tous ces bouquins autour de toi, ça devrait t'inspirer.

— C'est sûr…, ou me bloquer encore plus.

— Tu le sais peut-être, mais j'ai entendu dire que la meilleure solution pour se libérer de la page blanche, c'est de pratiquer. Écrire tout et n'importe quoi s'il le faut et que rien d'autre ne vient, mais écrire. Sans faire attention à la qualité, sans se juger, en se laissant totalement aller…

— Mmm, si ça peut m'aider à écrire un roman, je suis prête à essayer ! C'est quand même incroyable tous ces destins nés de l'esprit d'un seul humain, tu ne trouves pas ? Quand tu penses, par exemple, à sir Arthur Conan Doyle qui a inventé le personnage de Sherlock Holmes, tu imagines un peu l'intérieur de son cerveau ? Comment est-ce qu'il a pu avoir autant d'idées ?

Louna fronça les sourcils.

— Tu sais, un roman, c'est quand même une grosse entreprise… Je parlais plutôt de rédiger des trucs courts, pour te faire plaisir. Parce que, je ne veux pas faire la môman, hein, mais tu ne penses pas que juste du repos, ce serait bien aussi ? T'as été à fond ces derniers temps et j'ai remarqué que tu avais eu plusieurs crises depuis le début du déménagement, ce n'est peut-être pas le moment indiqué pour…

— Mais non, la coupa Éva, tu t'inquiètes pour rien, crois-moi. Ces crises, comme tu dis, c'est juste un petit essoufflement, le cœur qui bat un peu trop vite, rien de plus. J'ai eu beaucoup de choses à gérer, mais le plus dur est fait. Un peu de repos et tout ira pour le mieux.

Louna affichait un air mi-figue mi-raisin.

— Ouais, bon, tu es la mieux placée pour savoir… Et ce tableau que tu as trouvé avec l'histoire du testament, c'est bizarre quand même, non ? Tu sais quoi déjà, sur le premier propriétaire ?

— Pas grand-chose. C'était un immigré russe qui a légué la librairie à Ernest avant de se suicider. Je ne me rappelle pas son nom, et je doute de l'avoir déjà su. Apparemment, l'homme ne parlait pas de son passé. Il était très cultivé, mais toujours taciturne. Vu de quelle manière il a terminé, ce n'est pas très surprenant… En fait, Ernest le connaissait à peine. Il l'avait rencontré un peu de la même manière que moi, mais sans qu'ils passent autant de temps ensemble que nous. C'est tout ce que je sais, Sherlock.

Louna se redressa sur un coude.

— Mais ça ne t'intrigue pas de comprendre pourquoi ce tableau et le bouquin de la vitrine étaient aussi importants pour lui ?

— Bien sûr que si, mais le seul indice que j'ai, c'est le testament.

— Je peux le voir ? Il n'y a pas son nom dessus ?

— Non, c'est le testament d'Ernest, pas le sien. Attends, je l'ai juste là dans mes papiers.

Elle sortit une chemise en carton d'un tiroir de son bureau et donna le document à Louna qui le parcourut en silence, avant de lire à voix haute le passage le plus important :

— « La première condition est que cet endroit reste une librairie et qu'elle ne soit jamais vendue. Elle doit être transmise uniquement, en don ou par héritage, à une personne passionnée qui souhaite sincèrement reprendre l'activité. C'est un cadeau et non une transaction financière. La deuxième condition est que le tableau de *La Jeune Fille sous l'acacia* demeure dans la librairie, à l'abri, et qu'il ne soit jamais vendu ni donné, *sous aucun prétexte.* La troisième, enfin, est que l'ouvrage *Que faire ?* de Nikolaï Tchernychevski présent dans la vitrine ne soit lui non plus jamais vendu ni séparé du tableau et de la librairie. »

Louna releva la tête avec des yeux ronds.

— Attends, c'est quand même dingue tout ça, tu ne vas pas dire le contraire !

Éva s'amusa de l'enthousiasme soudain de son amie. Elle-même avait ressenti une semblable euphorie face à ce mystère, mais l'absence de pistes supplémentaires avait tari sa curiosité. Cependant, elle n'avait pas tant cherché et elle se promit de s'y atteler bientôt.

— Je suis la première à vouloir en savoir plus, crois-moi, mais je ne vois pas quoi faire ! Et je regrette vraiment de ne pas avoir posé plus de questions à Ernest à propos de cet homme et de l'histoire de cet endroit.

— Mais peut-être qu'en fouillant tu trouveras des indices… Tu pourrais te faire un mur de détective et enquêter pour retrouver sa trace !

Louna lui lança un regard espiègle et tira une dernière bouffée avant d'écraser le mégot dans le cendrier et de déclarer :

— Mais, avant ça, prête pour ton premier dodo dans ton nouveau cocon ?

Cette nuit-là, il faisait noir, un noir d'encre. Éva nageait dans une mélasse informe, les épaules douloureuses et la poitrine en feu, étouffée sous un poids d'enclume. Le souffle coupé, elle avait froid. Lorsqu'elle ouvrait la bouche, la substance sombre l'envahissait. Inexorablement, elle avançait, étrangement sereine. Elle ne ressentait plus rien, sauf une brûlure de délivrance qui enserrait ses poumons et ses os. Doucement, son cœur ralentissait, jusqu'à s'arrêter.

Éva émergea dans la pénombre de la chambre en suffoquant.

Ce bon vieux cauchemar pour ma première nuit, pas de chance.

Elle tâtonna à l'aveugle, peu habituée à la disposition des lieux, et alluma la lampe de chevet. Le sommeil l'avait quittée et les aiguilles du réveil pointaient trois heures du matin. Elle enfila sa robe de chambre, ses chaussons et descendit à la cuisine, prenant soin que la lumière précède ses pas. Dans la casserole, le lait enfla dangereusement avant d'être interrompu dans son élan, juste à temps. Éva remplit un large mug et y ajouta une épaisse cuillerée de miel.

Sa mission accomplie, elle posa la tasse fumante sur la table de nuit et démarra son ordinateur portable. Sans hésitation, elle confia son réconfort aux bons soins du ballet *Casse-Noisette* de Piotr Ilitch Tchaïkovski. Enfant, alors qu'elle y assistait pour la première fois avec sa mère, elle s'était émerveillée de la finesse féerique de la danse, de la mélodie et de l'atmosphère enchantée qui enveloppait les spectateurs. De ce premier amour avait germé sa passion pour la Russie, mais aussi pour le ballet, la musique classique et le violoncelle. D'ailleurs, l'un de ses nouveaux livres de chevet n'était autre qu'une anthologie : *Florilège de la poésie d'amour russe,* dont elle pouvait réciter certains poèmes par cœur tant elle les avait imprégnés en elle.

En guise de lumière tamisée, elle alluma deux chandelles sur la commode en rotin, encadrant le tableau d'un halo mouvant. Dix minutes plus tard, hypnotisée, Éva suivait la danse des volutes d'encens voyageant jusqu'à la toile. La lueur orangée qui se dégageait des bougies animait la scène d'une vie nouvelle. Au loin, les oiseaux chantaient. En contrebas, les fleurs ondulaient sous la brise chaude. Et, contre le tronc, la jeune fille demeurait absorbée par son journal. En la contemplant ainsi, Éva rêvait de pouvoir se pencher, invisible, par-dessus son épaule afin de découvrir les pensées qui l'habitaient.

À pas de loup, chuchotants, des mots s'infiltrèrent dans son esprit. Un murmure tout d'abord, rien de plus, mais s'intensifiant jusqu'à l'extraire du cocon de sa rêverie pour se saisir du cahier et du stylo qu'elle conservait près de son lit.

Dès le lendemain matin, Éva fila à sa papeterie préférée et en revint le sourire aux lèvres, transportant au chaud dans son sac un nouveau carnet. Pas très épais, bien qu'amplement suffisant, dans un style ancien, relié de cuir et incrusté de fines dorures, il était exactement tel qu'elle l'avait imaginé. Il ne lui restait plus qu'à mettre au propre ce qu'elle avait griffonné durant la nuit et continuer à écrire.

Journal intime d'Apollinariya

Kislovodsk, mercredi 8 juin 1916
Sous l'acacia

Amour, qui par mille autres chemins te prélasses
Ignores-tu donc que mes espoirs sont vivaces ?
Pourquoi ne visites-tu pas mon beau jardin ?
Approche, pollinise ces fleurs entre mes mains.

Mes yeux errent, s'abîment dans l'horizon fugace.
Toi, Destinée, qui jadis as tissé nos liens,
Avant que mon amie, Espérance, se lasse,
M'offriras-tu, enfin, le cœur promis au mien ?

Cupidon, vois-tu tous ces beaux coquelicots
Rouge, or, en voici quelques-uns sur mon sein,
Leurs doux pétales fragiles en sont le sceau
D'espoir ! Le poseras-tu sur nos vies demain ?

Et si tu ne peux venir embrasser nos joues
Envoie Hermès, qu'il me murmure son soupir
Afin que, le jour où il caresse mon cou,
Je reconnaisse le souffle qui me faisait languir.

Plusieurs de mes vers supposés être des alexandrins sont erronés et peu de césures sont respectées, mais qu'importe ! Merci, coquelicots, je trace enfin mes premiers mots ! Irina m'a offert ce magnifique carnet à mon arrivée, il y a deux semaines. Il possède un joli verrou et j'arbore une mignonne petite clé, suspendue à une chaîne autour de mon cou.

Je n'osais pas écrire. Je caressais la douceur de son cuir, j'admirais la finesse de ses dorures, le léger effluve animal de la couverture, mais je craignais de souiller l'immaculé. Aujourd'hui, je suis heureuse, ma voix s'est échappée sur la page. Elle a enroulé les mots mystérieux, nés à l'ombre de l'été… J'ai tant hâte d'aimer ! De vivre le tremblement incertain du bonheur. Père se moque. Gentiment, il m'appelle « ma fleur bleue ».

L'air est doux. Les monts exhalent leur fraîcheur, l'odeur de sève se mêle à l'ombre parfumée que m'offre l'acacia, et je me sens si sereine. La prairie en fleurs s'est parée de ses plus belles couleurs : coquelicots vermeils, marguerites blanches et dorées, timides bleuets… Et il y en a beaucoup d'autres dont j'ignore le nom. J'aperçois la fourrure fauve de Vaïka qui bondit entre les herbes. Autour de moi, flotte une musique légère. Ce sont les oiseaux heureux, qui gazouillent même les jours pluvieux !

Samedi 11 juin
Sur la terrasse, à l'aube

Le nom de ce domaine lui va si bien, La Floraison, c'est exactement cela ! Il a été baptisé ainsi par l'arrière-grand-mère d'Igor, qui entretenait, paraît-il, un jardin de roses encore plus incroyable que celui-ci. Et quel mérite, à cette altitude, de parvenir à maintenir un merveilleux jardin comme celui-ci durant autant d'années. À présent, c'est un jardinier qui en prend soin, et il exécute un travail remarquable.

Ce matin, la rosée matinale est vermeille sur les pétales et la lumière s'admire dans le miroir des gouttelettes. J'aime cette période de l'année, ce temps de nuits blêmes, lorsque les heures filent sans que le soleil abandonne ses rayons. Mais ici, les nuits ne sont pas comme à ~~Péter~~ Petrograd (je ne m'habitue pas à ce nom). Le soleil prend son repos chaque nuit, et l'air sent la terre. Tôt ce matin, il a plu et je me suis promenée pieds nus dans le jardin. La pluie a ce don incroyable de décupler chaque senteur, et de la magnifier. J'ai découvert le passage aux rosiers, arôme de paradis… Il m'a empli d'une ferveur capiteuse et enivrante ; possédée, j'enfouissais mon nez au cœur de cette explosion sensorielle avec une dévotion que je ne me connaissais pas. Oui, si je ferme les yeux, je peux respirer encore le nectar caché au cœur des pétales… Je me sens si bien, si légère. Cet hiver a été difficile. Je sens que mon corps doucement guérit de la maladie, même si Papa dit qu'il me faudra du temps pour me remettre, et que la faiblesse de mon cœur, elle, demeurera…

J'apprécie Kislovodsk davantage au fil de mon séjour. Durant nos promenades, Irina me raconte l'histoire de la ville, anecdotes et légendes locales, comme celle de la cascade au miel où nous sommes allés il y a quelques jours. Elle a appris tout cela en peu de temps, et je l'admire pour sa curiosité insatiable. J'ai découvert que notre grand Pouchkine avait foulé ces mêmes allées de tilleul, et bu à la même source. Lermontov, sur les hauteurs de Piatigorsk, a livré son duel fatal, tout comme son propre personnage dans *Un héros de notre temps* qui meurt dans des circonstances identiques !

En juillet, Maman et Stepan vont nous rejoindre, avec Macha bien entendu, et je suis très heureuse de cette nouvelle même si Papa ne pourra pas venir. Il est toujours à Petrograd, à l'hôpital nuit et jour, accueillant sans cesse de nouveaux blessés… Il est de plus en plus fatigué, cela aurait été bien meilleur pour lui de venir ici avec nous et de se reposer. Il a enseigné si longtemps, pratiquant à peine, et aujourd'hui il refuse de s'arrêter un instant !

Maman aussi s'inquiète, il a la santé vacillante... J'admire sa passion, son altruisme, sa dévotion... J'aurais aimé hériter cette qualité de lui, mais Irina m'a devancée. Papa me manque. Je ne le reverrai que fin août, lorsque nous rentrerons. Il m'avait invitée à venir l'aider à l'hôpital cet été, mais avec ma maladie il n'en a plus été question. J'en suis soulagée, même si je me reproche d'éprouver cela. Irina, elle, a déjà passé de nombreux mois à travailler à ses côtés. Peut-être suis-je égoïste, mais à la simple idée de me mêler à tout ce sang, toute cette douleur, un frisson d'horreur m'envahit. Aurais-je la force de regarder, de supporter, sans défaillir devant l'atrocité ?

Et cette année, que vais-je faire ? Je ne retournerai plus au pensionnat Smolny et je ne pourrais pas aller à l'université. Papa ne veut pas à cause de ma santé et, pour l'instant du moins, cela me convient. J'ai passé tant d'années au pensionnat, entre ces murs, à n'avoir jamais le temps de faire autre chose qu'étudier. Je veux avoir du temps, et peut-être aussi rencontrer un beau prince, voilà qui serait le meilleur des dénouements ! Pratiquer davantage ma musique serait un bienfait également, car j'ai noté que cela apaisait mes palpitations. Lorsque j'enlace mon violoncelle et que je sens frémir ses cordes, les fibres de mon corps s'accordent au diapason. Percevoir mes pulsations avec une telle acuité m'enseigne à jouer de mon cœur comme de mon archet. Je m'explore, je m'apprends à travers mon instrument...

Je demanderai à Papa un professeur particulier pour travailler le violoncelle quand nous serons rentrés à Petrograd. Cela me fera le plus grand bien et ainsi je pourrai m'échapper loin des tumultes et des cris de guerre. Loin de la froideur de l'hiver, sur les notes réconfortantes... En ce moment, nous jouons beaucoup ensemble avec Irina, elle au piano et moi au violoncelle. Cela m'encourage d'être accompagnée, mes mains sont encore engourdies de n'avoir pas manié l'archet depuis si longtemps. Papa m'a comblée de bonheur avec ce présent. Il est vrai que mon cher violoncelle devenait trop petit pour moi. Il m'a dit : « Comme ça, tu pourras casser les oreilles à Irina et Igor pendant ton séjour. » Il s'amuse à me taquiner, mais il m'a complimentée maintes fois sur mon doigté. Et Igor également d'ailleurs. Depuis mon arrivée, il nous invite souvent à jouer, Ira et moi, et alors il s'assied dans son large fauteuil pour lire tout en dégustant notre musique. Parfois, il nous reprend, et il a une oreille juste. Ses commentaires nous aident beaucoup et je me félicite déjà de mes progrès. Papa va être enchanté de m'entendre à mon retour !

Oui, nous passons de doux moments ici.

2

L'idéal qui n'existait pas

— ÇA Y EST, JE TIENS MON HISTOIRE ! s'exclama Éva. Je suis en é-bu-lli-tion !

Louna arrivait à l'instant, et Éva était électrique. Elle parlait fort, faisait de grands gestes, et ses yeux brillaient.

— En fait, tu ne vas pas le croire, mais j'ai commencé à écrire le journal de la fille du tableau ! Je suis même allée m'acheter un carnet de cuir en papier-parchemin relié ! J'ai fait pas mal de recherches aussi, mais de ce côté-là c'est pas facile vu que ça se passe il y a un siècle, en Russie !

Ignorant la mine perplexe de Louna, Éva continua sur sa lancée :

— Parce que, je l'ai décidé, c'est son journal intime qu'elle écrit sous l'acacia ! Et elle s'appelle Apollinariya, ou Polina pour faire court. C'était le nom de ma poupée, Polina. J'ai toujours adoré ce prénom et apparemment c'est le diminutif d'Apollinariya.

— Mais… Tu vas inventer sa vie ?

— C'est ça !

— Juste avec une date et le nom de cette ville dans le Caucase ?

— Oui, à partir de ça, je peux créer ce que je veux ! Étant donné toutes les fleurs, je pense que c'était le printemps à Kislovodsk lorsque le tableau a été peint. Donc j'ai commencé le 8 juin, il y a cent ans, pile ! Quasiment l'équivalent de la date où moi j'écris, mais avec les treize jours de décalage du calendrier julien. En ça, je reste fidèle au tableau. Et la ville de Kislovodsk est un environnement parfait. Littéralement, ça veut dire « eaux aigres » à cause du nombre de sources minérales qu'il y a autour, et c'était une station thermale touristique déjà à l'époque. Pouchkine, Lermontov, Tolstoï, Chaliapine, beaucoup de grands noms y ont séjourné ! Et puis, pour le reste, j'invente. Je dirais qu'elle est jeune, environ dix-huit ans. Vu ses vêtements, j'opterais pour une aristocrate… Au fait, tu veux boire quelque chose ? Moi je tourne sous perfusion caféine et théine confondues depuis une semaine !

Sur ce, Éva s'élança en gloussant vers la cuisine.

Elles emportèrent à l'étage un plateau de thé noir, accompagné de lait, et s'installèrent au salon. Cependant, à peine furent-elles assises qu'Éva se releva d'un bond pour aller chercher le tableau. Louna en profita pour examiner la pièce et le bureau où s'amoncelaient des piles de livres, certains bariolés de petits marque-pages de couleur. Une tasse de liquide froid traînait près du clavier, et à l'écran s'étendait une carte de la Russie centrée sur la ville de Kislovodsk. Le navigateur surchargé affichait une bonne trentaine d'onglets ouverts.

— En fait, embraya Éva en revenant avec le tableau, ça faisait déjà un moment qu'il me fascinait, et que je me posais des questions sur cette fille, le peintre, est-ce qu'ils ont vraiment existé, bref, et l'autre soir j'ai eu l'inspiration.

Elle l'installa contre un pouf, en face du canapé, et Louna se leva pour jeter un œil suspicieux sur la cause de ce remue-ménage.

— Et du coup, l'histoire, ça va être quoi ?

— Je sais pas encore exactement... Pour l'instant c'est l'été, le soleil brille et elle profite de la beauté du Caucase, mais la Révolution va arriver et à ce moment, je veux qu'elle se trouve à Saint-Pétersbourg, ça c'est sûr. Il faut que je parvienne à me composer une solide culture littéraire, similaire à celle de Polina. J'ai déjà un bon bagage, avec toute la littérature russe que j'ai consommée dans ma vie, mais je compte aussi lire des mémoires, des ouvrages d'histoire, des essais, des journaux intimes, tous les témoignages que je pourrai dénicher, regarder des documentaires... J'ai du boulot, mais c'est passionnant ! Et indispensable, parce que sinon je risque de faire des anachronismes ou des erreurs. Ah, c'est fou, c'est génial ! C'est la première fois que je vis un truc comme ça, et j'en ai toujours rêvé ! En plus, j'ai décidé d'écrire uniquement dans le carnet, pas d'ordinateur, donc aucun moyen d'effacer. C'est un challenge, mais ça m'évite de me perdre en retouchant cinquante fois la même phrase et je plonge mieux dans la peau de mon personnage. Le résultat sera plus authentique, pour un journal intime.

— Oui, c'est sûr, mais tu vas bien devoir le recopier à l'ordi un jour, ne serait-ce que pour le faire lire, donc tu pourras le retoucher quand même un peu.

— Je ne sais pas, j'aimerais bien ne pas y toucher, le garder tel quel, même avec les fautes...

Du bout des doigts, elle effleura le cadre patiné du tableau. Elle s'y était attachée. Sans s'imposer, il était devenu son bien le plus précieux, et le seul fait de le contempler déclenchait en elle une vague de larmes et d'émotions muettes, dont elle se délectait comme d'une drogue.

— Bon, ce nouveau chez-toi, ça le fait, tu t'y adaptes bien ?

Louna la considérait avec inquiétude et Éva réalisa que ses joues étaient mouillées.

Bon, si je me mets à pleurer sans m'en rendre compte, ça va poser problème...

— Oui, oui, claironna-t-elle en s'essuyant avec sa manche. Mais, par contre, la première nuit où j'ai dormi ici mon cauchemar est revenu. Il m'a réveillée à trois heures du matin. Enfin, tant mieux en fait, puisque c'est grâce à lui que j'écris le journal. Comme j'avais plus sommeil, je me suis calée dans mon lit avec la musique de *Casse-Noisette* et c'est là que j'ai commencé à imaginer la vie de Polina, son quotidien, son caractère, et que les premiers vers du poème me sont venus. C'est marrant parce que je vois à travers ses yeux, du coup je m'identifie beaucoup à elle, mais en même temps on est très différentes… Je me demande si je vais arriver à écrire en synchronicité avec les dates du journal, enfin à la différence que moi je vis cent ans plus tard.

Éva trempa ses lèvres dans le liquide fumant et grimaça de douleur. Trop chaud.

Décidément, jamais le bon moment.

Elle reposa sa tasse, avant de se tourner vers son amie.

— Et toi, tu as passé une bonne semaine ?

Louna lui raconta les préparatifs de vacances en famille, ses différents projets pour l'été, et elles discutèrent ainsi jusqu'à ce que la théière soit froide et vide. Éva faisait de son mieux pour prêter une attention sincère à son amie, mais régulièrement elle surprenait son esprit s'échappant vers Polina et devait produire un effort considérable pour reporter sa concentration sur la réalité présente.

— Ça te tente, un cappuccino ?

— Pourquoi pas… mais il est tard, remarqua Louna. Ça t'empêche pas de dormir, toi ?

— De toute façon, je dors à peine en ce moment. Je m'allonge, j'éteins, mais dès que je ferme les yeux quelques minutes, j'ai des mots, des phrases et des images qui s'imposent à moi. Alors j'ai pas le choix, je rallume. C'est là que j'ai les meilleures idées, dans mon lit.

Elle décocha un sourire ravi à Louna et fit volte-face.

— Mais t'es vraiment sûre que le café c'est une bonne id…

Sa phrase mourut en constatant que son amie avait déjà passé la porte et dévalait les escaliers en chantonnant. Louna se laissa aller contre le dossier du canapé et planta un regard réprobateur sur le tableau.

Pendant ce temps, Éva et ses cheveux dorés virevoltaient dans la cuisine en préparant deux cappuccinos bien crémeux. Le café glouglouta et son doux fumet se répandit dans l'air. Éva retira la cafetière du feu, puis versa le lait chaud dans un mug à piston afin de le faire mousser. Elle fusionna ensuite les deux breuvages qu'elle saupoudra de cacao amer avant de disposer le tout sur un plateau et de monter rejoindre Louna au salon.

— Tu sais, c'est bizarre, j'ai toujours ce sentiment de regretter un amour immense, que je n'ai pourtant jamais connu. Il paraît que c'est une sensation répandue… Mon problème, c'est que dès l'instant où j'écris sur l'amour, je trouve mon écriture bancale, creuse, mielleuse et gnangnan. Sûrement parce que je connais rien à l'amour… Le seul moment où je produis de la qualité, c'est quand j'aborde la douleur, la perte, la frustration, le chagrin… L'éclate totale, moi qui rêve de beaux sentiments et de passion ! Et justement, avec le journal, j'ai la possibilité de faire vivre cet amour, je ne sais juste pas comment je vais m'y prendre… mais peut-être que ça m'aidera à me libérer de mes blocages, va savoir…

Louna approuva d'un hochement de tête et Éva poursuivit :

— Mais ce sera pas une romance en carton-pâte, ça, c'est certain ! Ce que je vais écrire n'aura rien de naïf, ou de niais, ce sera une vraie passion. J'ignore qui sera l'homme, mais j'ai l'impression de le sentir parfois, presque palpable. À mon avis, je vais le rencontrer bientôt…

— Le rencontrer ?

— Oui, enfin, dans ma tête, rigola Éva.

— Ah, dommage… Tu ne veux pas le rencontrer dans la réalité plutôt ?

— Tu sais que j'aimerais, mais il n'y en a aucun qui me plaît.

— Disons aussi que tu n'essaies pas vraiment…

— À quoi bon ?

— Mais il faut leur laisser une chance !

— C'est quand même pas ma faute si je remarque tous leurs défauts, non ? Je comprends vite que c'est pas lui que je cherche, et voilà. Finalement, je préfère rester dans mes rêves. Jusqu'à maintenant, c'est mieux que la réalité.

— En attendant un idéal qui n'existe pas.

Oui, le problème majeur était là : l'idéal qui n'existait pas. Et, pourtant, Éva y croyait, même lorsqu'elle doutait. À vingt-six ans, n'ayant jamais fait l'amour avec un homme, elle s'accrochait à l'intime conviction qu'elle devait attendre, quelque chose. Ce fichu prince charmant? Elle savait la bêtise de son obsession, illusoire espérance, cependant son corps, complice de ses refus, s'écartait de lui-même à chaque approche, même pour un simple baiser. Plusieurs avaient essayé, mais après le premier contact mouillé, Éva faisait un bond en arrière et fondait irrémédiablement en larmes. Après tout, pourquoi se forcer ? Simplement parce qu'à son âge, il était presque honteux de ne pas avoir eu des expériences ? Dans tous les cas, elle ne voulait le faire ni pour les autres ni pour se sentir normale ou quelconque motivation qui irait à l'encontre de ce qu'elle ressentait. Si elle paraissait étrange, tant pis. Si personne ne la comprenait, tant pis. Garder, avec les gens comme avec la vie, une distance respectable, voilà qui lui convenait parfaitement. Certes, elle ne sortait ni dans les bars ni dans les fêtes et ne buvait pas, mais cela ne l'empêchait pas de se faire plaisir, bien au contraire. Expositions, concerts symphoniques, ballets, opéra, cinéma, Éva ne se privait pas. Elle était seule la majorité du temps, et cela lui convenait.

Ainsi, deux jours plus tard, alors que la nuit tombait sur la capitale, Éva monta les marches de la Cité de la musique et Philharmonie de Paris. Elle s'était offert un billet pour une soirée symphonique en l'honneur du grand compositeur russe Rachmaninov, l'un de ses favoris.

Journal intime d'Apollinariya

Kislovodsk, lundi 13 juin 1916
Dans ma chambre

CES SOIRÉES M'ENNUIENT ! Les discussions s'animent autour de sujets qui ne m'intéressent guère, et sur lesquels je peine à exprimer une opinion. Guerre, politique, droit, science, économie, une migraine me vient à leur seule évocation. Irina, si intelligente, paraît épanouie en cette compagnie. Elle me reproche ma légèreté, mais je la préfère à son attitude si grave et sérieuse. Avant, elle me disait frivole et mondaine. Avant qu'elle ne se marie. Depuis sa rencontre avec Igor Nicolaïevich et ma maladie l'hiver passé, son comportement envers moi a changé. Je parviens enfin à me hisser par-dessus les barrières qu'elle a érigées entre nous et c'est un bienfait pour nous deux.

Nous avons grandi inséparables, puis nous sommes éloignées, ou plutôt Ira m'a repoussée, et je le regrette. Jalousie ? Âpre liqueur si l'on ne prend pas garde… Et Irina a nourri des ressentiments à mon égard de longues années durant, je le sais, je l'ai senti à maintes reprises. J'ai toujours attiré les regards. Je ne l'ai jamais désiré, c'est ainsi. Ces visages penchés vers moi, ou m'observant de loin, murmurants : « Si ravissante, si délicate. Ces yeux turquoise, ces belles boucles dorées… Quelle grâce, quelle élégance ! » À mon côté, Irina s'effaçait, amère. Pourtant, elle était déjà jeune fille quand je n'étais qu'une enfant de dix ans.

Trouver l'amour a adouci son amertume, ce mariage est une bénédiction ! Depuis, nous nous sommes rapprochées et je suis comblée de la sentir s'épanouir dans sa vie d'épouse. Je peinais pour comprendre, tout d'abord, ce qui l'avait poussée à s'unir à cet homme, son aîné de neuf ans, ~~et si laid.~~ Elle déclarait qu'elle l'avait élu non pour son physique, mais pour son esprit. Aujourd'hui, après ce temps passé en leur compagnie, ses paroles m'apparaissent sages et je reconnais les qualités qu'elle loue chez Igor Nicolaïevich.

Jeudi 16 juin
Sur mon lit, fin de soirée

Le cousin d'Igor, Sergueï Vassiliévich Iline, est venu nous rendre visite aujourd'hui. J'ai été enchantée de le rencontrer enfin, après avoir entendu tant d'éloges sur sa personne. Mon seul souvenir de lui, imprécis, datait du mariage où nous avions été présentés. La maladie battait son plein en moi et ma mémoire de cette époque demeure opaque. Je me rappelle cependant ses grands yeux noirs perçants sous d'épais sourcils. Sa mâchoire volontaire, sa carrure, sa voix grave. Je reconnais en lui des origines tatares, et il les porte merveilleusement.

À son arrivée tardive, Irina et moi interprétions la *Sonate pour violoncelle et piano en sol mineur, opus 19* de Rachmaninov. Nous étions nerveuses, surtout moi, car ce morceau demande une haute concentration et surtout une maîtrise que je ne possède pas encore à mon grand regret.

Il s'est montré d'une discrétion exemplaire, s'asseyant à droite de mon champ de vision. Je le distinguais, ombre attentive, et sa présence galvanisait mon archet. Me savoir observée par un gentilhomme tel que lui me ravissait plus que tout. Durant le reste de la soirée, son comportement charmant n'a cessé de m'interpeller. Je l'avoue, chaque heure passée en sa compagnie faisait battre mon cœur un peu plus vite… Avenant à mon égard, conversant avec esprit, courtois (toutes les qualités idéales, à vrai dire). Je me suis appliquée à ne pas le dévisager avec trop d'insistance ou d'émoi, comme cela était ardu ! Il est très agréable à regarder. Nous nous sommes retrouvés voisins de table (grâce aux bons soins d'Ira). Fort heureusement, il n'a parlé que de sujets qui m'intéressaient. Contrairement au vieux colonel qui a psalmodié ses refrains aux oreilles fatiguées de la pauvre Evguénia Pavlovna durant toute la soirée, Sergueï Vassiliévich n'a pas abordé le thème de la politique. Néanmoins, il n'a pu s'empêcher d'évoquer la guerre qui le touche personnellement. Ses deux frères aînés ne sont jamais rentrés de Tannenberg, comme tant de nos jeunes soldats… Il séjourne d'ailleurs à Kislovodsk afin de rendre visite à un ami à lui, convalescent, gravement blessé à Dvinsk l'an passé. Tant de victimes, tant de morts ! Cette guerre est un fléau ! Voilà ma seule opinion à ce sujet.

Vendredi 17 juin
Dans ma chambre, après-midi

Irina est venue me voir ce matin, afin de m'entretenir de Sergueï Vassiliévich. Je lui ai fait grande impression, ~~et cela ne m'étonne pas~~. Irina me gronde lorsque je m'exprime ainsi. Chipie prétentieuse, m'appelait-elle ! À présent, c'est affectueux. Et comme Papa, elle me nomme « petite fleur bleue »… C'est incontestable : Amour habite toutes mes pensées. Cette nouvelle me transporte !

Sergueï Vassilitch, en plus d'être absolument charmant, est un parti fort intéressant : cousin d'Igor par son père, parent éloigné des Troubetskoï par sa mère d'origine tatare. Le malheureux a subi bien des pertes douloureuses ces dernières années. D'abord ses deux frères, puis sa jeune épouse, décédée en couches avec leur enfant nouveau-né. Quelle affreuse tragédie ! Comme cela a dû être dur pour lui ! Irina m'a affirmé qu'il avait retrouvé le sourire grâce à moi et qu'elle ne l'avait jamais vu aussi rayonnant qu'hier. Cette pensée diffuse une douce chaleur dans mon cœur…

Ses frères étant disparus, il va hériter du domaine de Riazan à la mort de son père, mais aussi de nombreux biens, propriétés et immeubles de rapport à Moscou et Petrograd. Et il est promis à une brillante carrière professionnelle. Mariée à lui, je jouirais d'une situation confortable et je ne manquerais de rien…

Pourrait-il être l'homme répondant à mes vœux ? Cupidon aurait-il entendu mes appels, et décoché la flèche de notre destinée ? Je sens grandir en moi de l'affection à son égard, mais est-il celui dont je rêve ? Irina a épousé Igor à l'âge de vingt-trois ans, mais je ne désire pas attendre encore cinq ans ! Il repart déjà demain pour Moscou, mais reviendra loger ici en août. Nous vivrons donc sous le même toit, durant un mois entier ! Certes, il occupera l'aile ouest, mais nous partagerons les repas, les après-midi au jardin, les promenades… Comme j'ai hâte ! J'espère qu'il sera de retour à temps pour le gala de charité des Chervatski. Je lui ai glissé que je serais ravie de l'y retrouver, et sa réaction m'a affirmé son inclination.

Oui, nous pourrions danser, faire tournoyer nos regards, entre la dentelle et la soie, parmi l'effervescence d'un bal tumultueux… Et je le reverrais à Petrograd, puisqu'il s'y installe cet automne ! Il prépare sa thèse et un poste d'assistant lui a été octroyé à la faculté de droit. Je suis si impatiente qu'il revienne ! Mon cœur s'emballe, un rayon chatoyant l'éclaire…

L'air de Kislovodsk m'offre un second souffle. Depuis cette promenade à la prairie aux coquelicots, ma découverte de l'acacia et le commencement de ce journal, je retrouve ma vitalité. Je respire, j'ai envie de rire et de rêver à nouveau. Est-ce l'eau de Narzan qui accomplit son miracle ? Les thermes et les bains, avec leur allure de palais oriental, sont d'un tel luxe, d'une telle beauté ! Nous nous y rendons souvent avec Irina, et j'ai toujours le même sentiment de m'être plongée au cœur de la fontaine de Jouvence ! Je ne m'en lasse pas, ces lieux respirent la guérison et la santé ! Comme j'aime cette région, si verte, si belle et riche. Si pleine de promesses…

3

Laisse-toi surprendre

Éva charriait derrière elle un Caddie vert pomme dont les roulettes branlantes menaçaient de se détacher à tout instant. Il était tôt et la ville commençait à s'agiter. Cyprien, installé sur son duvet, s'étirait. Cet endroit, c'était son coin attitré. La cinquantaine tassée, ses cheveux bruns et sa barbe parsemés de filaments blancs s'emmêlaient sur les longueurs. Ses yeux noisette, bien que cernés par un épais croissant bleuté, brillaient encore d'une lueur vive et joyeuse.

Louna la taquinait parfois à ce propos : « D'abord Ernest, maintenant Cyprien, tu collectionnes ! Si ça continue, tous tes amis auront plus de soixante ans, et tu célébreras des fêtes à la maison de retraite du quartier ! » Éva répliquait que, les vieux, eux au moins, n'essayaient pas de la draguer. De ce fait, nul besoin de les repousser, ou de s'en inquiéter. De plus, ils avaient toujours quelque chose à nous apprendre ou une anecdote à raconter.

— Bonjour, bonjour ! lança Éva. J'ai des croissants et des pains au chocolat tout chauds, pour accompagner ton café !

— Ah, t'es bien mignonne, mais j'ai pas de café.

— Moi, oui !

Le visage froissé s'éclaira d'un sourire.

Éva sortit un Thermos de son Caddie, deux tasses, s'assit aux côtés Cyprien et entreprit de servir le liquide brûlant.

— Alors, petite, raconte-moi un peu, comment va la vie ? Ton nouveau chez-toi te plaît ?

Il trempa un bout de croissant qu'il engloutit, tandis qu'Éva épluchait le sien avec méthode et le grignotait comme une souris.

— Absolument, mon cocon est parfait ! Et tu vas pas le croire, mais j'ai commencé à écrire un roman, enfin, une sorte de roman, plutôt un journal intime... Apocryphe, c'est comme ça qu'on dit, non ?

— Si c'est un journal fictif, inventé, oui.

— Hum, d'ailleurs, je suis certaine que tu pourras être de bon conseil.

— Moi ? Je suis rouillé, tu sais. Il est lointain, le temps où je m'agitais avec emphase sur l'estrade de l'université.

— Taratata ! Un passionné des lettres le reste toute sa vie, non ?

— Ah, tu marques un point, Mam' Scarlett ! Alors, raconte-moi ce nouveau projet.

— Oh, attends, avant j'ai une surprise !

Souriant fièrement, elle sortit de son cabas un livre de poche, à la couverture rouge illustrée d'un homme en pleine course-poursuite à cheval. C'était *Michel Strogoff* de Jules Verne. Cyprien lui avait confié que, lorsqu'il était enfant son père lui lisait le soir, et que c'était grâce à lui qu'il aimait la lecture.

— Alors, ça, c'est adorable... Je vais me faire un plaisir de le relire encore une fois. J'adore ce livre, ça me touche que tu t'en sois souvenue.

Il caressa la couverture, puis observa Éva extirper trois autres livres de son Caddie : *L'Étranger* de Camus, *Demian* d'Hermann Hesse, et *Oliver Twist* de Dickens.

— Je sais qu'ils font partie de tes livres fétiches, alors je me suis dit que tu aimerais peut-être les relire eux aussi...

Et je peux t'en apporter d'autres si tu as envie, maintenant que j'ai une librairie à disposition !

— Tu veux m'acheter toute une bibliothèque ?

— Non, pouffa Éva. C'est qu'il y en a tellement, ça s'empile du sol au plafond !

— Eh bien, cela aurait été avec plaisir, mais je pars à Nice dans deux semaines.

— Oh…

— Eh oui, à force de me faire harceler par ma grande sœur pour venir habiter chez elle, j'ai fini par céder. Je m'use de cette vie… Enfin, passons, parle-moi plutôt de ce journal.

Éva lui narra sa découverte du tableau, puis le commencement avec Polina, et l'aventure quotidienne qu'elle vivait avec eux. Elle évoqua ses recherches, les choses passionnantes qu'elle apprenait sur l'histoire, sur la Russie et sa littérature, et la fascination que tout cela exerçait sur elle. Également, elle partagea quelques blocages et questionnements concernant l'écriture.

— Par exemple, pour le prénom, j'ai réalisé qu'Apollinariya était celui de la maîtresse de Dostoïevski, et ça me chiffonne un peu…

— Et alors ? Qu'importe que ce soit le prénom de la reine d'Angleterre ou de l'épicière du coin. Ce qui compte, c'est qu'il te parle à toi, pour une raison ou pour une autre. Il est important de bien nommer.

— Oui, tu as raison… Mais, après tout, c'est quoi un nom ? C'est juste une étiquette…

— Dans un débat philosophique, oui.

— Mmm… Tu sais, pour les autres, je n'ai pas réfléchi non plus, j'ai choisi les premiers qui me sont venus à l'esprit et ils me conviennent tous.

— C'est très bien comme ça, inutile que le prénom ait une signification alambiquée. Et la suite de son histoire ? Tu sais vers quoi tu te diriges ou tu avances au fur et à mesure ?

— Justement, c'est là le problème. Je n'arrive pas à anticiper le récit, pas assez. Ça me gêne de ne pas savoir où ça va…

— Ne te tracasse pas avec ça pour l'instant, écris sans permettre à ton jugement ou tes craintes de te freiner. L'important, c'est que tu trouves ta manière à toi. Oublie que certains font un plan, et d'autres pas. Ces règles te servent uniquement si elles ne te limitent pas. Laisse-toi surprendre par ton personnage, par l'intrigue, et l'histoire va se dessiner toute seule. Mais, si tu tiens vraiment à construire la structure avant, pose-toi cette question : cette Apollinariya, quel est son cycle ? Que veux-tu qu'elle expérimente, cette jeune fille ? Obligatoirement, il y a une évolution ou une involution, demande-toi laquelle. Qu'est-ce que tu souhaites transmettre à travers ce récit ? Est-ce qu'il y a une idée directrice, un message ?

Éva réfléchit en touillant son café.

— Je veux la faire grandir intérieurement, déclara-t-elle. Je veux qu'elle ouvre son esprit et sa conscience du monde. J'espère que c'est pas trop bateau... Tu comprends, c'est une petite bourgeoise qui ne connaît pas la vie. Et même si elle est intelligente, elle n'a pas eu l'occasion de se confronter vraiment à la réalité. Elle ignore ce qui se passe dans les rues, dans les quartiers défavorisés, dans le quotidien des gens qui ne sont pas de sa condition... En gros, elle vit dans une jolie petite cage dorée et moi, je veux qu'elle en sorte. Oui, c'est ça ! En fait, ce que je souhaite, c'est qu'à travers ses yeux on découvre à la fois le milieu bourgeois et aristocratique, et le monde ouvrier et populaire... Bon, ça ne va pas être si facile de mélanger les deux, mais je vais y parvenir.

— Trouve-lui un mentor, un guide, quelqu'un ou quelque chose qui va l'extraire de ce qu'elle connaît. Enfin, sans tomber dans le cliché, hein...

Ils continuèrent à discuter jusqu'à ce que le soleil annonce midi, puis Éva s'en alla, non sans remercier Cyprien pour ses précieux conseils.

Le reste de la journée, elle la passa à fouiller son esprit ainsi que les rayonnages de la librairie, espérant dénicher des livres qui pourraient convenir. Elle avait du mal à se décider. Il fallait que le livre soit pertinent, cohérent avec le contexte de l'époque, et accessible à une jeune fille comme Polina. Éva avait une foule d'idées, mais devait faire le meilleur choix pour ne pas surcharger le journal de références. Cibler, mais cibler quoi ? Déformation universitaire oblige, Éva ne pouvait s'empêcher de vouloir citer des sources, des ouvrages, des noms… Mais elle n'écrivait ni une thèse ni un essai philosophique.

Vêtue d'un jean et d'un pull marron mettant sa taille en valeur, Louna rassemblait quelques piles de livres encore éparpillés aux quatre coins de la grande salle. Elle était arrivée une heure auparavant, alors qu'Éva était déjà plongée dans ses recherches.

— Eh ! Tu vas être contente, il y a une vieille édition de *Vingt Mille Lieues sous les mers* en très bon état. La couverture est trop belle…

Le visage d'Éva émergea d'entre deux étagères, un mouton de poussière accroché à ses cheveux. D'un geste machinal, elle tenta de le déloger, mais celui-ci appréciait son nouveau fief.

— Super, montre.

Elle le prit entre ses mains, l'ouvrit, plongea son nez entre les pages et inspira avec délectation. Louna la considéra avec amusement.

— Tu me fais rire avec tes petites manies, c'est trop mignon.

Éva releva la tête et esquissa un sourire en lui rendant l'ouvrage.

— Tu veux bien mettre ça sur la pile à monter ?

— Tu ne vas pas en vendre beaucoup si tu gardes les meilleurs pour toi, rigola Louna. C'est pas libraire que tu vas devenir, c'est collectionneuse ! Mais bon, je comprends, après avoir collectionné les vieux amis, c'est logique que tu fasses pareil avec les vieux bouquins !

Louna s'esclaffa, ravie de sa boutade.

— Et pourquoi pas, hein ? Enfin, pour l'instant, j'essaie surtout de mettre de l'ordre dans tout ça, et on verra pour la suite. Tu imagines que cette librairie n'avait pas été ouverte au public pendant dix ans quand j'ai rencontré Ernest ? Il ne vendait qu'à des particuliers, sur rendez-vous. C'est une mine d'or, cet endroit, ce n'est pas un tri à faire à la légère…

— Il te faudrait un expert en livres rares, genre comme dans *La Neuvième Porte.* Enfin, sans l'aspect satanique, bien entendu.

— Sauf que ça coûte cher, et que je ne leur fais pas confiance. D'ailleurs, je te rappelle que dans le film il arnaque ses clients.

— Et tu n'as pas les contacts d'Ernest ?

— Pas vraiment. À l'enterrement, j'ai rencontré quelques personnes, mais il était encore plus solitaire que moi et je crois que beaucoup de ses amis étaient déjà morts. Certains de ses anciens acheteurs m'ont contactée, mais je les soupçonne d'être plus des vautours qu'autre chose… Je préfère que personne ne vienne avant que j'aie pu, moi, faire un inventaire détaillé de chaque ouvrage. Ça va être long, mais c'est important pour moi de faire ça bien. À mon avis, Ernest sentait qu'il allait bientôt mourir et il a sauté sur l'occasion quand il m'a rencontrée. Sauf qu'en six mois il n'a pas eu le temps de tout bien préparer pour la succession, alors je dois me débrouiller, et tant mieux. Il faut que je m'approprie l'endroit, même si ça prend du temps. Cette librairie mérite qu'on s'occupe d'elle comme il faut… Tu sais, je crois que je n'ai jamais été aussi à l'aise quelque part. C'est ce que j'ai toujours voulu être.

— Tu veux dire une écrivaine mélomane folle qui se drogue au thé, avec perfusion de café en supplément, enfouie sous une montagne de livres ?

— En résumé, oui ! Bon, j'y retourne !

Mouton de poussière fermement agrippé à sa longue chevelure, Éva replongea en riant dans ses pérégrinations. Au détour d'une étagère, elle rencontra un livre, un très gros : les *Œuvres complètes* de Platon, sous la direction de Luc Brisson. Emportant l'épais volume, Éva se cala dans le fauteuil dédié à ses dégustations littéraires. Ouvrant le pavé sur ses genoux, elle caressa les feuilles souples et lisses, presque aussi fines que du papier à cigarette. Un titre, *L'Apologie de Socrate*, attira son attention. Le texte n'était pas long, une trentaine de pages, parfait pour une introduction. Elle se plongea dans la lecture et ses lèvres, muettes, s'animaient au rythme des mots, tandis que son menton accompagnait sa progression par de légers acquiescements.

— Mais oui... Oui, c'est exactement ça, Louna ! s'exclama-t-elle soudain. C'est fou, j'avais encore jamais vraiment lu Platon, mais je crois bien que je viens de tomber amoureuse de Socrate ! Et à mon avis, Polina va tomber amoureuse aussi !

Journal intime d'Apollinariya

Kislovodsk, mercredi 22 juin 1916
Sous le tilleul

NOUS SOMMES RENTRÉS DE NOTRE PIQUE-NIQUE et je me suis installée sous le tilleul afin de peindre. La lumière de fin de journée baigne le jardin d'une lueur orangée. Du banc en pierre, j'aperçois la maison, les fleurs qui s'épanouissent autour de la terrasse et s'enlacent sur la tonnelle. Près de moi, Vaïka est allongée et agite ses pattes dans son sommeil en poussant de petits gémissements.

Cela ne fait pas longtemps que je travaille l'aquarelle, mais je trouve l'effet saisissant. Quelques esquisses, un habile et délicat jeu de pigments et d'eau : le décor se révèle. Je m'estime encore fort maladroite, tout comme avec un crayon, mais j'aime m'exercer et songer qu'un jour je produirai de beaux portraits des êtres qui me sont chers.

Vendredi 24 juin
Sous l'acacia

J'ai exploré la bibliothèque d'Igor, emplie d'ouvrages philosophiques. Nombre de ces auteurs me sont inconnus, ou vaguement familiers. J'ai essayé d'en lire un, au hasard : *Principes de la philosophie du droit* d'Hegel, et quelle épreuve ! Quelle idée de choisir celui-ci ? La lourdeur des propos m'a abasourdie. Je n'ai qu'à peine réussi à déchiffrer les premières pages ! En revanche, j'ai découvert des ouvrages de Platon dont le nom m'est familier. Je crois que Papa en a dans sa bibliothèque, mais en grec uniquement. Igor est entré alors que je m'y intéressais et m'a conseillé de lire *L'Apologie de Socrate* qui d'après lui est l'une de ses œuvres les plus accessibles aux néophytes. Je dois le reconnaître : je crains que cela m'ennuie, même si je fais confiance au jugement d'Igor. Je l'ai emporté, mais je ne l'ai pas encore ouvert. Au moins, ce n'est pas en grec, mais en français. Parfait, moi qui aime tant lire dans cette langue. Je m'y attelle donc !

Dieu, me voilà amoureuse… de Socrate ! Quel homme intelligent, rusé, fin, perspicace ! Je suis emportée par ma lecture et chacun de ses mots si forts de sens ! Au début, sceptique, je dois l'avouer, je me disais : « Qui est cet homme étrange, s'exprimant d'une manière si dense et alambiquée ? » Cependant, à la lecture de ce discours fort inspiré, voilà que mon esprit frémit et bouillonne… Est-ce pour cela que l'humain philosophe ? Afin de s'éveiller et de mener son mental au-delà de ses limites habituelles ?

Ce cher Socrate est accusé de chercher à étendre les connaissances de son esprit, et il est condamné pour cela… Voilà qui me laisse perplexe. Le savoir n'est-il pas le plus grand cadeau fait à l'être humain ? Rend-il si menaçants ceux qui aspirent à comprendre le monde, au point de vouloir les détruire ? J'ai peur de croire que certains préfèrent les ignorants afin de les façonner à leur guise en êtres malléables. Celui qui détient le plus grand savoir possède le pouvoir sur les autres… Cela me révolte ! L'éducation devrait s'ouvrir à tous les enfants, sans condition.

Je comprends à présent, la connaissance est la clé. Car si je n'aiguise pas mon esprit, mon opinion devient vulnérable à celle des autres, influençable par ignorance… Mais cela est si fatigant de penser, de raisonner. Il est tellement plus doux de se laisser voguer sur la brise du vent, sous la fraîcheur d'une ombre en plein été.

Ai-je besoin de la connaissance pour goûter au bonheur ? N'est-ce pas une chimère qu'ils poursuivent tous, dans leur soif de savoir ? Y a-t-il seulement une fin ? Ou bien est-ce une quête infinie pour une vérité qui n'a pas plus de limites que l'Univers ?

Dans mon lit

Eh bien, voilà la conversation la plus longue que je n'ai jamais eue avec Igor ! Nous avons bu une quantité de thé incroyable et nous avons parlé durant presque quatre heures ! Comme cela était fort enrichissant. J'apprécie son caractère davantage chaque jour que je passe ici. Il est un très bon professeur, d'une patience et d'une pédagogie exemplaires, capable de me réexpliquer, et avec des mots différents à chaque fois, toute chose que je ne comprends pas. Je suis convaincue à présent qu'il est parfait pour Ira : un esprit aiguisé, intelligent, pour rivaliser avec le sien.

Dimanche 26 juin

N'est-ce pas une forme de faiblesse de se rabaisser ainsi, en se désignant comme ignorant ? Est-ce donc cela, l'humilité, cette qualité que tant de gens louent ? Une phrase en particulier de *L'Apologie de Socrate* m'a marquée :

« En tout cas, j'ai l'impression d'être plus savant que lui du moins en ceci qui représente peu de choses : je ne m'imagine pas savoir ce que je ne sais pas. »

Je pense comprendre ce que tente de démontrer Socrate ici : le savoir ne peut jamais être acquis, et nul ne peut apercevoir sa finalité, car il n'y en a pas. Le véritable sage est celui qui toujours, tel Socrate, se présente comme un élève. L'homme, au seuil de la mort, même après une vie d'érudition, ne saisira jamais tout : cela est impossible. Voilà l'humilité : savoir et reconnaître que l'on ignore des choses. Là réside l'unique moyen d'évoluer. Toute personne qui oublie cela, qui se vante et estime n'avoir rien de plus à apprendre, se leurre et devient d'autant plus sotte.

C'est sa prétention de savoir qui rend l'homme ignorant !

4

Les yeux d'un jeune homme l'observaient

Entrant dans une boulangerie, non loin du parc Montsouris où elle se rendait, Éva ferma les yeux et se délecta des arômes de levain et de sucre chaud qui embaumaient l'air. La boulangère, au physique plantureux, l'accueillit avec chaleur. Éva avait envie de tout et particulièrement de la tartelette aux fraises. Se ravisant, elle opta pour une douzaine de chouquettes et un croissant. Munie de ses victuailles, elle parvint aux portes du parc. Sans hésitation, elle se dirigea vers son coin favori. Au passage, elle admira la floraison des arbres de Judée, éclatante de rose, et ramassa une fleur qu'elle adopta comme marque-page. Sur la berge, non loin du kiosque, sous un arbre au tronc courbé, les feuilles baignant dans l'eau, elle déplia une couverture et s'assit. Tout en picorant ses chouquettes, faisant fondre les cristaux de sucre sous sa langue, elle se plongea avec appétit dans son livre *Fanfan* d'Alexandre Jardin. Il lui restait trente pages avant la fin et elle dévala les lignes avec avidité. Cette histoire charmait son romantisme de jeune femme, elle comprenait cet Alexandre qui aspirait à un amour immortel, libéré du quotidien, affranchi du temps qui passe. Mais encore fallait-il rencontrer *la* personne, celle faisant naître ce désir d'éternité.

Langoureuses, les dernières pages du roman déroulèrent leurs secrets. Le cœur gonflé, Éva le serra contre sa poitrine et s'abîma dans la contemplation de l'eau verdâtre, ridée par la lente procession d'un couple de cygnes au plumage noir et de quelques canards. En face, sur un banc, deux jeunes gens savouraient leur amour.

Je vis avec mon homme idéal une relation illusoire, platoniquement exclusive, et je vais finir folle et seule dans une vieille bicoque, avec une flopée d'enfants imaginaires…

Il y en avait bien eu quelques-uns avec qui, en théorie, il aurait pu se passer quelque chose, mais lorsqu'elle se forçait à ne pas s'enfuir en courant, elle fondait en pleurs. L'idée d'un amour chaste, fait de séduction perpétuelle comme dans *Fanfan,* lui apparaissait comme la meilleure alternative possible aux affres de la réalité.

Dans un joyeux concert de coin-coin, les canards la tirèrent de sa rêverie. Ils avaient faim et c'était l'heure du petit déjeuner. Éva dispersa les miettes de pain emportées pour eux et s'amusa de leur engouement. Ses amis palmés rassasiés, elle se prépara à partir.

Elle l'ignorait, mais les yeux d'un jeune homme l'observaient. Immobile, dans une chemise blanche déboutonnée, la cravate défaite autour du cou et tenant une veste de costume sur l'épaule, il la fixait avec intensité. Son nez busqué et ses prunelles, aussi sombres que ses cheveux, étaient surplombés par des sourcils épais. Ses traits auraient pu être qualifiés de grossiers si l'ensemble n'était pas si étrangement harmonieux. De son visage se dégageait une douceur, contrastant avec son apparente dureté. Lorsqu'elle rangea ses affaires et se leva, il ne bougea pas. Cependant, à l'instant où elle disparut de sa vue, il s'élança et pressa le pas à sa suite. En restant à une distance raisonnable, il la fila sur plusieurs rues. Elle s'arrêta devant la vitrine de la boulangerie, puis entra.

— Vous en préparez tous les jours ? s'enquit Éva, en prenant son paquet. Je n'en vois pas tout le temps.

La cloche de la porte carillonna.

— Eh non ! C'est seulement le mercredi que mon Roger fait les tartelettes aux fraises. Un fruit pour chaque jour !

Et elle lui récita la liste détaillée en encaissant la monnaie.

— Dans ce cas, ce sera mon nouveau rituel du mercredi matin !

— Ah ! Ça, c'est la faute à la crème d'amandes qu'il met en dessous, moi j'en raffole tellement que si je commence, je ne peux plus m'arrêter !

Le jeune homme, resté en retrait, fixait ses pieds ou encore les gâteaux crémeux et colorés se pavanant dans la vitrine. Lorsque Éva se retourna, il feignait de lire les petites annonces du tableau d'affichage. Elle ne le remarqua pas et sortit. La suivant du regard, il contempla les reflets d'or de sa chevelure disparaissant au coin de la rue.

— Bonjour, qu'est-ce que je vous sers ?

Avec un accent russe prononcé, il commanda une tartelette aux fraises.

En passant la porte d'entrée, Éva réalisa la vitesse à laquelle la librairie était devenue son repaire, son ancre solide et sûre. Elle s'attachait à cet endroit insolite, un peu vieillot, et s'amusait à lui redonner des couleurs. En flânant dans les vide-greniers et marchés aux puces, elle avait déniché une myriade d'objets pour agrémenter son intérieur, dont un magnifique patchwork d'étoffes bigarrées et de pièces de cuir pour couvrir son lit, trois coussins péruviens brodés à la main, un gros pouf marocain, deux boîtes à thé et à café, des magnets pour le réfrigérateur, et beaucoup d'autres trésors.

Dans la cuisine, les premiers accords de *La Conga Blicoti* et la voix de Joséphine Baker résonnèrent. Tout en chantant et se trémoussant, Éva entama la préparation de son petit déjeuner. Au menu, la star, la délicieuse, l'inoubliable, la tartelette aux fraises, accompagnée de son jus de fruits frais, ananas et raisin, et de l'indétrônable thé noir aux notes orientales. Sur la gazinière, la bouilloire siffla et le rythme endiablé de Little Richard et de son *Tutti Frutti* déferla dans la pièce. Incapable d'y résister, Éva délaissa son ouvrage.

Défoulée et rassasiée, elle alluma un bâtonnet d'encens, s'étendit sur les coussins moelleux de son canapé, et savoura les rayons du soleil de midi qui lui caressaient le visage. Les yeux clos, elle huma les effluves de santal ondulants dans l'atmosphère, sur la *Valse sentimentale no. 6 opus 51* pour piano et violoncelle de Tchaïkovski. Bercée par la complainte de l'archet, elle songea à son propre violoncelle, détruit à la suite d'un tragique accident lors de son emménagement à Paris, impliquant trois cartons, un chat et des escaliers. Par manque de moyens, mais aussi de temps et d'espace, Éva n'avait pas recherché la compagnie d'un nouveau partenaire. Cependant, depuis l'écriture du journal, le besoin et le désir de retrouver ces sensations familières s'amplifiaient.

Peut-être qu'à la même date, cent ans auparavant, elle était là. Vivante, dans ce monde, vaquant à ses occupations, riante, aimante… À cet instant, peut-être qu'elle lisait, ou s'exerçait au violoncelle sur la terrasse ombragée d'un domaine en fleurs…

Replongeant dans sa communion avec Polina, elle entrevit un sentier cheminant entre les troncs filiformes. Elle sentait la sève, l'humidité du sous-bois, et la caresse des fougères contre le voile de sa robe. Des oiseaux gazouillaient, et un pivert faisait entendre son martèlement frénétique. À ses côtés, Vaïka, l'œil alerte, dressait l'oreille. Un bruit, un mouvement, une voix, et Il apparut.

Journal intime d'Apollinariya

Kislovodsk, mardi 28 juin 1916
Près de l'étang

La forêt majestueuse et profonde, la fraîcheur et le murmure des sous-bois, la hauteur des pins, la surface délicate de l'étang, l'arôme chaud de l'herbe gorgée de soleil : tout ici apaise mon cœur, le berce d'une musique tranquille. Parfois, je songe qu'habiter en ville est bien triste malgré toutes les distractions que celle-ci apporte. Après tout, la nature est le berceau de la vie, et en être éloigné, n'est-ce pas vivre loin de la vie elle-même ?

Les mots de cet homme se sont infiltrés en moi et depuis qu'il est parti je ne parviens pas à penser à autre chose. Sa voix résonne dans ma tête. Quelle rencontre étrange et mystérieuse ! C'est un excentrique, mais je dois avouer que ses réflexions ont du sens, à leur manière…

Je marchais avec Vaïka sur le sentier qui traverse la forêt, depuis la clairière jusqu'au petit étang où je me trouve à présent, et soudain elle s'est mise à aboyer. J'ai entendu un bruissement dans les fourrés (j'ai eu peur de rencontrer quelque bête sauvage) et je me suis figée, cherchant à discerner d'où provenait le bruit. J'ai demandé « Il y a quelqu'un ? » et, au lieu de se présenter, une voix d'homme a répliqué joyeusement : « Ce n'est que moi ! » Est-ce une réponse ?

C'est à ce moment que je l'ai vu. Sa mise était fort négligée. La poche de son paletot pendouillait et sa chemise semblait n'avoir pas connu de lavage depuis longtemps. Il claudiquait en s'appuyant sur sa canne. Une blessure à la jambe, de toute évidence. Tout d'abord, je n'ai pas bien discerné ses traits sous sa vieille casquette avachie, puis j'ai aperçu la cicatrice, rose et gonflée, sur le côté gauche de son visage, partant de sa tempe jusqu'au milieu de sa joue. Et ce n'est pas la seule. Je pense qu'il a reçu des éclats de grenade, d'obus, car sa peau est parsemée de nombreuses coupures. Ses cheveux mi-longs et cuivrés étaient décoiffés, ses yeux verts et vifs, et ses joues constellées de taches de son. Quant à son nez, je pense qu'il a été cassé plus d'une fois. Je doute qu'il ait plus de vingt-cinq ans, et pourtant son visage est déjà durement marqué. La guerre n'en épargne aucun et fait vieillir les plus jeunes…

Pourquoi se trouvait-il là, hors du sentier, perdu, alors qu'il marche avec difficulté ? Et tout de même assez éloigné de la ville. J'ai voulu savoir son nom, choquée qu'il ne se présente pas de lui-même, et lui de me déclarer : « Qu'importe donc mon nom ? Cela changera-t-il quoi que ce soit ? Serai-je différent ? »

Cette familiarité, presque moqueuse, m'a aussitôt fait bafouiller. Est-ce une manière d'engager la conversation avec une inconnue de ma condition ? Sûrement pas ! Vaïka, en revanche, a semblé l'apprécier, car elle a cessé de s'agiter et s'est avancée vers lui pour le renifler. Il a continué :

— Me concernant, je me moque bien de cette fausse politesse, et je ne souhaite d'ailleurs pas connaître votre nom, car vous n'êtes pas votre nom. Ce n'est pas lui qui se tient en face de moi et qui me parle, n'est-ce pas ? Imaginons que vous voyiez une fleur magnifique, avez-vous besoin de la nommer pour l'admirer ? Et si d'aventure vous croisez une bête abominable, avez-vous besoin de son nom pour comprendre que vous devez vous enfuir au plus vite ? Nommer une chose, n'est-ce pas s'approprier un droit et un pouvoir sur elle ? Qui sommes-nous pour décider que telle chose portera tel nom ? Voilà encore un besoin vain de l'humain sur ce qui le dépasse !

Il pencha la tête sur le côté avec un sourire empreint de douceur et d'amusement.

—Je n'attends pas de réponse de votre part, simplement que vous réfléchissiez à la question.

Je n'avais jamais entendu quelqu'un parler de la sorte, et encore moins lors d'une première rencontre ! Sur ce, il m'a demandé de quel côté se trouvait l'étang, car de là il pourrait sans aucun doute retrouver son chemin. Allant moi aussi dans cette direction, je ne pouvais refuser de l'y mener. Et nous voilà, marchant côte à côte, alors que je ne connaissais même pas son nom ! Cela me gêne de le reconnaître, mais je me sentais étonnamment à l'aise en dépit de son discours déconcertant. Cette familiarité, était-ce vraiment inconvenant ?

Au début, nous avons marché en silence et je n'ai pas engagé la conversation, ainsi qu'il sied à une jeune fille. Des questions me brûlaient les lèvres et j'attendais qu'il s'exprime, avec une certaine appréhension face aux propos qu'il pourrait tenir. Mon cœur battait dans ma poitrine d'être seule avec un homme, mais je n'avais pas peur. Après quelques minutes, il s'est mis à parler, s'emballant dans un long discours passionné :

— Lorsque l'humain marche parmi les forêts et les champs, il ne possède plus de nom, plus d'origine sociale. Il abandonne derrière lui toute convention, savourant la simple liberté d'exister pour ce qu'il est. Car la nature ne juge pas, elle se moque bien de la richesse ou de l'érudition. Elle se moque des noms et titres. La nature est origine et destination de tout : elle n'a pas d'ambition. Celui qui la renie se renie par la même occasion. Rousseau, et je suis d'accord avec lui, dit dans ses *Rêveries* qu'il n'a pu communier avec la nature qu'après s'être détaché des passions sociales et de leur triste cortège.

Enlevez la société et tous ces biens matériels perdent leur sens. Ces hommes qui se croient maîtres du monde, sans leurs parures et leurs bijoux, ils ne sont qu'un cortège de squelettes ignorants !

Qu'aurais-je pu répondre ? Le silence s'est installé à nouveau, puis il s'est tourné vers moi :

— Qu'en pensez-vous ? Mais, attention, je n'accepterai pas une de ces réponses toutes faites, creuses et sans intérêt. Je veux votre opinion.

Mais quelle étrange manière de s'adresser à quelqu'un ! Et je me suis sentie soudain si désarmée, démunie. Personne ne m'a jamais demandé ce que je pensais. Jamais avec cette exigence… J'ai tout de même trouvé une réponse que je trouve satisfaisante :

— N'y aurait-il que deux choix possibles ? Vivre avec la nature ou bien la renier ? Toutes les personnes qui vivent dans cette société, que vous semblez honnir, comment savez-vous qu'ils ont oublié la beauté de la nature et sa force ? Et ces paysans misérables auxquels vous faites allusion, il est possible qu'ils la méprisent, à force de s'échiner au travail…

— Ah ! Je suis un passionné, telle est ma nature ! Il est donc compréhensible que mon discours paraisse extrême pour une jeune fille comme vous qui, de toute évidence, ne connaît que le confort et la douceur de la soie…

— Le confort et la douceur de la soie !? Croyez-vous que je ne connaisse pas la réalité de la vie ? Pour qui donc vous prenez-vous ?

Il m'a considérée avec amusement avant de répliquer :

— Oh, je ne suis qu'un bouffon, vous savez… Un saltimbanque, un poète maudit et fou ! Mais un feu brûle en moi, un feu qui anéantira toute espèce de paresse de l'esprit ! La tempérance n'a pas sa place dans ce monde impitoyable. Lui, il ne tempère pas, il assène ses coups les uns après les autres et n'épargne que les coupables eux-mêmes. La nature ne connaît pas l'injustice et ne favorise personne. En son sein, nous sommes tous égaux. C'est la société qui classe les gens, qui corrompt, et condamne. L'État et ses serviteurs sont les bourreaux. Bakounine, Marx, Tolstoï, Nietzsche, Proudhon, ils ont compris tout cela, et ils sont loin d'être les seuls. Si vous connaissiez la vie que je connais, vous aussi penseriez la même chose. Vous dites que certains paysans pourraient mépriser la nature et pourtant, croyez-moi, tout homme qui travaille la terre sait qu'elle seule a une vraie valeur et il la respecte plus que toute autre chose.

— Vous déclarez qu'il ne faut pas juger, mais n'est-ce pas exactement ce que vous faites à mon égard ?

— Je ne vous juge pas, je constate, voilà tout. Il n'y a aucun mal à ignorer ce que l'on ne peut savoir. Vous ne pouvez connaître ce qui ne vous a jamais été montré. Ce n'est pas votre faute. Enfin, pour l'instant...

Je lui ai lancé un regard interrogateur et il a poursuivi :

— Vous êtes jeune, votre libre arbitre aussi. À présent que vous devenez femme, c'est à vous de choisir si vous souhaitez demeurer dans votre cage, dorée et fastueuse, ou bien vous émanciper et façonner votre propre route. Les barreaux n'existent pas, mais pour le savoir il faut essayer d'aller au-delà. Si vous restez bien tranquillement dans votre aisance, vous ne saurez jamais que celle-ci cache un poison. Un poison invisible, indolore, et avec lequel vous pourrez vivre toute votre vie. Mais quelle vie ? Une vie confortable, certes, mais une vie d'ignorance et de futilités. Que choisissez-vous ?

— Vous êtes vraiment un étrange personnage, et je ne répondrai pas à cette provocation de votre part. Il n'est déjà pas correct de m'entretenir ainsi, sachant que je ne connais ni votre nom ni quoi que ce soit de vous. Vous en rendez-vous compte ? Vous, un parfait inconnu, vous vous permettez de me parler de cette manière ! Et en plus de cela, voilà que vous...

— Oh ! Mais tu me déçois bien là !

— Et vous, vous me tutoyez à présent ? (Il m'en a fait bégayer !)

— Eh bien, oui ! Et cela, car tu le mérites, entends-tu tes paroles ? Oh ! Pauvre fou que je suis, j'avais quelques espoirs que tu sois plus que ce que tu ne laissais paraître !

À cet instant, je me suis arrêtée, heurtée, scandalisée et prête à rebrousser chemin jusqu'à la maison, mais le voilà qui s'est retourné vers moi et, sous mon regard, s'est radouci soudain.

— Pardonnez-moi, je vous l'ai dit, je suis un excentrique exalté et tourmenté. Je ne côtoie pas la société que vous connaissez et ne la recherche pas. J'en connais toutefois les règles et les convenances et il est manifeste que je suis allé bien au-delà de ce que votre bienséance pouvait supporter. Vous savez, je me moque tant des conventions que j'oublie parfois que pour certaines personnes il n'existe rien d'autre ! Je ne cherchais pas à vous froisser. J'aime provoquer et tenter de comprendre l'humain que je rencontre, homme ou femme, riche ou pauvre. Par-dessus tout, c'est l'échange qui m'intéresse, mais je me suis encore laissé emporté dans mon discours, et ce sans vous y inclure réellement, trop occupé à ressasser en boucle les mêmes idées, comme toujours. Je vous demande pardon pour cela…

— Avez-vous donc l'intention de devenir bienséant et agréable ?

— Mmm, oui, cela se pourrait…

— Eh bien, en ce cas, je souhaiterais savoir votre nom.

— Ah ! Ce nom ! Appelez-moi Sasha, cela vous convient-il ?

— Sasha… Aleksandr, j'en déduis donc ? Pas de nom de famille ?

Je détestais de devoir quémander ainsi ce qui aurait dû être naturellement offert. Quelle histoire pour un simple nom !

— Je préfère Sasha.

— Entendu, même si cela me paraît déplacé de vous appeler de façon si familière. Enfin, je suppose que c'est mieux que d'ignorer votre nom.

Je m'attendais à ce qu'il me demande le mien (comme toute personne bien élevée), mais il n'a pas même daigné s'y intéresser. Cet homme est le plus surprenant qu'il m'ait été donné de rencontrer. Nous sommes enfin arrivés à la petite clairière où se trouve l'étang. Il s'est arrêté, a observé les roseaux et la surface tranquille de l'eau, et a déclamé ce merveilleux poème de Victor Hugo, *Elle était déchaussée, elle était décoiffée.* Il parle français avec un très bon accent. Instruit, et pourtant si désobligeant ! C'est de toute évidence le discours d'un fou, mais pas celui d'un sot. Ces mots résonnent encore, tout comme sa voix… Je me rappelle de quelques vers, sublimes :

« Elle me regarda de ce regard suprême
Qui reste à la beauté quand nous en triomphons,
Et je lui dis : Veux-tu, c'est le mois où l'on aime,
Veux-tu nous en aller sous les arbres profonds ? »

Sur ce, il a plongé ses yeux d'émeraude dans les miens. Des yeux pénétrants et brillants, et j'ai déployé tous mes efforts pour demeurer neutre, sérieuse. Il s'est alors incliné avec ce sourire malin flottant sur sa bouche, le vent a porté vers moi son odeur musquée de transpiration, et il s'en est allé de sa démarche chaloupée. Il est grand, et bien qu'il boite, il me semble si solide, inébranlable. Sous sa chemise, j'ai deviné les muscles de son dos et la vigueur de ses bras… Dieu, que suis-je en train d'écrire ! Et cette sensation inexplicable, ce vide qui me remplissait à chaque pas qui l'éloignait…

Il ne s'est pas retourné, mais juste avant de disparaître derrière la petite butte qui surplombe l'étang, il a marqué un arrêt et a agité la main, comme s'il se doutait que je le regardais encore : quelle prétention ! Je suppose que je ne le reverrai jamais, et étrangement cette pensée me serre la poitrine. Pourquoi ? Je ne sais rien de lui, si ce n'est sa folie certaine. Je l'entends pourtant me répondre : « Rien ? Tu ignores mon nom, mais tu sais ce qui habite mon esprit, n'est-ce pas bien supérieur ? » Peut-être a-t-il raison… Comme je suis fatiguée d'écrire, fatiguée de réfléchir. Me reposer, voilà tout ce à quoi j'aspire.

L'herbe au bord de l'étang, verte et moelleuse, m'accueille, et je me délecte de sa fraîcheur odorante.

Cette rencontre a éveillé quelque chose en moi. Je ne sais comment définir ce sentiment étourdissant, comme si je me tenais au-devant d'une porte, l'ouïe emplie d'un appel impérieux de l'autre côté, mais sans pouvoir la franchir encore. Un étau invisible enserre mes mouvements, enferme mes élans…

Je l'annonce et je l'écris ici : hier ne sera pas mon lendemain. Car chaque aube est neuve et pleine, et m'attire vers un horizon toujours plus vaste, toujours plus grand. Car chaque souffle nouveau-né qui caresse mes lèvres accueille une nouvelle étoile à chérir au calendrier de ma vie.

Vendredi 1er juillet
Sous le tilleul

Voilà trois jours depuis ma rencontre avec ce Sasha et je me surprends à songer à lui et à ses paroles extravagantes. Ira m'a demandé pourquoi je semblais si distraite ces derniers temps, mais je ne lui ai pas parlé de Sasha, prétextant que mon esprit vagabondait sans but précis. Je n'aime pas mentir, seulement je n'avais point le choix. Elle m'a taquinée, s'imaginant que je rêvais à ce cher Sergueï Vassilitch, et je n'ai pas démenti ses suppositions. Après tout, sans cette rencontre fortuite, c'est à lui que je songerais. Je le préfère à ce Sasha, bien entendu, mais ce dernier m'a donné matière à réflexion. Il m'a interpellée…

Les grands draps blancs dansent et claquent sous le vent chaud, projetant leurs ombres ondulantes sur l'herbe grasse. Il y a un petit oiseau posé sur le fil, il observe la forêt. Je respire, et je suis en vie.

Lundi 4 juillet
Dans ma chambre

Comme il est agréable de faire de la musique avec Irina. Lorsqu'elle joue, Irina est belle, son visage rayonne. En ce moment, elle travaille les trois premières *Nocturnes* opus 9 de Chopin. Je trouve que ces mélodies lui vont très bien, mais quelle mélancolie, quelle douce tristesse... Lorsque je suis au piano, mes doigts n'ont pas sa délicatesse. Les siens glissent comme l'écume sur la grève. Je l'accompagne parfois de mon violoncelle ou de ma voix – que l'on me complimente chaque fois –, mais ma main est faite pour le glissé adroit de l'archet. Le violoncelle m'a tant manqué ces dernières années au pensionnat ! À présent que j'ai du temps, je vais pouvoir jouer, jouer, encore et encore, j'ai tant à rattraper !

Mais cet art qu'Irina possède, ce don d'élever la musique... Je pourrais l'écouter durant des heures, c'est un tel bonheur. Au matin, alors que la maison est encore endormie, elle nous réveille de ses notes douces et célestes.

Ah, j'aime tant les jours passés ici. Nous sommes allés déjà deux fois au théâtre ainsi qu'à un petit opéra – je ne les ai guère appréciés. Irina m'a promis que nous irions ensemble au théâtre et à l'Opéra une fois tous rentrés à Petrograd : il m'est impossible de m'habituer à ce nom ! Et dire ce « nom » me donne envie de répliquer : « Mais après tout, qu'est-ce donc qu'un nom ? » Ce Sasha m'aura bien marquée... À chaque pensée, je croirais l'entendre qui me répond et y va de son commentaire, comme une petite voix toujours perchée au creux de mon oreille.

Jeudi 7 juillet
Dans mon lit

Aujourd'hui, je l'ai vu. Il était sur le ponton de l'étang. Allongé, il regardait les nuages se mouvoir dans le ciel d'azur. L'une de ses mains ridait la surface de l'eau dans un lent balancement. En le voyant, je me suis aussitôt dissimulée près des roseaux qui entourent la berge et je l'ai observé, le cœur battant de mon effronterie. Je crois être restée un peu plus longtemps que la bienséance ne l'exige…

Gare à moi, je ne ferai pas la même erreur que ces idiotes emplies de mièvreries qui sombrent dans les bras du premier prince déguisé ! Oh non, très peu pour moi – ses manières, ses éclats –, je me moque de son esprit aiguisé qui semble lire en moi tel un livre ouvert. Non, et non. C'est un vilain génie que je ne dois jamais revoir. J'éviterai donc mes endroits favoris. Ou bien, non, c'est plutôt à lui de partir ! Oui, après tout, il ne m'effraie pas.

5

Elle fit vibrer la première corde

À LA GARE DE LYON, après avoir jeté un coup d'œil rapide au panneau d'affichage, Éva s'avança vers la voie d'où se déversait une masse grouillante de voyageurs à roulettes. Le nombre avait déjà commencé à augmenter de manière significative ; le mois de juillet pointait son nez.

Éva se hissa sur la pointe des pieds afin d'apercevoir Caroline, sa mère, qui arrivait de Montpellier. Élancée, tout comme sa fille, le pas ferme, le dos droit, ainsi qu'une crinière blonde et frisée, elle avançait suivie d'une silhouette sombre aux formes généreuses.

— Maman ! C'est un violoncelle !!

Éva s'élança vers sa mère et l'enlaça avec chaleur avant de se précipiter vers le nouveau venu.

— Ma chérie, attends d'être à la maison pour le déballer, pas ici.

— Oui, oui… J'ai tellement hâte de le voir ! Il est pour moi, hein ?

— Évidemment, quelle question !

Caroline détailla le visage de sa fille.

— Légers cernes, mais le teint frais. Tu m'as l'air en forme.

— C'est l'amour qui me donne bonne mine, déclara Éva. Le seul problème c'est qu'il n'existe que dans ma tête ! Non, ne t'embête pas, je vais le prendre.

Saisissant la housse du violoncelle, Éva emboîta le pas de sa mère vers le parvis de la gare. Du coin de l'œil, elle devinait que celle-ci l'observait, le sourcil légèrement froncé.

— Qu'est-ce que tu veux dire par « dans ma tête » ?

— Eh bien, c'est le nouveau personnage, tu sais, dans le journal. Sasha. Il m'est venu d'un coup, pouf ! Et je n'arrête pas de penser à lui depuis, à sa vie, à ce qu'il a fait ou a été avant… J'ai écrit tous les dialogues sans même y réfléchir, comme si soudain il remplissait un espace en moi qui avait toujours été là pour lui… Une évidence, je sais pas, le genre de truc qu'on est censé ressentir à notre premier coup de foudre je suppose…

— Disons que ça te fait un entraînement, mais s'il était réel ce serait mieux, tu ne crois pas ? Parce qu'à force de rêver d'amour, il serait temps de…

— Maman, la morigéna Éva, je suis au courant, j'essaie.

Elles firent un pas dans la file d'attente des taxis et Éva se tourna vers sa mère qui affichait un air contrit.

— Je sais, pardon ma chérie… Alors, parle-moi de cet homme extraordinaire, je donnerai ces renseignements à Sherlock Holmes, lui il arrivera bien à nous dénicher cette perle rare !

Les yeux de Caroline, taquine, pétillaient, mais ses efforts pour détendre l'humeur de sa fille ne rencontraient qu'un faible succès. Le sujet des hommes et des sentiments était sensible, comme toujours.

— Ah ah, très drôle, bouda Éva, sans toutefois parvenir à réprimer un sourire en coin. Bon, donc il s'appelle Sasha, il a environ vingt-cinq ans, je suis pas encore sûre, et il revient tout juste de la guerre où il a été blessé et a perdu son pied… En fait, je ne suis pas totalement sûre de ça non plus, il me reste pas mal de choses à découvrir sur lui… Il me fait rire, c'est un passionné qui s'emporte dans des monologues philosophiques de dingue, j'adore ! Je n'ai écrit qu'un seul chapitre avec lui et pourtant je suis déjà accro ! J'ai juste peur que l'aigreur et la rancœur dues à la guerre le rendent un peu, disons moralisateur… Mais c'est qu'il faut comprendre ce qu'il y a derrière, tu vois ?

Éva sentit que sa mère avait du mal à la suivre dans son engouement, et un taxi s'arrêta devant elles. Il relâcha deux Japonais et leurs énormes valises avant de s'occuper du bagage de Caroline. Avec moult précautions, elles installèrent le violoncelle sur leurs genoux et la voiture démarra. Continuant sur sa lancée, Éva reprit :

— Je me suis renseignée sur le front de l'Est du coup, et j'ai appris plein de choses dont je n'avais jamais entendu parler à l'école. On se focalise sur nous, sur nos tranchées, sur Verdun, Paris, j'en passe, et le front de l'Est on s'en fiche ! Eux aussi, ils avaient des tranchées, et elles étaient encore plus rudes que les nôtres, et bien plus sanglantes ! Ça, à l'école, on ne nous le dit pas.

Elle croisa les bras sur la poitrine, surprise elle-même par la virulence de sa réaction.

— Tu n'exagères pas un peu ? Ils doivent bien en parler à un moment…

— Oui, ils doivent l'évoquer. Ça me tue, cette diabolisation de la Russie qu'on nous fait bouffer, c'est injuste ! Sans la Russie, on aurait eu l'Autriche-Hongrie et la totalité des forces allemandes sur le dos, et notre chère ligne de tranchées de six cents kilomètres, elle aurait pas tenu longtemps ! Les soldats russes se battaient limite à la baïonnette contre des mitraillettes ! Ils avaient de gros effectifs, mais ils n'étaient ni formés ni équipés. Dans certaines unités il y avait un fusil pour trois hommes, tu imagines ? C'était une véritable boucherie ! Ils crevaient la dalle, rongés par le froid, et ils n'avaient même pas d'obus, ou très peu, pour répliquer contre les bombes. On a de la chance qu'ils n'aient pas abandonné, sinon on ne serait peut-être pas là pour en parler.

— Ma chérie, calme-toi, c'est pas bon de faire grimper ton rythme cardiaque comme ça, pour si peu…

— Mais ça me tient tellement à cœur ! Rien que d'imaginer tout ce que Sasha a pu vivre là-bas…

— Eh bien, n'y songe pas trop. Il s'en est sorti, non ? Alors tout va bien. Tu ne devrais pas te faire autant de mal pour un simple personnage…

Elle fit une pause et s'éclaircit la gorge.

— Enfin, passons. J'ai vraiment hâte de voir à quoi ressemble cette fameuse librairie !

Éva, déduisant que sa mère avait du mal à comprendre, mais ne voulait ni brider ni sermonner sa fille pour autant, accepta la bifurcation que prenait la conversation et renchérit :

— Et moi de tâter ce violoncelle ! Et tu vas voir, il y a des livres jusqu'au plafond, c'est ma-gni-fique ! Au fait, tu as pris ta flûte ?

La réponse à sa question, Éva la connaissait. Sa mère, flûtiste professionnelle, l'emportait où qu'elle aille. En réalité, en demandant cela, elle souhaitait simplement lui signifier qu'elle se languissait de l'entendre jouer ses morceaux favoris. La plupart d'entre eux provenaient de ballets composés par Tchaïkovski, comme la *Danse des Mirlitons* ou la valse de *La Belle au bois dormant*, mais il y avait aussi le *Boléro* de Ravel, ou encore *Prélude à l'après-midi d'un faune* de Debussy, et environ une centaine d'autres. Éva ne se lassait pas de la musique classique, et cet amour-là au moins était éternel…

La librairie, Caroline la trouva charmante, pittoresque, insolite et douillette. Comme sa fille, elle tomba en admiration devant le tableau aux coquelicots, comprenant le désir d'Éva de se glisser dans la peau de la jeune femme et d'inventer son quotidien.

— Mais qui te dit qu'elle écrit ? Peut-être qu'elle est en train de dessiner… Ça se pourrait, non ?

— Non, trancha Éva. Ou alors c'est juste un gribouillis de paysage, rien de plus… Alors, ce violoncelle, je peux le voir ?

Lorsqu'elle déshabilla l'instrument de sa housse, elle poussa une exclamation de surprise suivie d'un cri de joie.

— Il est merveilleux ! Merci, Maman, merci, merci, merci !

— Tu remercieras aussi ta grand-mère, elle en a payé la moitié.

— Oh ! Alors je l'appellerai tout à l'heure.

Et elle reporta son attention sur son nouveau compagnon.

Le rayon de soleil qui perçait en cette fin d'après-midi faisait luire l'acajou mordoré. Aux quatre coins de la pièce dansaient des reflets. Avant même de commencer à jouer, elle savoura la sensation du violoncelle reposant entre ses cuisses et contre sa poitrine. Les yeux mi-clos, elle caressa la surface lisse, douce, et huma les effluves délicats de vernis et de bois mêlés. Puis sa main droite, prolongée par l'archet, s'arqua. Le poignet fléchi, les doigts légers, elle fit vibrer la première corde et ses yeux se gonflèrent de larmes. Sans même y réfléchir, elle entama la *Valse sentimentale* et se laissa emporter. Lorsqu'elle émergea de sa transe, sa mère s'était assise et la contemplait d'un œil attendri, sourire aux lèvres.

— Quel bonheur de t'entendre jouer à nouveau, ma chérie !

— Oui, pour moi aussi…

Le visage d'Éva rayonnait tandis qu'elle enlaçait son instrument et le couvait avec amour.

Quelques heures plus tard, toujours installées au salon, mère et fille bavardaient autour d'un thé aux notes fruitées.

— Alors, cet été, tu ne comptes pas t'échapper un peu de Paris ? Même quelques jours ?

— Non, je suis bien ici… Et j'ai de quoi m'occuper !

— Oui, j'ai bien compris ça, mais tu ne crois pas que tu devrais sortir un peu plus ? Viens écrire à Montpellier, à la maison, non ?

— Je suis désolée Maman, je sens que je dois être ici pour le faire… Mais, tu sais, je me promène beaucoup ! En fait, en plus de lire et écrire sans arrêt, je sors marcher au moins une fois par semaine. La nature m'inspire beaucoup aussi, et j'adore écrire en étant dehors, avec les oiseaux et le bruissement du feuillage... Jeudi dernier, je suis allée à Fontainebleau et j'ai fait une balade de presque trois heures ! C'est pas rien quand même...

— En effet, je suis ravie de l'apprendre. C'est une très bonne initiative de ta part qui ne pourra que te faire du bien.

— Oui, enfin sauf si je me fais kidnapper ou assassiner pendant mon jogging...

— Ah, non ! Ne dis pas des choses pareilles enfin !

Éva pouffa, mais s'abstint de renchérir et revint au sujet de l'écriture.

— En plus du journal, je passe aussi beaucoup de temps à faire des recherches sur la Russie, sur Kislovodsk et Saint-Pétersbourg. Je lis beaucoup de livres, que ce soit de la philo, des romans, des essais, des articles, et aussi des journaux intimes. D'ailleurs, c'est fou le nombre de témoignages qu'on peut trouver écrits ou traduits en français, de Russes immigrés ou de gens présents au moment de la Révolution. Certes, j'ai encore un an de journal intime avant d'y parvenir, mais cette période me fascine littéralement, j'ai vraiment envie d'écrire dessus... À savoir si j'en suis digne ! Bon, évidemment, il faut faire un peu le tri dans les orientations politiques, les points de vue subjectifs des uns et des autres, mais j'adore toutes ces recherches ! Et quand j'en ai marre de lire, je regarde des documentaires !

— Tu vas bientôt devenir une spécialiste de la Russie, plaisanta sa mère.

— Et pourquoi pas ? Tu sais, plus j'y pense et plus j'aimerais me diriger vers un master ciblé sur la littérature russe et slave. Ou alors une licence de langue étrangère appliquée en russe...

— Oui, ce serait une bonne idée.

Éva rigola, les yeux dans le vague.

— En fait, j'ai déjà le futur sujet de mon mémoire, ou de ma thèse : « Quand les mots se mêlent à l'histoire, au croisement des regards autobiographiques de la Révolution russe »… ça sonne bien, non ?

Caroline la regardait d'un œil surpris.

— Tu viens d'inventer ça ?

— Oui, rigola Éva. C'est parce que je pensais à ma fascination pour les journaux intimes et les témoignages, que je préfère de loin à la fiction. Et avec tout ce que j'ai déjà lu et que je m'apprête à lire, je vais bientôt avoir avalé tout ce qui a pu être écrit ou traduit en français sur cette période !

Sur ce, elle montra la pile d'ouvrages qu'elle possédait et sur lesquels elle travaillait en ce moment, détaillant chaque titre et son contenu avec une énergie et une passion que sa mère ne lui connaissait pas. Et, plus elle parlait, plus des idées lui venaient par dizaines, l'obligeant à s'interrompre régulièrement afin de prendre des notes dans le carnet de bord qui ne la quittait pas. Aux alentours de minuit, Caroline alla se coucher et Éva réprima son envie dévorante d'écrire toute la nuit. L'esprit agité, elle s'endormit néanmoins avec lourdeur.

Il faisait noir, un noir d'encre. Éva nageait dans une mélasse informe, les épaules douloureuses et la poitrine en feu, écrasée sous un poids d'enclume. Le souffle coupé, elle avait froid. Lorsqu'elle ouvrait la bouche, la substance sombre l'envahissait. Inexorablement, elle avançait, étrangement sereine. Elle ne ressentait plus rien, sauf une brûlure de délivrance qui enserrait ses poumons et ses os. Doucement, son cœur ralentissait, jusqu'à s'arrêter.

Éva s'éveilla en sursaut, la respiration saccadée. Elle tenta de se calmer au plus vite, afin de ne pas réveiller sa mère qui dormait paisiblement à ses côtés, le canapé du salon ne pouvant pas se transformer en couchage. Elle se glissa hors du lit, et Caroline ouvrit les yeux. Percevant le souffle agité de sa fille, elle se redressa.

— Chérie, ça va ?

— Oui… Oui, ça va.

Caroline alluma la lampe de chevet et lui apposa une main rassurante dans le dos. Entre deux respirations, Éva glissa :

— C'est mon rêve, enfin mon cauchemar, il est revenu depuis que j'ai emménagé ici.

La chaleur maternelle diffusant son baume apaisant, l'essoufflement d'Éva se calma. La pression sur sa poitrine se relâcha, puis disparut.

— Mais ne t'inquiète pas, hein, c'est pas grave. Et puis j'en profite pour écrire quand ça me réveille. La nuit m'inspire…

Éva ne précisa pas que le cauchemar avait gagné en intensité, et qu'en plus du souffle court, elle s'éveillait prise d'une angoisse sourde qu'elle n'avait encore jamais ressentie.

Caroline lui lança un œil inquiet.

— Et là, tu vas écrire ? À cette heure-ci ? C'est pas un très bon rythme ça…

— Maman…

Après s'être moelleusement installée sur le canapé, Éva commença à écrire et, jusqu'à l'aube, abreuva d'encre son cher journal.

Journal intime d'Apollinariya

Kislovodsk, mercredi 13 juillet 1916
Sur la terrasse

MAMAN, STEPAN ET MACHA sont arrivés dimanche dernier et la maison a gagné en animation, surtout avec Stepan qui vagabonde de-ci de-là comme un petit chaton surexcité. Il a tant grandi en quelques mois ! Je n'ai pas beaucoup apprécié la pièce que nous sommes allés voir hier soir, je préfère lorsque les œuvres de Tchekhov sont interprétées par la troupe de l'Alexandrinski. Nous avons fait une excursion en ville et Ira a tenu son rôle de guide à la perfection, relatant anecdotes et faits historiques. Nous avons visité le sanatorium aux briques rouges, vu la datcha du peintre Yaroshenko, celle de Chaliapine (mais il n'y séjourne pas ces temps-ci, préférant certainement l'effervescence de Petrograd). Nous nous sommes également baladés dans le parc, qui est d'une beauté à couper le souffle à cette période de l'année où les fleurs dévoilent tous leurs apparats. L'ombre des arbres accueille le chant de la rivière, glissant et roulant d'écume claire de pierre en pierre. Cet endroit respire le romantisme et la détente, cheminant au loin vers les collines verdoyantes.

J'ai grande envie d'y retourner seule pour une promenade plus longue et tranquille (Stepan est un véritable diablotin, il court et crie sans arrêt!). Tout est splendide dans cette ville, son parc et ses alentours, j'en suis amoureuse !

Samedi 16 juillet

Je crois bien que les vilaines mains du destin s'amusent avec moi.

Je me suis rendue seule au parc, afin d'écrire et dessiner, pendant qu'Ira et Maman faisaient des achats en ville. Sur un banc, à une certaine distance, j'ai vu un jeune homme coiffé d'une casquette, penché en avant, les avant-bras reposant sur les cuisses, lisant un livre, une canne posée à côté de lui. Cela faisait un croquis intéressant, immobile, plongé dans une lecture. Mais je ne l'avais pas reconnu ! Quelle fâcheuse inspiration m'a poussée à vouloir le dessiner, lui en particulier ? Je me suis installée non loin, j'ai sorti mon carnet, mes crayons et j'ai commencé à tracer quelques esquisses. Mais, lorsque j'ai relevé la tête, il regardait droit dans ma direction et nos yeux se sont immédiatement accrochés l'un à l'autre. Il ne m'a fallu qu'une pincée de secondes pour reconnaître Sasha et mon cœur s'est figé.

J'ai tant honte de ce qu'il vient de se passer, mes joues en brûlent encore… Il a griffonné quelque chose dans son livre, puis l'a refermé et s'est levé lentement pour se diriger vers moi. Avec sa canne, il n'allait pas vite et pourtant je suis restée pétrifiée, la mine de mon crayon s'effritant durement sur le papier. Une tornade silencieuse projetait mon cœur contre les parois de moi-même tandis que lui souriait à demi. Le goujat, il était fier de son effet ! Sa cicatrice creusait un fin sillon dans sa joue, prolongeant son sourire rusé jusqu'à la commissure de ses yeux. Et cette nonchalance, pour qui se prend-il donc ? Finalement, j'ai fermé le carnet, l'ai mis dans mon sac, me suis levée, et c'est à cet instant qu'il est parvenu à ma hauteur. Il ne m'a pas saluée et s'est planté en face de moi, muet. Je lui ai demandé, fébrile, quelles étaient ses intentions : je me suis jetée seule dans le piège ! Il s'est penché vers moi d'un air de confidence :

— Mais, ce n'est pas moi qui te dévisageais... Ce serait donc plutôt à toi de me dire tes intentions, n'est-ce pas ?

Je suis demeurée bouche bée, comme une idiote, ne sachant quoi répondre. Il me tutoie toujours ! Agacée, je n'ai eu d'autre impulsion que de tourner les talons, mais il m'a lancé, provocateur :

— *Diévouchka,* aurais-je froissé ton tendre amour-propre ?

Je n'ai pas répondu et j'ai continué à avancer, décidée à l'ignorer et à atteindre la sortie du parc au plus vite, mais l'effronté qu'il est n'en avait pas fini !

— Allons, cela te fait donc tant d'effet de me revoir que tu en deviens muette, prête à t'enfuir ?

Choquée, je voulais lancer une réplique cinglante, mais rien ne venait ! Il a alors repris, plus sérieux, mais avec un détestable air compatissant :

— Je comprends, je vois vos regards enflammés, ce n'est pas facile pour vous de m'avoir tout près... Vous me fuyez pour mieux vous protéger de vos élans, c'est tout à votre honneur.

Satisfait de sa bêtise, il a croisé les bras. Mais quel affront ! Et voici qu'à présent il me vouvoyait en me disant les plus infâmes absurdités ! J'ai soufflé « Mon Dieu », abasourdie par sa folie, et il n'a pas hésité à renchérir sans attendre :

— Oh, louerais-tu Dieu de ma perspicacité ?

Voilà qui était trop. Je lui ai sifflé, dents serrées, me retournant vers lui, tentant de ne pas m'emporter et de maîtriser ma voix qui menaçait de jaillir avec force :

— Si je remerciais Dieu, ce serait plutôt pour votre trépas, et non pour votre présence !

J'ai assené mon regard le plus sévère, et il souriait encore ! Je me suis éloignée, furieuse, bien décidée à l'ignorer à jamais, mais il s'est exclamé, claudiquant à ma suite :

— Ah ! Quelle repartie ! Voilà ce que j'attendais ! Mais je vous en prie, ne me faites pas vous aimer si vite, laissez-moi le temps de savourer l'ignorance de mes sentiments !

Nous venions de passer les grilles et d'atteindre le parvis et c'est une chance que personne ne se trouvait à portée de voix pour entendre ces inepties ! J'ai fait volte-face, les yeux brûlants, et lui s'est rapproché de moi, rieur. Il a sorti son livre de la poche de son veston, corné et ridé, et me l'a mis entre les mains.

— Lisez donc ce livre, vous me le rendrez une prochaine fois…

J'étais perplexe, tenant l'ouvrage, lorsque je l'ai entendu siffler un cocher qui patientait non loin de là. La calèche s'est immobilisée à notre hauteur et ce coquin m'a devancée pour ouvrir la portière en m'offrant sa paume avec une révérence grotesque.

— Duchesse, m'honoreriez-vous de votre main ?

Je l'ai repoussé en arrière avec un dédain volontaire et son pied s'est enfoncé dans un crottin ! Je n'ai pas pu réprimer un rire satisfait, ne m'attendant pas à ce qu'il s'en amuse tout autant !

Une fois installée, j'ai ouvert le livre que je tenais serré entre mes mains : *Clair-obscur* d'Alexandre Kouprine. Mais ce qui a provoqué en moi une bouffée d'émotion, c'est ce qu'il avait griffonné sur la page de gauche, à mon intention !

« Désires-tu que je te demande ton nom ? »

Fourbe, sournois ! J'ai levé la tête pour constater qu'il me regardait. Il a haussé un sourcil provocateur, sourire en coin, s'est incliné bien bas en retirant son affreuse casquette, puis est retourné dans le parc.

Mufle, goujat, rustre, démon : je le hais ! Tout ceci est une gigantesque farce pour lui. N'a-t-il donc personne à tourmenter ? Je maudis ma beauté qui attire un fou pareil ! Car cela ne fait aucun doute, il est épris de moi, comme tous les autres, voilà la seule explication. S'imagine-t-il que c'est ainsi qu'il va me séduire ? Il devrait plutôt s'intéresser à des femmes de son rang qui s'amusent de ce genre d'attitudes grossières et se pâmeraient devant ses beaux yeux verts et ses cheveux ébouriffés. Croit-il que je vais me laisser prendre par ses airs de héros romanesque ?

Et depuis cette après-midi, je grogne, je grogne ! Maman et Ira se sont enquises de mon état, cherchant à comprendre la cause de mon trouble, et j'ai prétendu être indisposée par mes « humeurs mensuelles ». Il ne me reste plus qu'à lire son stupide livre, je suppose, quoique cela lui ferait trop plaisir !

Je ne connais pas ce roman, mais j'ai déjà entendu parler de cet auteur, Alexandre Kouprine. Il me semble que l'un de ses ouvrages récents, *La Fosse aux filles*, lui a valu de nombreuses critiques négatives. Ce qui n'est pas étonnant lorsque l'on sait que les personnages sont des prostituées !

Que ne donnerais-je pas pour ravager son regard qui me transperce impunément, pour faner son stupide sourire qui m'agace tant !

Lundi 18 juillet

Kouprine dit qu'une personne louche se promène habituellement en haillons, parle avec des formules recherchées, mais ne supporte pas plus de deux secondes un regard qui le fixe avec insistance. Or Sasha, bien qu'il soit à mes yeux un de ces hommes louches, n'a aucun problème à être regardé, puisqu'il le fait lui-même le premier.

Je ne dois plus penser à lui. Dans quelques jours, il y a le bal ! J'aurais aimé voir Sergueï Vassilitch, mais je sais qu'il ne sera pas là. En revanche, il a confirmé sa présence au gala des Chervatski et accepté la proposition d'Igor. Il s'installera donc pour quelques semaines dans l'aile ouest !

Jeudi 21 juillet
Sur la terrasse, allongée sur la banquette en osier

Je ne sais pas quoi penser de ce personnage. Je suis partagée face à cet Alarine et la manière dont Kouprine se mêle à sa psychologie et nous en donne ses revers. J'aime cela lorsque je lis Tolstoï, car il possède l'habileté de dévoiler les facettes cachées de ses personnages, comme Dostoïevski, mais cela me déstabilise. Entre leurs pensées, leurs paroles, et leurs actions, il nous offre l'âme humaine sur un plateau grâce à son art de nous plonger en eux, et en face d'eux. Et ce Kouprine, j'aime son écriture, beaucoup. Cependant, et je n'en suis qu'au milieu, je pressens quelque chose de si terrible qui pèse sur cette frêle et singulière Zinaïda Pavlovna. Cet homme, Kachperov, il me fait peur aussi… Que de personnages étranges !

Cet épisode du bal est des plus étonnant. Et dire que je vais moi-même à un bal, ce soir ! Surprenante coïncidence. Et Sasha, y sera-t-il ? Non, il ne peut pas danser. Et puis, je l'imagine bien tel Alarine, à affirmer que tout ceci est une sombre mascarade.

Lorsque je le reverrai, je serai mieux préparée. J'ai la ferme intention de lui poser des questions et je n'abandonnerai pas tant que je n'en aurai pas plus appris sur lui. Je ne me montrerai pas aussi crédule que cette malheureuse Zinaïda avec Alarine.

Vendredi 22 juillet 1916

Sasha était au bal, pour me tourmenter encore ! Et la soirée avait pourtant agréablement commencé. J'étais belle, admirée, libre, fraîche, voguant d'étreinte en étreinte, de sourire en sourire. Je ne m'attendais pas à ce qu'il y ait tant d'élégants jeunes hommes, mais ces deux garnisons ne sont que de court passage ici avant de continuer vers le front. Je me sentais fébrile de toute cette merveilleuse agitation, et tous se bagarraient pour être mon cavalier au prochain quadrille, voilà qui était amusant ! Toilettes, chapeaux, coiffures, rien de comparable à Petrograd, mais l'atmosphère était bien plus détendue, informelle, joyeuse malgré la noirceur du monde autour. C'était un bal populaire, mon premier, et j'en suis ravie. J'ai eu l'occasion de découvrir bien des morceaux que je ne connaissais pas, des chansons et des danses caucasiennes, et j'en garde un merveilleux souvenir, malgré l'intervention de Sasha.

Il est arrivé derrière moi sans que je l'entende et m'a chuchoté :

— Alors, d'après vous, qui sont les hypocrites ici ?

Mon cœur a chaviré et mes jambes se sont transformées en coton. Quelle idiote de le laisser me déstabiliser de la sorte. J'ai masqué mon trouble et vite repris mes esprits. J'ai lu l'épisode du bal, je me souviens parfaitement de la conversation entre Z et A, et voilà que Sasha utilise ce stratagème ridicule pour s'entretenir avec moi.

— Vous m'avez imposé ce livre, et à présent vous vous en servez pour me tourmenter ? C'est une manœuvre bien basse, même pour un homme comme vous. Je vous aurais cru plus futé, voyez-vous ; or vous êtes grotesque ! D'ailleurs, dites-moi, êtes-vous bien sûr que ce n'est pas vous qui aimeriez savoir mon nom, sans oser le demander ? Si vous souhaitez le connaître alors prenez votre courage en main, mais ne croyez pas que j'accomplirai le travail à votre place !

Oui, j'étais (et je suis toujours) satisfaite de ma réplique, mais cela ne l'a pas déstabilisé pour autant. Il m'a gratifiée de l'un de ses sourires indéchiffrables, terriblement charmants malheureusement, et mes joues se sont encore davantage embrasées.

— Oh, oh, mademoiselle rougit et devient mordante ! Moi, je vous tourmente ? Eh bien, je constate avec plaisir mon effet sur vous ! Et quant à votre nom, ainsi que je vous l'ai déjà dit, il m'importe peu. Voyez-vous, je m'amuse, voilà tout, alors pourquoi ne joueriez-vous pas un peu avec moi ?

Et il a ri effrontément ! Je lui ai lancé un regard froid, dédaigneux, je voulais partir, mais à nouveau il a eu une réaction des plus déstabilisantes.

— Attendez, pardonnez-moi (il m'a attrapé le bras). Écoutez, je vous l'ai dit, j'aime taquiner et provoquer. C'est ma manière d'explorer des facettes plus authentiques et spontanées des gens, voilà tout…

Je découvrais la chaleur de sa main contre mon bras nu, sa pression délicate sur ma peau, et je me croyais prête à défaillir. À peine a-t-il plongé ses yeux dans les miens que déjà je sentais l'apaisement me gagner, bien malgré moi. Je l'ai fixé, attendant la suite, retenant mon souffle pour ne pas faillir devant lui, hésitant à m'enfuir, à échapper à son emprise, mais il a poursuivi sa tirade et je suis demeurée immobile, le cœur battant.

— J'aspire à vous connaître, vous, et votre nom ne vous définit pas. Je ne voulais ni vous offenser ni vous effrayer. Sachez que ma façon d'être n'est en aucun cas un manque de respect si ce n'est selon les conventions de cette société. Jamais je ne vous ferais de mal ou abuserais de votre confiance, vous pouvez le croire. Ceux qui possèdent les plus beaux sourires et les plus séduisants discours sont souvent les plus dangereux, il serait temps que vous le compreniez. Tous ces faux gentilshommes, bourdonnant autour de vous, pensez-vous réellement qu'ils souhaitent vous connaître ? Non, pas un, ma chère.

— Oh ! Et vous allez me dire que vous êtes le seul honnête homme ici présent, je suppose ? Un gentleman ? Et vous espérez que je vais croire cela ? Assumez-le donc, vous êtes épris de moi, voilà tout ! Vous faites la fière allure, mais sachez que vous n'avez absolument aucune chance. Vous devriez courtiser une de ces jeunes filles écervelées qui se laissera impressionner par votre aplomb impérieux, vos mots d'esprit et cette vilaine attitude suffisante que vous semblez affectionner !

Il a alors lâché mon bras et ricané.

— Tu crois donc que je suis épris de toi ? Tu penses que je t'aime comme un fou ? Ah ! Tu me fais bien rire. Vois-tu comme je te tutoie depuis que nous nous connaissons ? Tu me regardes de haut, tu me toises, qui donc crois-tu être ? Penses-tu réellement que chaque homme qui te contemple tombe follement en amour pour toi ? En réalité, tu es comme les autres ! Une *kisseynaya barychnya*[1], une demoiselle en mousseline aux rêves froufrouteux !

J'ai ouvert la bouche pour répliquer, mais il ne m'a pas laissée dire un mot.

— Ta fierté ? Tu crois m'impressionner par tes manières de femme du monde ? Ravale donc cet air dont tu te pares et rentre retrouver ton nid douillet.

La gorge nouée, les yeux me piquaient et je sentais les larmes monter à l'assaut de mes paupières, avides de s'échapper. Prenant une inspiration, j'ai ravalé mon émotion et levé mon regard vers lui, bien résolue à ne pas fléchir.

— Vous êtes fou, ai-je soufflé. J'ignore pourquoi vous avez décidé de me harceler ainsi, mais je vous saurais gré de me laisser enfin en paix.

— Entendu, mais je souhaite récupérer mon livre d'abord. Disons ce mardi, en début d'après-midi, sous l'acacia qui surplombe l'étang. Et je m'engage à ne plus vous tourmenter ensuite, ma dame, je vous en donne ma parole.

Il a fait une révérence ridicule et, en riant, il est parti.

Cet homme est un démon ! Comment peut-il ainsi passer d'une bonté si authentique à une telle désobligeance ? Sa voix devient douce, ses prunelles me brûlent, et je ne trouve plus rien à répliquer...

Personne autour n'a rien vu. Ni Maman, ni Irina et Igor n'étaient présents, et c'est préférable. Comment pourrais-je leur expliquer ?

1. En russe, кисейная барышня signifie littéralement « demoiselle en mousseline », expression popularisée par l'écrivain Nikolaï Pomialovski dans son œuvre *Bonheur bourgeois* (1861). Désigne une jeune fille trop choyée, naïve et isolée de la réalité, aux horizons limités.

Je ne suis pas parvenue à prendre part à l'effervescence du bal. Je ne pouvais empêcher mon esprit de s'échapper vers lui, et mes yeux de le chercher inconsciemment parmi la foule tandis que ses mots résonnaient en moi. Mais il était bel et bien parti et j'ai passé le reste de la soirée à observer cette société qui semble tant le révolter. Tous ces cous gras et gloussants me révulsaient. Ces baisemains hypocrites, ces sourires affables, mais artificieux, tout m'apparaissait sous son regard. Il a contaminé mon esprit, et il me faut encore le revoir pour lui rendre son horrible livre, que je dois d'ailleurs finir. Et si je n'y allais pas ?

Lundi 25 juillet

Seulement, y aura-t-il demain,
Avec ses promesses pour embrasser nos mains ?
Saurons-nous encore la vérité,
Histoire passée ou futur rêve,
Autour de nos cœurs en fièvre ?

Si tu pouvais sentir mon âme
Aimer la tienne sans blâme,
Souriant en silence de cette
Hallucinante espérance,
Avec laquelle à présent j'avance.

Nous serions Rois et Reines.
Observant notre royaume heureux,
Unis par la main et les cieux,
Savourant l'aube à deux.

Les vers sont venus si naturellement. Je voulais trouver une manière rusée de lui dire mon nom et l'idée de l'acrostiche semble ingénieuse, mais je me suis emportée ! Quelles absurdités ai-je donc écrites ? L'histoire de *Clair-obscur* devrait pourtant me servir de leçon, afin que je ne fasse pas d'erreur semblable à celle de Zinaïda Pavlovna.

Je n'ose écrire l'un de mes poèmes dans son livre, avec mon nom en acrostiche… D'ailleurs, je ne devrais même pas lui dire mon nom ! Mais le devinerait-il ? Je serais curieuse de le savoir.

L'ennui est que l'amour est au centre de tous mes écrits, et je ne peux lui composer un poème de cet acabit, voilà qui serait insensé.

Parfois, la route chante sous nos pieds.
Oubliant qui nous sommes,
Lépreux ou uniformes,
Ignorant nos futures destinées
Nous allons toujours plus loin,
Avec ce qu'il nous reste de demain.

Cela me semble bien. Mieux, tout du moins. Ainsi, je ne pense certainement pas qu'il puisse y deviner les lettres de mon prénom. C'était notre jeu à Smolny avec les filles, et nous nous sommes tant amusées ! Cela nous a valu également quelques ennuis, mais les rires valaient la punition ! Nastya et Alyona me manquent, je suis chagrinée qu'elles n'habitent pas à Petrograd l'année prochaine. Toutes les deux à Moscou ! Mais elles viendront parfois, ou j'irai les visiter…

Dieu, je songe à demain et mon cœur s'accélère…

6

Son accent sonna délicieusement

Les nuages lourds et cendrés menaçaient et l'air collait au visage. Les allées et pelouses du parc Montsouris étaient recouvertes d'une épaisse couche de badauds et Éva, assise à sa place habituelle sur les berges, lisait *Katia* de Tolstoï. D'une main elle tenait son livre et de l'autre une tartelette aux fraises déjà bien entamée. Le sirop et la crème rivalisaient à la course le long de ses doigts, mais Éva, passionnée par sa lecture, ne s'en préoccupait pas le moins du monde.

De dos, courbée et tout absorbée qu'elle était, elle ne savait rien des questionnements qui gravitaient dans les yeux de celui qui l'observait. Le jeune homme se tenait au milieu de la pelouse, non loin derrière elle, et caressait sa barbe naissante d'un air dubitatif. Manifestement, il hésitait à se lancer. Il fit quelques pas vers Éva, s'arrêta, puis finalement réajusta le col de sa chemise, se recoiffa d'un coup de main, et se dirigea d'un pas décidé vers elle.

— Éva ?

Elle leva la tête et le découvrit. Sa mise était élégante, décontractée, mais son regard perçant la pétrifia.

Sergueï ? Non…

Elle mit quelques secondes à se souvenir du nom qui s'accordait au visage.

— Vitya ?

— Eh oui.

Il sourit.

Mince, je me suis totalement inspirée de lui pour le personnage de Sergueï, c'est son sosie !

— Ça fait longtemps, n'est-ce pas ?

Son accent sonna délicieusement aux oreilles d'Éva. Voilà qui avait de quoi la charmer. Par chance, la chaleur moite qui rosissait déjà ses joues dissimula son trouble et elle se leva d'un bond pour lui faire la bise.

Oui, cela faisait quelques années qu'ils ne s'étaient pas vus, presque quatre ans. Ils s'étaient rencontrés à la bibliothèque de l'université, un mois à peine avant que Vitya ne rentre en Russie. Elle se souvenait parfaitement qu'il la dévorait des yeux. Au début, elle avait fait semblant de ne pas le voir, sans pour autant manquer de l'observer elle aussi. Il faut dire qu'il était attirant et dégageait un charme manifeste. Un jour, alors qu'elle sirotait un café agrémenté de rayons de soleil et d'un peu de nicotine, il s'était assis sur le banc juste à côté d'elle. Sautant de toute évidence sur l'occasion, Vitya avait sorti une cigarette de son paquet et lui avait emprunté son briquet. Approche classique, et efficace en l'occurrence, car ils avaient engagé la conversation. Sympathique et cultivé, son origine russe ajoutant indéniablement un éclat tout particulier à sa personne, Éva s'était laissé séduire, tout en conservant sa retenue habituelle. Lorsqu'il lui avait dit sa nationalité, ses yeux s'étaient arrondis de surprise. Gentiment ironique, il lui avait lancé :

— Serait-ce la première fois que vous voyez un Russe ?

Par la suite, il leur était arrivé de discuter à nouveau autour d'un café, mais quand Vitya l'avait invitée au restaurant, Éva avait prétexté une excuse quelconque et s'était dérobée. Il n'était pourtant ni trop près, ni trop empressé, mais irréprochablement trop quelque chose. Confuse et mal à l'aise, elle l'avait évité, s'était dissimulée même à deux reprises derrière des rayonnages de la bibliothèque, puis ne l'avait plus revu. Louna l'avait qualifiée, selon son humeur, d'autruche ou de poule mouillée, puis avait oublié l'affaire.

— Que fais-tu à Paris ? l'interrogea Éva.

— Je suis là pour le travail, seulement quelques jours. Je travaille avec mon demi-frère dans l'entreprise familiale. On fait de l'import-export de produits alimentaires de luxe.

— Ah oui, je me souviens que tu es français par ton père, non ?

— C'est ça, mais il est décédé il y a quelques années et maintenant c'est mon frère et moi qui gérons l'entreprise.

— Oh, je suis désolée…

— Il n'y a pas de raison de l'être, ce n'était pas vraiment le meilleur des hommes… Tu veux marcher un peu ?

Éva hésita, puis entendit la voix de Louna dans sa tête. Elle rangea ses affaires, fébrile et mal à l'aise sous le regard attentif de Vitya, et ne put s'empêcher de lui lancer quelques coups d'œil à la dérobée. *Il a l'air si familier…* Après tout, si après tant d'années elle s'était inspirée de lui pour l'un de ses personnages, cela voulait peut-être dire quelque chose. Ils se mirent donc en route, s'enfonçant entre les arbres dont les racines noueuses faisaient danser la chaussée. Vitya lui posait des questions, s'enquérant de ce qu'elle avait fait au cours de ces dernières années, et Éva y répondait d'un air absent, plongée dans ses pensées. Elle hésitait à lui parler du journal. Il pourrait peut-être lui donner quelques conseils pertinents, mais plus l'histoire avançait et moins elle ressentait l'envie ou la nécessité de la partager. C'était devenu son secret, son univers rien qu'à elle. Elle se promit toutefois que, si elle le revoyait, elle lui en parlerait.

Des coureurs les dépassèrent à petites foulées.

Éva jetait de temps en temps un coup d'œil furtif à Vitya, mais dès qu'il faisait mine de la regarder à son tour elle se détournait, mimant l'indifférence, et portait son attention sur les cygnes langoureux qui ridaient la surface sombre de l'étang ou sur les promeneurs et touristes qui peuplaient les allées du parc.

Il fut surpris, et ravi, d'apprendre qu'elle pensait peut-être voyager en Russie cet hiver, plus particulièrement à Saint-Pétersbourg, et il se proposa aussitôt pour lui servir de guide.

— Tu vis à Saint-Pétersbourg ?

— Non, j'habite à Moscou, mais j'ai vécu longtemps à Saint-Pétersbourg. D'ailleurs, ma mère et ma sœur y sont toujours.

Éva répondit par un sourire troublé. À force de repousser les hommes, elle en devenait presque incapable de se comporter normalement en leur présence, tétanisée par la peur qu'ils espèrent d'elle des choses qu'elle savait ne pas pouvoir offrir. Se forçant à laisser de côté ses réticences, elle répondit d'un ton qu'elle voulait badin :

— Eh bien, oui, c'est sûr que si je me décide à venir ce sera bien d'avoir un guide ! Je rêve depuis toujours de parcourir ces rues, de visiter tous ces palais et ces musées… Oh, et voir la neige tomber sur les toits et les dômes des églises, recouvrir les parcs et les étangs gelés, contempler la Neva prise dans la glace…

Elle s'interrompit sur cette phrase et demeura silencieuse. Une douleur sourde venait de sabrer son cœur et elle ressentit le besoin de rentrer chez elle, dans son cher cocon. Toutefois, avant de partir, Vitya lui proposa qu'ils se revoient un de ces jours, pour boire un thé par exemple ou aller au cinéma, et Éva accepta, non sans hésiter. Comment refuser, alors qu'elle venait de passer un moment si agréable en sa compagnie ? Elle s'entendit donc bafouiller un oui, et ils échangèrent leurs numéros.

Et c'est ainsi qu'Éva eut le pressentiment que quelque chose allait changer. Simplement, elle ne savait pas encore quoi.

Journal intime d'Apollinariya

Kislovodsk, mercredi 27 juillet 1916

Nous étions assis sous l'acacia depuis plusieurs minutes. Nous ne nous regardions pas, perdus tous deux à l'horizon, caressant les montagnes bleues qui nous observaient.

— Mon esprit bouillonne depuis que je vous connais, vous ne me laissez jamais en repos. À quoi bon faire cela ?

Il a attendu un moment, bien trop long, avant de me répondre, incisif :

— Pour te réveiller.

— Me réveiller ?

Je n'en revenais pas.

— Êtes-vous toujours aussi condescendant, vaniteux et moralisateur ? Vous rendez-vous au moins compte de vos paroles ?

Un triste découragement s'est peint sur ses traits.

— Pardonne-moi… Depuis quelque temps, je ne sais plus comment m'adresser aux gens.

Il s'est tourné vers moi.

— Tu désires que je sois honnête ? Eh bien, je vais l'être. Puisque de toute façon nous ne sommes pas destinés à nous revoir, à quoi bon faire des secrets ? Je suis un homme triste, aigre, dévoré par la douleur et l'amertume, et ce que tu vois comme de la morale ou de la condescendance, que sais-je, n'est autre qu'un absurde et vain désir d'apporter au monde, aux gens, un peu de compréhension d'eux-mêmes, de ce qu'ils font, des conséquences, pour aider à ma manière… Je ne dis pas que je le fais correctement, au contraire, mais toi, tu es l'outil de tout ce que je hais dans ce monde. Un bourreau sait qu'il est bourreau, mais toi tu l'ignores !

— Sasha, je ne vous demande pas de me faire un énième discours, j'ai compris ! Et, d'ailleurs, comment pourrais-je être responsable de toutes les horreurs du monde ? Qu'ai-je donc à voir avec ces bourreaux ?

— Eh bien, tu as été élevée, conditionnée pour être une jeune fille noble irréprochable, n'est-ce pas ? Par conséquent, tu épouseras un homme semblable et tu élèveras tes enfants de cette manière. Donc, tu perpétueras un système de valeurs qui torture les faibles et emprisonne les innocents, et vénère l'argent et le statut social comme un Dieu tout-puissant. En ignorant cela, tu participes toi aussi à maintenir en esclavage ces humains-objets dont tu fais toi-même partie ! Si tu n'apprends pas à être autre que ce que l'on te conforme à devenir, tu passeras ta vie à brasser un air creux et vide. Un air de rien qui te laissera un goût de bonheur seulement parce que tu occulteras consciemment ou non le malheur des autres qui en sera le dur prix… Mais, je vois bien qu'il y a plus en toi.

Il s'est interrompu, a soupiré, puis a secoué la tête et ajouté avec un sourire dépité :

— Je me fatigue moi-même avec mes monologues interminables, pardonne-moi…

J'ai ri, et c'est vrai qu'ils m'agacent et m'épuisent, et pourtant...

— J'ai lu, dans la préface d'*Un héros de notre temps*, qu'on avait trop nourri les gens de douceurs au point qu'ils en avaient eu l'estomac gâté. Lermontov a ajoute qu'aujourd'hui l'humain a grand besoin de remèdes amers et de vérités décapantes… Cette formulation ne m'étonne pas de sa part, et je suppose que vous êtes d'accord avec ses propos. N'ai-je pas raison ?

— En effet, je ne peux que m'incliner devant pareilles paroles et vous remercier de les avoir partagées avec moi…

Il m'a regardée avec une si grande délicatesse, une douceur désarmante…

— Pure, je ne sais pas si tu l'es, si qui que ce soit l'est d'ailleurs, mais il y a une lumière en toi qui me donne envie de t'offrir le monde dans sa vérité brute. Et je crois que je souffrirais de te voir les mains salies de la sueur des autres, pour ton seul confort égoïste… Je te regarde, et je réalise que l'unique chose que je souhaite est de te savoir épanouie, pleinement, consciemment…

Émue, j'ai murmuré son nom et j'ai perçu son souffle court, la rougeur de ses joues, soudain, puis mille sentiments s'affronter au creux de ses prunelles. Il a penché la tête sur le côté, a ri et m'a demandé, enfin :

— Puis-je connaître ton nom ?

J'ai étouffé un hoquet de bonheur fulgurant et réuni tout le calme du monde dans mon regard avant de lui désigner *Clair-obscur* posé sur l'herbe entre nous. Il l'a ouvert à la première page pour y découvrir aussitôt mon poème. Il a froncé les sourcils, puis son front s'est éclairé, il a fermé les yeux, les a rouverts, et a murmuré :

— Polina.

Est-il possible de s'étouffer d'une joie trop intense, trop vraie, trop pleine ? J'en suis sûre à présent. J'ai senti mes joues s'enflammer d'un brasier iridescent, mon cœur explosait, et je suis certaine que le même transport faisait vibrer à l'unisson nos deux âmes en cet instant hors du temps.

Comment cela est-il arrivé ? Nous nous haïssions hier, et aujourd'hui…

Nous étions immobiles, plongés l'un dans l'autre. Voyant, percevant, ressentant, par-delà les mots et les gestes. Il a murmuré mon nom, une seconde fois, puis soudain son regard s'est assombri d'un obscur tourment, me laissant démunie, abandonnée et sans voix. J'ai cru apercevoir une larme briller au creux de sa paupière avant qu'il ne se lève et m'offre sa main. Debout face à moi, distant, raide et froid comme la glace, il a déclaré :

— Il est temps de nous dire adieu, ma chère Polina. Un adieu sans appel, et sans retour. Je vous remercie d'avoir supporté mes élans et mes égarements insensés, et je vous souhaite de tout cœur une vie belle et prospère. Adieu.

Il s'est incliné, et il est parti ! Sans me laisser prononcer un seul mot ! Ce n'est pas la première fois, mais les circonstances n'étaient en rien similaires cette fois-ci ! Je n'aurais pu, de toute façon, dire quoi que ce soit, car ma poitrine tambourinante étouffait ma gorge.

Je ne respire plus, il m'est devenu indispensable. Pourquoi, comment a-t-il pu mettre un terme à cet amour déferlant qui nous bénissait soudain de sa force ? Adieu ! ? Jamais, ou je me consumerai ! Je suis folle ! Et pourtant, ceci n'est pas un rêve, ce n'est pas un mirage de mon esprit, je sais parfaitement pourquoi mon cœur ressent cela, je n'ai pas de doute. Je l'aime, autant qu'auparavant je le haïssais, ou croyais le haïr. Je détestais seulement de ne rien pouvoir contrôler !

Dès demain, je retournerai à l'acacia, et tous les jours suivants s'il le faut, autant que j'arpenterai les rues de Kislovodsk pour le retrouver !

La raison m'abandonne. Je dois me ressaisir.

Dans un peu plus d'une semaine aura lieu le gala de charité des Chervatski, en l'honneur des blessés, et je prie pour qu'il soit présent.

Lundi 1er août
Sous l'acacia

Je n'y suis pas retournée aujourd'hui, mais il n'était là ni hier ni les trois jours d'avant… Pourquoi ne lui ai-je pas dit que je ne désirais plus qu'il me laisse en paix ? Qu'au contraire, j'aspire plus que tout à le voir, chaque jour, chaque heure, chaque minute ! Je refuse son adieu, pourquoi n'ai-je rien dit !

Dieu, suis-je perdue à jamais ?

Vendredi 5 août
Dans mon lit

Demain. Demain les robes soyeuses et les sourires charmeurs, et le seul auquel je pense c'est lui.

Ce matin, nous avons reçu un mot de Sergueï Vassilitch nous disant qu'il était bien arrivé en ville et qu'il viendrait emménager dès dimanche.

Pitié, mon Dieu, faites-moi oublier Sasha !

Samedi 6 août
À la fenêtre

Je n'ai pas eu la force d'écrire hier au retour du bal.

Je suis bouleversée.

Sasha est l'ami que Sergueï Vassilitch visitait à Kislovodsk.

Je suis damnée, et bénie, car il va emménager ici, avec lui, chez nous.

Pourquoi n'ai-je rien dit ? Pourquoi lui n'a-t-il rien dit ? Il a prétendu que nous venions tout juste de nous rencontrer et je l'ai accompagné dans son mensonge, quelle sotte ! Me voilà à présent victime de mon propre silence…

Tout d'abord, j'ai aperçu Sasha, de l'autre côté de la salle, et dès cet instant mon être entier a été aimanté vers lui, gravitant autour de lui, pour lui… Je sentais son regard posé sur moi, où que j'aille. Il était encore tôt, la foule n'était donc pas très dense. D'une humeur espiègle soudaine, espérant ainsi annihiler la nervosité qui s'insinuait dans mes veines, je me suis approchée discrètement de lui et, à peine arrivée à sa hauteur, je lui ai murmuré sans lui laisser l'occasion de parler :

— Allons, cela ne fait que quelques jours que nous ne nous sommes pas vus, êtes-vous donc si incapable de vous passer de moi ?

Il ne s'est même pas tourné vers moi et il m'a répondu d'un ton neutre et distant :

— Détrompez-vous, je me trouve ici pour voir un ami, et pour étudier. En effet, quels meilleurs sujets peut-on espérer que cette joyeuse basse-cour enfarinée ?... Cependant, je trouve que tu accordes une bien trop grande importance à mon affection. Sache donc que ce n'est pas mon amour qui te poursuit – il m'a regardée droit dans les yeux –, je n'éprouve ni ferveur ni inclination pour toi, chère Polina.

Et c'est à cet instant que Sergueï Vassiliévich a fait irruption à nos côtés. Comment alors ne pas être complètement perdue ?

— Oh, je vois que vous avez déjà fait connaissance ! nous a-t-il lancé.

Il nous considérait tous deux avec chaleur, innocemment, et une ombre furtive a voilé les prunelles de Sasha avant qu'il ne sourie et ne s'incline pour me faire un baisemain, déclarant :

— Oui, en effet, mon ami. Voici donc la charmante princesse Apollinariya Ivanovna Lubiova dont vous m'avez fait tant d'éloges.

C'était bien la première fois que je le voyais si courtois et aimable. J'ai souri poliment, ne sachant quoi dire, ou comment le dire, et avant que je puisse répliquer quoi que ce soit, il s'est détourné et ne m'a plus prêté aucune attention, contrairement à Sergueï V. qui a aussitôt engagé la conversation. Puis Irina nous a rejoints, accompagnée d'Igor, et Sasha nous a été officiellement présenté : Aleksandr Iouriévitch Konstantinov. Irina m'avait prévenue que l'ami de Sergueï logerait au domaine avec lui, mais je n'aurais jamais pu imaginer que ce serait Sasha !

Il a continué à agir comme si je n'existais pas, s'adressant à moi comme à une parfaite inconnue durant le reste de la soirée… Pas un regard, pas un mot, et surtout pas un sourire… Mais après tout, cela vaut peut-être mieux.

Alors qu'une valse de Chostakovitch débutait, Sergueï Vassilitch m'a entraînée sur la piste – je n'ai pu refuser – et il n'a cessé de m'inviter ensuite. Toute la société nous admirait, ne tarissant pas d'éloges sur le merveilleux duo que nous formions… Si seulement Sasha avait pu prendre congé de mes pensées, de ma chair, de mes palpitations…

Cela me renverse de savoir que demain je le reverrai, ici, dans cette maison, impuissante, ligotée par la réalité !

la soirée… Pas un regard, pas un mot, et surtout pas un sourire… Mais après tout, cela vaut peut-être mieux.

Alors qu'une valse de Chostakovitch débutait, Serguei Vassilievitch s'est avancé sur la piste – je n'ai pu refuser – et il n'a cessé de m'inviter ensuite. Toute la société nous admirait, ne tarissant pas d'éloges sur le merveilleux duo que nous formions… Si seulement Sasha avait pu prendre congé de mes pensées, de mon cœur, de mes palpitations…

Cela me renverse de savoir que demain je le reverrai, ici, dans cette maison imposante, illuminée par la réalité !

7

Proposition que Vitya accepta sans hésiter

ÉVA S'INTERROMPIT ET FIXA la page noircie. D'un geste las elle posa le journal au sol et s'enfonça en grognant dans les remous du canapé.

Pourquoi ai-je écrit cela ? Ce n'est pas du tout ce que j'avais prévu ! Sasha qui n'est pas amoureux de Polina, lui et Sergueï qui sont amis… Je ne peux pas arracher la page ni effacer, bravo. Au moins, Sasha va vivre au domaine…

Émergeant péniblement de sa léthargie, Éva jeta un coup d'œil à l'horloge, poussa une exclamation et se leva d'un bond.

Déjà dix-sept heures !

Elle se félicita d'avoir préparé sa tenue ; une longue robe en coton écru, cintrée à la taille, un boléro en crochet, et un châle rose pâle. Elle prit une douche éclair, natta ses cheveux, attrapa sa besace en cuir, enfila sa paire de sandales tressées et se hâta vers le métro.

Elle descendit à la station Jaurès et longea le quai de la Seine jusqu'à la péniche L'*Antipode*, où l'attendait Vitya. Il avait choisi une table près de la proue, accolée au bastingage. Il l'aperçut dès qu'elle posa le pied à bord et la fixa, le sourire aux lèvres, jusqu'à ce qu'elle parvienne à sa hauteur. Éva aussi ne put s'empêcher de le dévisager, encore stupéfaite que son inconscient ait pu prêter à Sergueï ses traits, alors qu'elle-même avait oublié son existence.

Il se leva et, posant la main sur l'épaule d'Éva, se pencha pour lui faire la bise. Cette proximité soudaine la fit se raidir, elle esquissa un mouvement instinctif de retrait, sans le repousser pour autant, mais son visage se peignit d'un air crispé au contact de leurs joues. La paume de Vitya s'attarda sur son épaule et elle retint son souffle, frémissant de la plante des pieds jusqu'à la racine des cheveux, puis il s'écarta. Dans son sillage, un parfum marin et boisé séduisit l'odorat d'Éva, néanmoins sans apaiser le malaise qu'avait provoqué son contact.

— Comment vas-tu, Éva ?

Tel un gentleman, il lui présenta une chaise. Même si, en apparence, ses gestes n'étaient ni envahissants ni désireux, intérieurement il ne souhaitait rien d'autre que la serrer fort, trop fort. Cela, Éva l'avait senti, elle en était sûre. Concernant ce genre de choses, son détecteur était très au point. L'arrivée providentielle de la serveuse dissipa la gêne qui s'installait. Ils commandèrent un assortiment de tapas, une bière artisanale et une limonade pour Éva, et la discussion s'engagea sur le travail de Vitya. Il affichait une mine fatiguée, des cernes bleutés, et il lui confia que tous ces allers-retours, ces séjours à l'hôtel et ces réunions interminables ne lui convenaient pas tant que ça. En réalité, rien ne lui plaisait dans ce travail, excepté la perspective de revoir Paris et de gagner de l'argent. Constatant qu'il penchait vers le négatif, Éva tenta de le questionner sur ses projets professionnels, ce qui l'épanouirait le plus, mais Vitya ne semblait pas enthousiaste à l'idée d'en discuter. Il lui confia malgré tout son envie de se diriger vers la traduction littéraire, puisqu'il avait étudié la langue française de nombreuses années, mais rapidement il changea de sujet pour se concentrer de nouveau sur elle.

— Parle-moi un peu plus de cette librairie, ça doit être génial de disposer d'autant de livres !

— Oui, j'avoue que je ne pourrais pas rêver mieux comme endroit où habiter à Paris. C'est cosy, un peu sombre car coincé dans une ruelle du quartier de la Butte-aux-Cailles, mais il y a des livres à peu près partout, et rien que ça, c'est le paradis !

Tu t'emballes choupette, tranquille...

— Et comment tu es venue habiter ici ? Tu es en location ?

— Non, c'est un héritage, plus ou moins...

D'un regard, Vitya l'encouragea à poursuivre.

— En fait, quand j'ai rencontré Ernest, le vieil homme qui vivait là avant, la librairie était déjà fermée depuis quelques années et il n'ouvrait que sur rendez-vous, surtout à des collectionneurs. Ce qui m'a attirée en passant devant, c'est un livre poussiéreux dans la vitrine, avec un titre russe... *Que faire ?*, de Nikolaï Tchernychevski, tu connais ?

— Oui, ça me dit quelque chose, mais je ne l'ai jamais lu.

— Il date du dix-neuvième siècle, milieu 1800. J'ignore si c'est le titre en cyrillique, la couverture jaunie ou son aspect austère et néanmoins énigmatique qui m'a autant attirée, mais j'ai eu aussitôt envie, presque besoin, de le toucher, de le voir, de le sentir. J'ai hésité un moment avant de sonner à la librairie. Ernest était déjà très malade, et il ne se levait plus beaucoup. On s'est bien entendus et je lui ai rendu visite très souvent pour parler de littérature, emprunter des livres, lui faire la lecture aussi, les courses, ce genre de choses. Je me suis attachée à lui et on est devenus amis, enfin, pendant le temps que ça a duré... Une après-midi, je l'ai retrouvé mort dans son lit. Il m'avait donné la clé pour aller et venir à ma guise... J'ai été assez ébranlée, et encore plus quand on m'a annoncé qu'il me léguait la librairie, et tout ce qu'il possédait !

— C'est une belle histoire... Et pourquoi est-ce qu'il avait un livre russe dans sa vitrine ? Ce n'est pas banal...

— C'est l'ancien propriétaire qui était russe, avant Ernest, et le roman lui appartenait.

— Oh, un immigré alors sûrement ?

— Je ne sais rien sur lui, même pas son nom. J'aimerais bien, mais mon seul indice ce sont ses dernières volontés, que je dois d'ailleurs respecter et qui me concernent personnellement à présent, puisque je me suis inspirée de son tableau pour l'écriture du journal…

Mince, il sait vraiment s'y prendre pour me faire parler !

— Son tableau, un journal ?

— Euh, oui, c'est juste un projet sur lequel je travaille depuis quelque temps… Une sorte de roman sous forme de journal, qui se passe en Russie au début du vingtième siècle, inspiré de ce tableau dont j'ai hérité avec la librairie, enfin, bref…

Tu parles trop, ma fille, maintenant il va nous poser des questions, et est-ce qu'on a envie d'y répondre, hein ?

— Qui se passe en Russie ? C'est super, et quelle est l'histoire ?

— En fait, c'est encore un peu tôt pour en parler et je ne préfère pas…

— Oh, très bien, peut-être une prochaine fois.

Vitya sourit en la dévorant des yeux, à défaut des tapas qui demeuraient intactes dans son assiette. Triturant son verre, Éva contempla les bulles qui perçaient la surface. Voyant son trouble, il orienta la conversation vers la littérature, leur passion commune, terrain où elle se sentait parfaitement à son aise. De fil en aiguille, le sujet de la librairie refit surface et les occupa un bon moment.

Emballée par l'intérêt grandissant qu'il manifestait pour tout ce qui avait trait à la librairie, Éva lui proposa de venir la voir lors de son prochain séjour à Paris. Proposition que Vitya accepta sans hésiter, et qu'Éva regretta aussitôt. Après tout, il y avait encore le cinéma. Si le reste de la soirée venait à tourner au vinaigre, elle n'aurait peut-être plus envie de le revoir… Non, vraiment, Éva n'avait pas pour habitude de prendre autant de risques, et elle se gronda de son imprudence.

L'addition payée, ils se mirent en route. Elle avait opté pour le film sur Stefan Zweig, qu'elle tenait justement à voir, et Vitya n'avait pas émis d'objection. Tant mieux, car l'idée d'aller au cinéma avec lui l'angoissait assez pour qu'elle n'ait pas, en plus, à subir un film qui ne l'intéressait pas. Ses craintes se révélèrent fondées. Il lui parla à deux reprises avant qu'elle ne le prie de garder le silence, et à présent son bras occupait de plus en plus de place sur l'accoudoir, tandis que son genou penchait dangereusement vers elle. Bien que son regard soit rivé sur l'écran, elle pouvait sentir le désir qui émanait de lui, et cela ne lui plaisait pas. Éva s'appliqua à ignorer sa présence durant tout le film, espérant ainsi prévenir un éventuel élan de la part de Vitya. À son grand désespoir, au moment du générique, il se tourna vers elle. Se baissant pour saisir son sac, feignant de n'avoir rien remarqué, Éva pensait :

Oh non ! Non, non, il va m'embrasser, il va essayer, je le sens. Le traquenard, je me suis fait avoir comme une débutante… Mais quelle idée aussi d'accepter un rendez-vous au cinéma !

Et lorsqu'elle se redressa et osa un bref regard vers lui, elle le regretta aussitôt, car c'était tout ce qu'il attendait pour tenter sa chance. Il se rapprocha, posa sa main sur la joue figée d'Éva, et se pencha vers elle.

— Non, non, murmura-t-elle. Désolée, arrête…

Ramassée sur elle-même, elle repoussait l'épaule de Vitya d'un air navré, le cou crispé. Confus, il s'écarta et se recoiffa en se raclant la gorge. Éva balbutia quelques excuses supplémentaires, à mi-voix, puis proposa de partir et se leva, gênée et tremblante.

Journal intime d'Apollinariya

Kislovodsk, lundi 8 août 1916
Près de la fenêtre

J'ai la sensation étrange de ne plus savoir respirer depuis qu'il est là, et pourtant cela ne fait que quelques heures. Pensant qu'il arriverait hier, j'ai retenu mon souffle la journée entière jusqu'à ce que Sergueï nous annonce que Sasha nous rejoindrait le lendemain. Déception et délivrance mêlées, je n'ai pu fermer l'œil de la nuit, accoudée à ma fenêtre, savourant le silence bruissant du jardin et les étoiles muettes scintillantes.

Ils vont dîner avec nous ce soir et je redoute le moment où nous serons réunis autour d'une table avec toutes ces personnes si familières, prétendant que nous ne nous sommes jamais parlé auparavant… Comment faire illusion ?

Jeudi 11 août
Au bord de l'étang

Il est encore très tôt, et les oiseaux s'éveillent tout juste. L'aube est rose et fraîche. J'ai traversé le bois, et je n'ai pu m'empêcher de songer à Sasha, et de sourire en me remémorant son grand discours sur la nature, les hommes… Il est si différent aujourd'hui. Certes, je suis bien contente qu'il fasse enfin preuve de politesse à mon égard, mais ce changement me trouble, avec le douloureux sentiment de l'avoir perdu pour toujours…

Quoique dans ses propos, et même dans son attitude, il reste égal à lui-même. C'est par rapport à moi que je perçois une forte différence. Peut-être possède-t-il une notion des limites et de la bienséance que je ne soupçonnais pas ? Mais cela signifierait-il qu'il nourrissait des desseins malhonnêtes à mon égard auparavant et qu'à présent, sachant qui je suis, connaissant ma famille, il se retire du jeu qu'il avait commencé ? Cela me semble sonner terriblement faux… Il me l'a affirmé et je le crois : il n'est ni mal intentionné ni sournois, et ne veut que mon bonheur. Mais dans ce cas, s'il dit la vérité depuis le début, cela signifie aussi qu'il ne ressent aucune inclination à mon égard, et je ne puis donner foi à cela !

Sasha… Sasha, Sasha, Sasha. Quel nom si doux à présent, doux et douloureux !

Dimanche 14 août
Près de ma fenêtre

Je l'observe souvent, derrière les voilages de ma chambre au premier étage. C'est sur cette banquette que j'écris toujours depuis que je suis ici, conversant avec les oiseaux, la cime des arbres et les montagnes au loin. Cette vue grandiose me manquera à Petrograd, mais au moins m'offrira-t-elle un peu de lumière durant l'hiver sombre et froid qui nous attend. Mon seul réconfort est de songer à la neige fraîche et à la danse des flocons dans le ciel. La ville est si belle dans son manteau blanc, si l'on oublie les visages glacés de ceux qui dorment en dessous...

Le savoir ici, quelque part entre ces murs, entre les rosiers du jardin, derrière les vitres de ces fenêtres... Il m'habite jusque dans mes rêves les plus flous, il est là. Rêves flous, rêves fous ! Je ne dois pas continuer ainsi, je suis influencée par mon inconscient, qui se joue de moi durant mon sommeil. Suis-je donc à ce point mon propre ennemi ?

Sasha ne se mêle à nous qu'en de rares moments, contrairement à Sergueï. Il demeure la majorité du temps dans l'aile ouest et parfois s'installe au jardin pour lire, ou part se promener, préférant marcher seul, à son rythme, à cause de sa jambe. Enfin, de son pied. C'est une prothèse en bois qu'il porte, je l'ai aperçue hier alors qu'il était assis et que son pantalon remontait légèrement sur ses chevilles. Cela m'a serré le ventre, comme il a dû souffrir... Je comprends qu'il soit si tourmenté. Comment ne pas l'être après avoir été plongé au cœur de l'horreur et de la guerre ?

À plusieurs reprises, je l'ai aperçu empruntant mon sentier préféré, celui qui traverse la forêt jusqu'à l'étang, puis l'acacia, mon cher acacia. *Notre* cher acacia. Parfois, j'en viens à croire que tout ceci n'était qu'un rêve, un mirage, et que ces quelques instants de bonheur ne nous ont jamais appartenu...

Fin d'après-midi

J'ai vu Sasha partir à nouveau, après le déjeuner, alors que je souhaitais moi aussi me promener. J'ai hésité, craignant qu'il s'imagine que je le suivais, avant de conclure qu'il y avait assez de place pour deux dans ces bois et peu de chance pour qu'il se rende, comme moi, à l'acacia. Conclusion erronée, car il se reposait sous l'arbre, entre les racines noueuses. Je me suis approchée, curieuse (hypnotisée ?). Combien de temps suis-je restée ainsi à l'observer, à quelques pas de lui ?

Il se porte bien mieux que lorsque nous nous sommes connus, et il est bien plus propre ! Dieu que je l'ai trouvé superbe, si offert et paisible. Sa cicatrice restera visible sa vie entière, mais elle n'enlève rien à sa beauté… J'aime la fossette qui se creuse dans la commissure de son sourire, au creux de sa joue. J'ai remarqué deux petites coupures, que je n'avais encore jamais vues. L'une est juste sous sa lèvre inférieure et l'autre, comme une griffure de fée, sous son œil gauche.

Comment peut-on désirer autant se rapprocher d'une personne ? Si j'avais pu m'agenouiller près de lui afin qu'il repose son front et s'endorme contre moi, et moi contre lui…

Dire qu'il aurait pu ouvrir les yeux et se réveiller ! Il n'en a rien fait, mais lorsque j'ai tourné les talons j'ai entendu son murmure dans mon dos : « Au revoir, Polina. » Je me suis retournée aussitôt, sursautant, mais son visage était impassible, comme s'il n'avait ni parlé ni bougé, et le doute m'a prise. Comme je tremblais ! Encore maintenant j'ignore si mon esprit m'a joué un tour ou si c'est lui qui s'est réellement adressé à moi, et je ne le saurai certainement jamais. Ce qui est bien sûr en revanche, c'est que je ne réitérerai pas cette folie !

Dans mon lit, au coucher

Cette soirée a été bien riche en nouvelles et en émotions ! Sasha, sous l'insistance de Sergueï V, nous a conté sa vie, et je ne pourrai l'en remercier assez ! Quel passé dense, à seulement vingt-trois ans ! (Je l'aurais cru plus âgé.)

Une chose tout d'abord m'a marquée : Sasha est l'enfant illégitime d'un comte de province, un *baïstriouk*, c'est ainsi qu'il s'est lui-même désigné. Je n'aurais jamais songé à lui attribuer un terme aussi insultant que bâtard, mais il n'en avait aucune honte, au contraire. Il dit que cela lui permet d'avoir les deux pieds dans la boue et un peu de soie dans les veines ! J'aime davantage, à chaque conversation, sa manière de percevoir les choses, d'observer le monde, les gens…

Son père est un comte extrêmement riche, avare, et déjà vieux. Peut-être est-il mort, Sasha lui-même l'ignore, et il est tout autant incapable de nommer ou situer ces terres qui l'ont vu naître. Tout ce dont il se souvient, ce sont des mois entiers de marche qu'il a dû effectuer avant de gagner enfin la province de Riazan, puis Moscou. Il nous a dit que cet homme avait eu, au bas mot, une quinzaine d'enfants légitimes, et presque autant d'illégitimes ! Quel affreux personnage ! La mère de Sasha, morte en couches, était une jeune fille de seize ans, fraîchement arrivée au service du comte, et je n'ose imaginer la relation qu'elle a été forcée d'entretenir avec lui… À sa naissance, au lieu d'être envoyé loin comme les autres, Sasha a été adopté contre rémunération par l'intendant et sa femme, les Konstantinov, dont il a gardé le nom. Ni son père ni ses parents adoptifs ne lui ont jamais accordé la moindre attention sauf pour le battre, l'exploiter et rationner ses repas, le faisant dormir dans l'étable avec les bêtes. Des gens monstrueux, mais encore une fois Sasha n'accuse ni ne se plaint. Il présente sa vie comme un constat de faits successifs, sans jugement aucun. Comment parvient-il à une telle attitude face à tant d'horreurs ? À neuf ans, le premier jour du printemps, il s'est enfui et des mois durant a marché en direction de Moscou, mendiant ou travaillant, jusqu'à l'arrivée de l'automne. Parvenu à Riazan, il a rencontré Sergueï qui avait alors onze ans. Son poney s'était emballé, furieux, et Sasha l'a sauvé en se mettant en travers du chemin de l'animal qui courait droit vers le fleuve. Ce courage lui correspond, comme chacune de ces anecdotes. D'ailleurs, c'est Sergueï qui nous a raconté ce souvenir, comme la plupart des autres, avec de grands gestes, parlant fort et mimant Sasha petit garçon écartant les bras devant le poney. J'ai l'impression que Sergueï prend grand plaisir à mettre l'originalité et l'intelligence de son ami en avant. Il l'admire beaucoup, et je comprends à présent la profondeur de leur amitié, avec de tels débuts.

En remerciement, et sur l'insistance de son fils, le père de Sergueï a pris Sasha sous son aile, l'employant comme garçon d'écurie. En cachette, Sergueï lui apportait de la bonne nourriture, mais surtout lui apprenait à lire et à écrire. Le calme n'a pas duré cependant, car le caractère impétueux de Sasha posait problème au domaine et il a été renvoyé, perdant par là même le contact avec Sergueï. Arrivé à Moscou, il a trouvé une place d'apprenti dans une imprimerie et y a travaillé jusqu'à l'âge de seize ans. Désirant découvrir d'autres choses, il est parti sur les routes à nouveau. Tour à tour, il a été charpentier, laboureur, tailleur de pierre, charretier, et il a même été haleur sur la Volga ! Il nous a expliqué qu'il souhaitait développer sa forme physique autant que celle de son esprit et c'est pour cela que, quelques années après, revenant à Moscou, il a intégré l'université populaire et a étudié les lettres, la philosophie, mais aussi la peinture et le dessin. Et c'est à cette période que, par un hasard bienheureux, Sergueï et lui se sont retrouvés. Et puis, la guerre est arrivée avec son cortège de malheurs…

Sasha est autodidacte, libre, indépendant. Tout ce qu'il a appris, c'est par sa seule volonté. Comme la langue française, qui n'est pas aisée et que pourtant il a étudiée de sa propre initiative, et sans aucune aide qui plus est. Intelligent, rusé, fort, courageux, généreux, cultivé… Pourquoi est-il si parfait ? Enfin, il est aussi très pauvre et la guerre l'a rendu inapte à de nombreux emplois… Oui, Sasha est infirme, et cela m'est bien égal. Je regarde cet homme. Je le regarde, et il me semble comprendre chaque fibre de son être comme mon propre être. Il est le matin, il est le soir. Il est ce visage faussement gai, douloureusement moqueur, il est cette voix grave qui m'appelle la nuit, il est ces yeux qui n'appartiennent qu'à lui…

Mercredi 17 août
Dans ma chambre

Sergueï Vassilitch est d'une compagnie charmante, exemplaire, néanmoins j'évite les moments avec lui. Son empressement m'étouffe, je perçois toute son attention dirigée sur ma personne. Il est si épris de moi ! Il a une très grande connaissance de l'histoire du Caucase et des peuples qui vivaient et vivent encore dans les montagnes qui nous entourent. Sa culture est vaste, et j'aimerais ressentir de l'intérêt, mais toute conversation avec lui me lasse, m'irrite parfois. Il n'est pas Sasha : que puis-je y faire ? Il s'entend pourtant à merveille avec Maman et Stepan, à qui il apprend les échecs, ce qui n'est pas une mince affaire ! Il passe beaucoup de temps à jouer avec Igor également, et avec Sasha lorsqu'il se joint à nous. Ira et moi les divertissons tantôt de notre chant, ou de notre musique. Les soirées durent tard parfois, et nous goûtons le plaisir de partager ces moments en famille, bien que Sergueï et Sasha n'en fassent pas réellement partie… Les occasions où nous recevons, ce qui n'est pas si fréquent, le salon s'anime de conversations, et pourtant tout me paraît vide si Sasha n'est pas là. Il est rare qu'il se montre quand une société trop nombreuse est réunie. Que penserait-il s'il savait que sa seule présence me fait vivre et battre le cœur ? Et plus il m'ignore, plus il m'obsède…

Que faire ? Mon esprit se nourrit de lui et n'est jamais en paix ! Je tente de le dissimuler, mais je crois qu'Ira perçoit mon trouble à son égard, et Maman aussi. Que vais-je leur dire ?

Comment l'esprit humain est-il fait, et qui donc tient les rênes ? Ne suis-je pas censée être maître de moi-même ? Si ce n'est point de mes actes et décisions, au moins de mes pensées ! Mon âme a soif, chaque jour qui passe amplifie ce goût naissant, aigre-doux, pour la connaissance de moi-même. Mais plus je cherche à saisir ces forces qui me meuvent, et plus la prise m'échappe, glisse, et il me semble comprendre encore moins que lorsque je n'essayais pas !

Jeudi 18 août

J'ai commencé *Katia*, de Tolstoï. Maman l'avait emporté dans ses affaires et avait oublié de me le donner. Je désirais le lire depuis longtemps déjà, il tombe à propos. Cette relation entre Katia et Sergueï Mikaïlovitch me touche profondément, et en certains points m'évoque beaucoup celle que j'entretiens avec Sasha. En revanche, il est dérangeant qu'il porte le même prénom que Sergueï Vassilitch.

Oh, mais comme je le retrouve, mon Sasha, à travers ces lignes ! Comme je me sens proche de cette jeune Katia, comme nous nous ressemblons ! Comme moi, dans sa maison de campagne, elle arpente les allées mouillées de rosée. Elle s'accoude à la fenêtre de sa chambre, interrogeant la lune…

Depuis l'arrivée de Sasha et Sergueï Vassilitch, j'ai renoncé à toute coquetterie superflue, et ce n'est pas seulement pour lui plaire. Je sentais son regard désapprobateur, presque dégoûté, lorsque je sortais sur la terrasse (trop) joliment apprêtée, moi qui espérais secrètement lui plaire. Et puis, j'ai compris. Pour Sasha, la beauté réside dans la simplicité. Dans la sueur d'une paysanne, mouchoir sur la tête et sabots crottés, dans le sourire de suie d'un ramoneur, dans l'élégance d'une robe simple, sans fioriture, dans le visage libre de tous ces apparats. Alors, tout comme Katia, j'ai développé une nouvelle coquetterie : celle de la plus pure sobriété.

Quatre heures du matin, dans mon lit

Un cadeau de la nuit : quelques instants hors du temps.

Je me suis éveillée alors que la lune perçait à travers les voilages. Le jardin m'appelait. En robe de nuit, pieds nus, pensant être seule à cette heure tardive, j'ai marché entre les allées.

Sasha était là, installé sur le banc que j'affectionne au pied du tilleul (il a le don de choisir les mêmes endroits que moi), et je ne l'ai aperçu qu'au dernier moment. J'ai sursauté en le découvrant, semblable à une statue. J'ai bafouillé des excuses, bouleversée et honteuse de ma tenue indécente. Il m'a alors dit d'une voix calme et douce :

— Pourquoi tant de manières, chère Polina ? Vous souhaitiez jouir du silence du jardin, tout autant que moi, et il se trouve que, comme moi, vous avez élu ce banc... L'un de nous est-il réellement obligé d'y renoncer ?

Je secouais la tête en signe de négation muette.

— Alors, asseyez-vous.

J'ai obéi, tremblante et si émue que je craignais de défaillir. Je suis parvenue à calmer les palpitations de mon cœur et peu à peu sa présence silencieuse m'a enveloppée.

Je savourais encore les murmures et échos de la nuit, comme la force profonde de son corps près du mien, lorsqu'il a pris congé en me souhaitant une agréable nuit, disparaissant entre les roses grimpantes des allées.

Dieu, je le rêve à mes côtés... Une vie simple et douce, parmi la campagne et les champs, à s'imprégner de nature et d'amour. Mais je crains qu'il n'ait raison : je ne suis qu'une petite fille aux rêves froufrouteux... Et pourtant, le quotidien auquel j'aspire avec lui n'a rien de fastueux. Je me moque bien de nos richesses ou de la taille de notre domaine !

Je divague, deviens folle. Il serait plus sage de dormir plutôt que de rêver à des chimères qui ne peuvent exister.

Vendredi 19 août
Au réveil

L'orage d'été gronde
Entre mes nuits.

Il strie mes pensées d'éclairs sans bruit,
Puis dans un songe m'inonde.

Je dors les yeux ouverts,
La bouche close de mots interdits.
Lune, est-il minuit ?
L'aube est endormie, et pourtant il fait clair.

Mon cœur ignore, il est content.
Sur l'herbe encore fraîche,
Mes pieds blancs se sèchent
Au soleil, qui brille comme un diamant.

C'est le songe qui m'a prise !
Il m'a emporté vers la prairie,
Vers une autre vie, une nouvelle patrie
Où mon rêve dans son sourire s'éternise.

Une vie, le temps d'un sommeil où nous sommes heureux, nature, amour, été radieux. Mais je devrais chasser ces songes dès mon réveil.

Comment pourrais-je ensuite faire illusion ici ? Quelle force je déploie pour ne pas le regarder, pour ne pas faire attention à lui ! Dieu, je suis épuisée, à peine éveillée… Mes rêves hantent mes jours et, lorsqu'il est devant moi, comme cela m'est difficile de rester naturelle, assurée, comme si rien n'avait jamais existé, comme s'il n'était pas devenu le centre de mon monde, et que dans mes songes il ne m'avait pas déjà embrassée mille fois…

Dimanche 21 août

En revenant de l'église ce matin nous avons installé le gramophone sur la terrasse, et je ne me lasse pas de cet appareil. Il faudra que je demande à Papa de nous en offrir un pour notre maison de Petrograd.

Sasha s'est joint à nous pour le thé. Igor et lui ont eu un débat fort animé, à propos de politique. Pour une fois, je me suis efforcée d'y comprendre quelque chose, et Sergueï, toujours prévenant et attentionné, m'y a aidée. Igor avance qu'une monarchie constitutionnelle pourrait résoudre nos problèmes, et qu'ainsi le peuple, ouvriers et paysans, aurait une voix. Il croit en l'assemblée, la Douma, mais Sasha dit que tout ceci est encore trop peu pour libérer les chaînes qui entravent le peuple russe, riches et pauvres. Il a cité à de nombreuses reprises un ouvrage d'un certain Étienne de La Boétie, *De la servitude volontaire*, dont il semble révérer chaque mot. J'aimerais le lire, car les idées qui y sont exprimées sont pour moi inédites. Un tyran, un gouvernement n'a pour seule force que celle qu'on lui donne, et il n'a pour seuls bras que ceux que nous lui prêtons. Selon Sasha, c'est le peuple lui-même qui fournit les moyens pour qu'on le détruise. Tous les dégâts, les malheurs, la ruine ne viendraient pas de l'extérieur, mais de l'intérieur même de chaque individu qui encourage la main qui l'étouffe. Je ne suis pas sûre de saisir pleinement…

Je constate que Sasha retient et adoucit ses propos. Il a d'ailleurs dévié le sujet, sentant que l'air s'échauffait. Oh, il a accompli cela habilement, en engageant la conversation sur notre grand Tolstoï dont il partage la pensée. Igor lui a alors demandé s'il appartenait au mouvement, ce à quoi Sasha a répliqué :

— Il me semble que c'est une erreur que de vouloir parler de tolstoïsme, tout comme de vouloir trouver un guide et attendre qu'il puisse répondre à toutes nos questions. Aucun homme n'est Dieu, si tant est qu'il existe.

Cette remarque n'a pas fait réagir Igor et Irina, je pense qu'ils partagent ses doutes tout comme moi. Il a continué :

— Certes, Tolstoï avait compris une chose essentielle : chacun est son propre maître et ne doit vivre selon rien d'autre que sa propre conscience. C'est pour cela que

Tolstoï désapprouvait l'initiative de créer un mouvement en son nom. Il voulait que les gens se trouvent, non pas à travers lui, mais à travers eux-mêmes.

Puis, alors que la discussion oscillait entre littérature et philosophie, le thème de la guerre est arrivé. Sasha n'aime pas en parler, j'ai perçu cela immédiatement. L'humain n'est que chair à canon, le jouet de la cruauté qui réside en lui-même : ce sont ses propres mots. Sergueï a alors invité Sasha à nous réciter un poème de sa création, sur ce thème, et nous avons tous été agréablement surpris d'apprendre qu'il composait des vers ! Il n'écrit rien, il mémorise ses strophes par cœur et je le reconnais bien en cela. J'espère me souvenir de tout…

Ils promettent, jurent et conjurent que tu ne reviendras pas. Que plus aucune âme à défaire ou terre à souiller tu n'auras. Que ton règne qui gangrène nos cœurs, poussière enfin deviendra.

Et pourtant, dès que ton nom est prononcé, ils t'acclament. Ils te fêtent, te proclament, ils sont heureux ! Ils pensent que tu les libéreras par ton feu.

Mais certaines figures graves savent que tes promesses sont des épaves. Ces figures connaissent ta faim, l'avidité de ta main, qui engouffre fils, pères et frères, maris et misère.

Devant tes fourneaux, tu cuisines avec envie. Faisant dorer leur peau, tu salives d'appétit. Lesquels sont tes préférés ? Cœurs endeuillés ou corps ensanglantés ?

De leurs espoirs et leurs peines, tu n'as aucune pitié. Tu n'en as que pour la haine qui nourrit leurs canonniers. Tu n'as cure de leurs noms, quelle est leur nation.

Tout ce qui t'importe, c'est que chaque jour tu en emportes.

Mais Sasha ne semblait pas satisfait de ses vers, affirmant que ce n'était là qu'une ébauche, un bredouillage incertain, jugement contre lequel nous avons tous protesté. L'avis des autres ne lui importe guère, éloges ou critiques ont peu de valeur à ses yeux. Il s'est d'ailleurs retiré après cela, me laissant à nouveau vide de sa présence.

J'ai peur de partir d'ici. Je ne veux pas rentrer à Petrograd : je *dois* rentrer. Maman est ravie, Sergueï Vassilitch a offert de donner des leçons d'histoire et de géographie à Stepan lorsqu'il sera installé à Petrograd. Stepan est enthousiaste à cette idée et c'est un soulagement, car il n'en fait qu'à sa tête en ce moment et Sergueï se montre très bon pédagogue. Stepan l'écoute avec attention, et lui obéit au doigt et à l'œil ! Voilà qui est une très bonne chose pour lui. Il était grand temps que quelqu'un parvienne à lui insuffler quelque discipline. Hier, ils ont achevé la fabrication du cerf-volant et nous sommes tous allés les voir l'essayer dans la prairie, Sasha y compris ! Nous nous sommes beaucoup amusés, car au début il n'y avait pas moyen de le faire décoller ! Même Sasha a ri, et partagé avec nous ce moment de joie. Quelle belle après-midi nous avons passée. J'ai remarqué que Stepan craignait Sasha qui pourtant est tout à fait aimable avec lui. Je pense qu'il l'impressionne avec sa cicatrice et sa jambe blessée.

Sergueï Vassilitch souhaite être enseignant à l'avenir et il nous a confié qu'il songeait même à ouvrir une école un jour, dans les environs du domaine familial de Riazan. C'est un philanthrope, une qualité à lui reconnaître... Et pourtant, ce n'est pas lui qui occupe mes jours et mes nuits.

8

Parce qu'il est plus moi-même que je ne le suis

PLANTÉE DEVANT LA GAZINIÈRE, Éva méditait en attendant que l'eau frémisse.

Si Sasha a repoussé Polina, c'est par amitié pour Sergueï, parce qu'il avait déjà compris que c'était la fille dont il lui parlait… Voilà, comme ça Sasha reste parfait, et l'espoir renaît…

Elle songeait également à intégrer un nouveau livre dans l'histoire, mais peinait à se décider. Elle pensait aux *Hauts de Hurlevent*, en raison de la passion entre Heathcliff et Catherine et surtout d'un passage qu'elle affectionnait, où celle-ci avouait sa flamme en clamant haut et fort :

« Je suis Heathcliff ! Il est toujours dans mon esprit, non comme un plaisir, mais comme mon propre être [...] Aussi ne saura-t-il jamais comme je l'aime, et ce non parce qu'il est beau, mais parce qu'il est plus moi-même que je ne le suis. »

Cette déclaration représentait à ses yeux l'une des plus splendides façons d'exprimer l'amour. Cependant, même si ces mots traduisaient les sentiments de Polina, le prochain livre à apparaître dans le journal se devait d'être davantage percutant, et russe de préférence.

À cet instant, une lueur s'alluma dans les prunelles d'Éva. Éteignant le gaz, elle fit volte-face et d'un pas prompt se dirigea vers le fond de la pièce. Elle n'avait pas encore rangé ce coin-là et dut se frayer un chemin jusqu'au lourd rideau noir qui masquait la vitrine. Écartant le tissu, elle éternua. Les livres, fidèles à leur poste, étaient au chaud sous un épais et compact duvet de poussière. Elle extirpa *Que faire ?* de son nid d'acariens et s'assit dans son fauteuil. D'un revers de manche, elle essuya la couverture et contempla l'ouvrage. Il n'avait manifestement pas été touché depuis l'examen d'Éva, avec l'autorisation d'Ernest, lors de sa première visite.

— C'est quand même grâce à toi que je vis ici aujourd'hui. C'est pour toi que j'ai voulu entrer, que j'ai insisté et sonné, jusqu'à ce qu'Ernest m'ouvre… Ah ! Si tu n'avais pas été là, il n'y aurait pas de journal, pas de Polina…

L'odeur d'encre vieillie, le bruissement des feuillets rêches piqués de taches brunes, et le ventre d'Éva se souleva d'émotion.

Je parle aux livres maintenant, il manquait plus que ça ! Au moins, je suis sûre d'avoir des sujets de conversation jusqu'à la fin des temps ! Pas étonnant que l'homme de ma vie soit un personnage…

Alors qu'elle manipulait l'ouvrage avec pourtant grande délicatesse, quelques pages se détachèrent. Laissant échapper un gémissement, Éva referma le livre avec des gestes empruntés et le reposa sur son socle.

— Mmm, tu es mieux là, c'est évident… Allez, à dans cent ans pour ta prochaine escapade !

Elle pouffa de sa propre bêtise et remit le rideau en place. À présent, elle savait son objectif : se procurer la traduction française. Les deux fois où elle avait essayé, avant d'emménager ici, le colis s'était perdu en route. Découragée, Éva n'avait pas réitéré l'expérience et s'était consolée avec la version en ligne. Toutefois, lire sur l'écran ne lui convenait pas et elle avait abandonné en se promettant de le finir un jour. Ce jour était arrivé.

À sa grande surprise, l'ouvrage parvint dans sa boîte aux lettres dès le lendemain de la commande. Sans attendre, elle s'immergea entre les pages qui chacune lui confirmaient la pertinence de son choix. Le subtil accord entre sobriété et foisonnement, dans les propos et dans les exemples, pour illustrer des idées si riches et si complexes, voilà qui la stupéfiait. Tout comme le style singulier de l'auteur interpellant le lecteur de son humour rusé, s'adressant à lui avec une ironie frôlant la désobligeance. « Ah ! Il est gonflé ! » s'exclamait parfois Éva au détour d'une phrase. Mais ce qu'il écrivait était si porteur de sens et de sous-entendus qu'elle ne pouvait que saluer la performance. Entre ces pages résidait une étincelle palpable de son très cher Sasha, cela ne faisait aucun doute.

D'après Nabokov, Nikolaï Tchernychevski était un homme décharné, myope, maladroit, désordonné et solitaire, mais à l'esprit vif et aiguisé. Il avait une érudition et une capacité de travail incroyables. À son époque, l'*intelligentsia* russe était en pleine émergence, ainsi que de nombreux courants intellectuels et révolutionnaires, et la censure sévissait avec ténacité. Tchernychevski écrivit d'ailleurs son roman enfermé à la forteresse Pierre-et-Paul de Saint-Pétersbourg. Publié en 1863, ce roman à la fois philosophique, politique et sociologique, sous des airs inoffensifs, était parvenu à contourner cette censure. Ou presque, car cela n'avait malheureusement pas empêché son auteur d'être envoyé au bagne un an après, et exilé jusqu'à la fin de sa vie. Son œuvre, cependant, exerça une influence importante sur plusieurs générations de jeunes révolutionnaires russes, et notamment sur Lénine qui publia un ouvrage du même nom, tout comme Tolstoï. Et la même question se posait toujours : Que faire ? Lénine, paraît-il, avait décortiqué ces lignes, étudié chaque mot dans le but de dénicher et comprendre les messages dissimulés. Rien n'était écrit par hasard et il était incontestable que pour en saisir la pleine complexité, le lecteur se devait d'être appliqué et vigilant. Tout avait été pesé, mesuré, afin de servir au mieux les idées sous un masque innocent.

Épuisée, les yeux brûlants, Éva posa le livre sur ses genoux et rejeta la tête en arrière sur l'accoudoir du canapé. Sasha occupait, encore, toujours, son esprit. Elle songeait sans arrêt à sa vie, à ce qu'il avait pu faire et être dans son passé, ses douleurs et ses peines, ses espoirs, ses rêves… Tout cela, pour lui, s'était évaporé dans la fumée des bombes et des tranchées. Il n'était pas aussi désabusé avant, non. Il était espiègle, provocateur, il avait le verbe haut et la parole acérée, mais cette noirceur, elle, était nouvelle. Malgré les épreuves, malgré l'abandon et l'exil, il n'avait jamais baissé les bras, mais la guerre avait brisé son romantisme de poète génie, elle avait piétiné ses rêves et ses grandes idées. La guerre lui avait ravi ce feu et Polina le lui avait rendu, au moins un peu…

Malgré son envie dévorante de poursuivre sa lecture, Éva se résolut à se coucher. Son cauchemar, en revanche, ne dormait pas et l'envahit sitôt qu'elle sombra, toujours plus palpable, plus noir, plus froid. Réveillée par l'étouffement glacé de ses entrailles, elle se réconforta avec une tisane et s'allongea au creux du canapé. Le journal et le livre posés sagement à côté d'elle, Éva ferma les yeux.

Elle discernait l'écho mélodieux du piano et des rires de Stepan, savourait la brise tiède qui s'engouffrait depuis la terrasse jusque dans le petit salon, portant avec elle le délicat parfum des roses et du jasmin. Elle voyait le domaine, se penchait aux fenêtres, guettant Sasha dans le jardin. Le soir, lorsque les étoiles s'étiraient, elle pensait à lui non loin et au souffle régulier de sa poitrine endormie.

Émergeant de son voyage, Éva ouvrit les yeux et s'assit. Elle prit son journal, tritura son stylo quelques minutes, puis écrivit. En ces heures nocturnes, seul le grattement de sa plume brisait le silence de la librairie. Elle se rapprochait dangereusement de la fin du carnet. Quelques pages, et il serait fini.

Journal intime d'Apollinariya

Kislovodsk, mardi 23 août 1916

Je reconnais chez Sergueï Vassilitch les qualités que j'ai toujours cherchées : sécurité, stabilité, bonté, charme, richesse, érudition… Pourquoi cela ne peut-il suffire ? Maman et Ira me demandent pourquoi je montre autant de retenue avec lui, elles pensent que, parce que je suis amoureuse, je joue la coquette ! Je les laisse croire cela, il vaut mieux après tout. Je suis maudite de connaître ce Sasha (ou bénie ?). Un sombre mélange des deux. J'essaie de valoriser Sergueï Vassilitch, mais occulter Sasha est impossible. Je m'efforce de ne pas les comparer, mais c'est chose difficile surtout lorsqu'il se joint à nous. S'il est courtois à mon égard, je sens toutefois qu'il m'évite… Cependant, j'ai constaté qu'il est toujours présent lorsque je joue du violoncelle, du piano ou chante. Il m'écoute d'une oreille attentive, bienveillant, veillant sur moi du fond de la pièce. Durant ces courts moments, nous sommes seuls. Le reste s'estompe, ne demeurent que ma musique et lui, discret, doux et lointain. Il ne m'a jamais complimentée, mais cela m'est égal, car je ressens ce qu'il ne m'exprime pas. Un mouvement imperceptible des sourcils, une moue, et je devine ses pensées. Il m'interroge du regard, et de ce même regard il fait naître la réponse dans mon esprit. J'ai le sentiment qu'il me connaît tout entière. Cela ne m'inquiète plus, mais me rassure. Il perçoit mon âme comme personne auparavant. Il me voit, me regarde, moi. À ses côtés, je ne serais jamais seule.

Soirée

Ira a retrouvé cette après-midi la partition du *Liebestraum no. 3*, le *Rêve d'amour* de ce cher Liszt, accompagné du poème « *O lieb, so lang du lieben kannst* », « Oh, aime, tant que tu peux aimer » d'un certain Ferdinand Freiligrath. Quelle merveille absolue, cette mélodie et ces mots me déchirent le cœur. Igor nous a interprété le poème pendant qu'Irina jouait (divinement) le morceau au piano. À mon grand regret, mon niveau de maîtrise de l'allemand était trop faible pour me permettre de comprendre correctement. Sergueï (toujours aussi prompt à m'assister) a eu l'amabilité de me traduire le refrain et certaines strophes. Ma curiosité éveillée, j'ai demandé si l'un d'eux aurait la gentillesse de me le traduire par écrit. La réaction de Sergueï, affirmant que Sasha en serait ravi puisqu'il étudiait l'allemand en ce moment, m'a coupé le souffle. N'est-ce pas étrange d'apprendre la langue de son ennemi, lorsque nous sommes en pleine guerre avec lui ? Non, voilà une pensée stupide. En écrivant cela, je réalise mon erreur. Peu importe que nous soyons en guerre avec l'Allemagne : cela n'enlève rien à la richesse de sa littérature et de sa culture. Si, parce que nous sommes en conflit, je devais renier Mozart, Beethoven, ou encore cesser de lire Goethe, quelle absurde tragédie cela serait !

Chaque jour est si exaltant, si éprouvant d'émotion que je chavire dans mon lit en oubliant souvent de souffler ma chandelle ! Et les soirs où je ne m'écroule pas, où je veille tard comme aujourd'hui, je songe qu'il n'est pas loin, peut-être déjà endormi ou contemplant les étoiles lui aussi… Et lorsque je sombre dans mes rêves, il est là encore.

Jeudi 25 août

Je ne veux pas rentrer à Petrograd !

Je souhaitais me reposer de cette constante agitation intérieure et extérieure. Savourer quelques instants de sérénité loin des autres, loin du temps, sous mon cher acacia. Quelle n'a pas été ma surprise (et ma joie) en découvrant Sasha de nouveau assis sous son ombre ! Cette fois, il ne dormait pas, il lisait. À mon arrivée, il a levé les yeux et m'a contemplée en silence. Sa douceur m'a étreinte, fugitive, mais si enveloppante que j'en ressens encore la chaleureuse bienveillance. Puis tout s'est évaporé pour laisser place à son regard neutre, courtois, convenable.

Ce rire et cette folie qui jaillissaient de lui, où sont-ils ?

Je ne savais que dire ou que faire, gênée, n'osant ni m'asseoir ni rebrousser chemin, et il m'a invitée à me joindre à lui. Soulagée, mais tremblante, j'ai déplié ma petite couverture et me suis installée entre deux racines noueuses. Gardant tout mon sang-froid et mon naturel, ne laissant rien paraître de mon trouble, j'ai sorti *Katia* et aperçu Sasha l'approuver d'un hochement de tête. J'ai reconnu quant à moi le livre qu'il lisait depuis quelque temps et lui en ai demandé le titre.

Que faire ?, n'est-ce pas un nom étrange pour un roman ? Il m'a expliqué que ce livre n'était pas de ceux que l'on dévore, mais de ceux que l'on savoure plusieurs fois. Puis il a sorti une feuille d'entre les pages et me l'a donnée. C'était le poème d'hier, traduit ! N'y résistant pas, je l'ai prié de me le réciter. Il a hésité, puis s'est éclairci la gorge. D'une voix tranquille, sereine et profonde, il a commencé :

Oh, aime, tant que tu peux aimer !
Oh, aime, tant que tu veux aimer !
L'heure vient, l'heure vient
Où debout, devant les tombes, tu te lamenteras !

Et veille à ce que la braise de ton cœur rougeoie
Qu'il chérisse l'amour, qu'il porte l'amour,
Aussi longtemps que d'un amour chaud,
Un autre cœur lui répond de son battement !

Et pour qui s'ouvre à toi,
Oh, fais pour lui tout ce que tu peux, pour l'amour !
Rends pour chaque heure une heure de joie,
Pas une seule heure de trouble !

Et garde bien ta langue,
Un mot méchant est vite prononcé !
Mon Dieu, ce n'était pas voulu à mal,
Mais l'autre s'enfuit et se lamente !

Oh, aime, tant que tu peux aimer !
Oh, aime, tant que tu veux aimer !
L'heure vient, l'heure vient
Où debout, devant les tombes, tu te lamenteras !

Le poème est encore long, je ne vais pas tout recopier... Il me plonge dans un tourbillon d'émotions... Dès les premières intonations roulées sur sa langue, je m'évaporai de ce monde, voguant sur sa voix. Un battement de mon cœur pour chacun de ses souffles : instant parfait qui à lui seul vaut le joyau d'une vie entière... Lorsque le dernier mot s'est éteint, nous sommes restés recueillis dans les bras du silence, et rien n'avait plus d'importance pour moi que la certitude, au plus profond, que son amour était aussi pur et invincible que le mien.

— Polina...

Je me suis tournée vers lui, le cœur battant de l'avoir entendu murmurer mon nom, mais il n'a rien ajouté. Son regard s'abandonnait dans l'horizon. En le contemplant, je voyais tous les possibles que nous ne pourrions pas vivre, tous les sourires et les bonheurs que nous ne partagerions jamais, et les larmes ont inondé mes yeux. Mon cœur se broyait sous l'étau de la réalité. Je ne souhaitais qu'une chose, le toucher. Caresser sa joue et sa cicatrice boursouflée. Apaiser son front et ses soucis… Mon geste pour effacer mes larmes m'a trahi, mais Sasha ne s'est pas enquis de la raison de mes pleurs : il savait.

Toujours sans me regarder, il a pris ma main et l'a baisée avec recueillement, la conservant entre ses paumes rugueuses, fortes et rassurantes. Les herbes pliaient sous le souffle chaud du vent, l'étang en contrebas faisait danser des vaguelettes à sa surface, et les arbres bruissaient autour de nous.

Mais notre bulle enchantée ne pouvait durer. Une dernière pression et il a lâché ma main. Alors qu'il s'apprêtait à se lever, je l'ai prié, dans l'espoir de le retenir, de me parler davantage de ce *Que faire ?* qu'il lisait. Surpris, il a accepté. Lorsqu'il a eu fini sa présentation, je n'avais qu'une envie : le lire. Hésitant, il a allégué qu'Irina et Igor n'approuveraient certainement pas cette lecture.

— Eh bien, moi, je l'approuve, et c'est amplement suffisant.

Je l'ai senti fier de ma réponse, faisant céder ses dernières réticences.

— Eh bien, je peux te le laisser jusqu'à ton départ, qu'en penses-tu ?

J'ai acquiescé, ravie. De sa main gauche, Sasha a attrapé sa canne et s'est relevé avec raideur.

— Tu t'en vas déjà ?

La question (et le tutoiement !) avait jailli de ma bouche malgré moi. Il m'a considérée d'un œil où perçait une sourde peine et n'a rien ajouté, si ce n'est un sourire flottant, vaporeux, puis il s'est éloigné de sa démarche chaloupée. J'observais son dos, ses épaules, sa nuque. Contre ma gorge, je sentais battre mes veines, pleines d'un désir irrépressible de courir à lui, de me projeter contre son corps et de l'enlacer avec force… Je perds la tête ! Mais si je pouvais seulement l'avoir là, enfin, pour moi, une seconde ou l'éternité…

Mon Dieu, quelle est cette fièvre qui frappe mon cœur ? Le serrer, l'étouffer même, me fondre en lui et tout abandonner. Devenir son souffle et le soulèvement de sa poitrine lorsque l'effort le fait trembler et reposer tendrement ma joue contre sa paume les soirs d'été…

Durant la soirée, Sasha ne m'a pas parlé, mais il est demeuré plus proche qu'à l'accoutumée. Je sentais davantage ses regards glisser et s'arrêter sur moi. Il m'aime, je le sais, même si son corps et son âme se débattent et tentent de le nier. Tous ces efforts qu'il déploie pour paraître indifférent ne font que confirmer mon soupçon. Car dans chacun de ses gestes et de ses regards, je sens l'amour plein et vrai qu'il me porte. Et pourtant, encore, il m'ignore. Mais comment lui reprocher cela ? Quel choix a-t-il ? Notre amour est voué à la mort, comment pourrait-il en être autrement ? Jamais il ne pourra prétendre à m'épouser… Sachant que son ami le plus cher en a l'intention ! Mon Dieu, voilà la tragédie dont je suis l'objet, impuissante. Sergueï Vassilitch n'a pas encore fait sa demande, cela ne saurait tarder. Maman et Ira conjecturent qu'il attend de rencontrer Papa et qu'il espère hériter avant de se marier. Tout en louant son attitude si bienséante, elles s'en morfondent également, trop impatientes qu'il ose !

Vendredi 26 août

Comment peut-on écrire un tel livre, enfermé dans une sordide cellule ? Je suis stupéfaite de l'indécence avec laquelle Tchernychevski apostrophe le lecteur ! Quand il parle, parfois, je croirais entendre Sasha. Sa voix, mais aussi son âme qui chuchote à la mienne.

Je vais reporter ici les paroles de la chanson que Vera Pavlovna chante, tout au début, puis je recopierai le second passage qui m'a bouleversée. Je veux conserver ces mots au plus près de mes souvenirs.

« Nous sommes grossiers, mais nous sommes les premières victimes de notre grossièreté. Nous sommes imbus de préjugés, mais nous en souffrons les premiers, et nous le savons. Cherchons le bonheur, et nous trouverons l'humanité, nous serons bons.

Le travail sans le savoir est stérile, notre bonheur n'est pas concevable sans le bonheur des autres. Instruisons-nous, et nous nous enrichirons ; soyons heureux, et nous serons frères et sœurs. »

J'ai le sentiment que l'auteur a exprimé dans cette chanson l'essence du message qu'il souhaitait transmettre. Mais je ne pourrai l'affirmer qu'après avoir fini ce livre. Et cette phrase, où il s'adresse au lecteur :

« Je t'en veux d'être aussi méchant envers les hommes, car les hommes, c'est toi-même, pourquoi donc être si méchant avec soi-même ? »

Cela m'apparaît comme une vérité si évidente ! Et les paroles de Vera Pavlovna sont si percutantes, si vraies. Les larmes roulaient sur mes joues alors que je relisais son échange avec cette femme étrange, la Française Julie, dont je ne sais trop quoi penser. Je suis en si grande admiration devant Vera, sa force de caractère, sa détermination. J'aimerais tant avoir son esprit, si vif et indépendant ! Qu'importe s'il est long, je tiens à noter cet extrait, car je sens qu'il y a entre ces lignes une vérité fondamentale qu'il me faut saisir.

Vera s'adresse à Julie :

« — Vous me traitez de songe-creux, vous me demandez ce que j'attends de la vie ? Je ne veux ni imposer ma domination ni subir celle d'autrui, je ne veux ni tromper ni feindre, je ne veux pas obéir aux opinions du monde ni rechercher ce que l'on me conseille quand je n'en ai pas le désir. Je n'ai ni l'habitude ni le besoin de la richesse, pourquoi la rechercherais-je ? Pour la seule raison qu'on la croit désirée de tous et donc de moi ? […] Pour une chose dont je n'ai pas besoin, je ne sacrifierai rien, ni moi-même ni le moindre caprice. Je ne veux dépendre de personne et vivre à ma façon ; je suis prête à tout pour ce dont j'ai moi-même besoin, mais le reste, je n'en veux point. »

Voilà les mots que je voudrais posséder en moi, l'indépendance, le courage et l'audace de dire : « Non ! je refuse de vivre selon vos lois et vos attentes ! Mon destin n'appartient qu'à moi, tout comme ma chair et mon coeur ! » La richesse me repousse à présent, elle me dégoûte. Elle, et tout son cortège de laquais et de courtisans avides d'en avoir *plus, toujours plus !*

« J'ignore ce qu'il me faudra plus tard ; vous dites que je suis jeune, inexpérimentée, que je changerai avec l'âge. Soit, je changerai lorsque je changerai […] je sais seulement que […] je ne veux rien devoir à personne, pour que personne n'ait le droit de me dire : tu dois faire ceci ou cela pour moi ! Je veux ne faire que ce que je voudrai, et que les autres en fassent autant. Je ne veux rien exiger de personne, je ne veux entraver la liberté de personne et je veux moi-même être libre. »

Et Julie de répondre à cela :

« — C'est bien ainsi, mon enfant ! Moi-même j'éprouverais les même sentiments, si seulement je n'étais dépravée ! Quand je dis dépravée, je ne parle pas de ce pour quoi on dit d'une femme qu'elle est perdue, ni de mes souffrances, ni de ma chair bafouée. Si je suis dépravée, c'est que j'ai été accoutumée à l'oisiveté, au luxe, que je ne suis plus capable de vivre par moi-même, que j'ai besoin des autres, que pour cela je fais ce que je ne voudrais pas — la voilà, la vraie dépravation ! […] Ne songe pas au monde. Là-bas, ils sont encore pires ; qui dit oisiveté dit turpitude, qui dit luxe dit vice ! Fuis donc, vite ! »

Mon esprit bouillonne : dois-je fuir moi aussi ce monde qui n'attend que de me corrompre en beaux gestes et futiles paroles ? Que dois-je faire ? Que faire ? Je me sens tant en accord avec Vera !

Sasha, de quel envoûtement de ta part suis-je donc l'objet ? Nous partons après-demain ! Je ressens le besoin impérieux de lui parler, de le voir, d'échanger avec lui comme avant, sans la société et ses carcans, sans les convenances, sans Ira, et sans Sergueï… Mon Dieu, ce cher Sergueï Vassilitch, que doit-il penser de moi ? Moi qui m'oblige à prêter attention à lui alors que les forces m'abandonnent à chaque minute qui me rapproche du départ fatidique. Je me suis imperceptiblement éloignée en moi-même, n'étant qu'une ombre tourmentée s'accrochant à une apparence joviale. Je sens Maman et Ira qui s'interrogent, se taisant pour mieux observer et tenter de comprendre… Que pourrais-je leur dire ? Et à Papa ?

— Papa, Maman, Ira, j'aime ce Sasha qui ne vous inspire guère plus qu'une sympathique pitié. Je souhaite l'épouser, vivre à ses côtés et porter ses enfants, dans les conditions que nous serons en mesure de nous offrir, quelles qu'elles soient. Et ce jusqu'à mon dernier souffle.

Ah, voilà qui n'arrivera jamais… Je ne peux que chérir la lueur qui a germé en moi, sous la chaleur de ses mains, et poursuivre ma route. Seulement à cette pensée, mon cœur se fend, se brise et s'effiloche.

J'ignore ses sentiments réels, malgré toutes mes suppositions, et cela me torture…

Samedi 27 août
Au réveil

Mes nuits s'agitent, me tendent vers lui, vers ces jours ici qui demain disparaîtront. Je sens encore la chaleur de sa main contre la mienne et le vertige me prend. Cette image revient me hanter sans cesse…

Aujourd'hui, nous allons pique-niquer tous ensemble dans la prairie. Quelle merveilleuse façon de passer cette dernière journée !

Les larmes coulent à nouveau. Je n'ai cessé de pleurer toute la nuit, en silence, le visage enfoui dans mes oreillers.

Bien sûr, je suis contente de rentrer et de retrouver Papa. Et puis, nous irons à Strelna où je pourrai monter Frou-frou, enfin si Papa me l'autorise. Les chevaux du Caucase sont trop nerveux, incomparables, à ma chère Frou-frou qui est si douce et dont le galop souple pourrait me porter des heures sans que j'en ressente la moindre fatigue.

Je sais bien que nous reviendrons, mais rien ne sera jamais pareil. Sasha, lui, ne sera plus jamais là. Il va poursuivre son chemin, esprit libre et indépendant, ne demandant pas de récompense pour son noble exploit. Cette phrase m'évoque un sonnet de Pouchkine que j'ai lu il y a plusieurs années, mais je ne parviens pas à m'en souvenir avec exactitude.

Je lui rendrai son livre cette après-midi, comme prévu, et lui va continuer à agir avec distance à mon égard, sans jamais être ni impoli ni rude. Toujours doux et lointain, tandis que je demeure avec ces mots pesants contre mon front, lourds entre mes bras, légers pourtant comme un espoir…

Je l'ai senti plus présent aujourd'hui, bien plus ouvert à nous tous. À vrai dire, il n'a jamais été d'une compagnie aussi agréable, plaisantant et conversant avec entrain. Le voir ainsi heureux et guilleret m'a emplie d'une telle allégresse que je croirais flotter sur un moelleux nuage d'ouate.

Nous avons eu l'occasion de partager un moment seuls pendant qu'Ira, Maman, et Stepan se reposaient sous la tonnelle et qu'Igor et Sergueï pêchaient au bord de l'étang. Sasha s'était assis sous l'acacia et je me suis éclipsée pour le rejoindre. Je lui ai tendu son livre et je me suis installée à côté de lui sans attendre son invitation. Nous sommes restés contemplatifs jusqu'à ce que je rompe le silence :

— Ce livre m'a bouleversée… et j'en ai pourtant lu si peu… Pensez-vous que je puisse le trouver à Petrograd ?

— Oui, certainement dans l'une des librairies du centre. J'aimerais vous offrir le mien, mais il a une valeur sentimentale très forte…

— Oh, ne vous inquiétez pas, loin de moi l'idée de vous le prendre !

J'ai ri, ignorant pourquoi je me sentais si gaie, et il m'a rendu ma bonne humeur dans un sourire que je me languissais de revoir. Il tenait une branche odorante d'acacia et m'en a tendu une tige. Quel bonheur, cet effluve sucré, si frais ! Ce parfum restera, tout comme ce moment, gravé dans ma mémoire.

Appuyant sa tête contre le tronc, il a déclamé d'une voix soudain plus grave :

« Les années ont passé, les passions ont pris fin
On ne fera pas revenir la jeunesse.
Mais de cet acacia blanc, l'exquis parfum
Je n'oublierai pas, tout comme nos promesses. »

Ce sont des vers de Pougatchëv… J'ai chuchoté son nom, tout bas, le cœur en explosion, mais déjà il se levait avec son livre en main. Sur un adieu à peine murmuré, il est retourné en direction de l'étang où Igor et Sergueï célébraient une belle prise.

J'ai cru apercevoir, juste avant qu'il ne se retourne pour partir, une larme perler à ses yeux. L'ai-je rêvé ? Pourquoi ne peut-on figer le temps ?

Dimanche 28 août
Dernières lignes, dans le train

Mes dernières lignes dans ce journal sont à bord du train qui m'entraîne loin d'ici, loin de lui…

Tant de jours ballottés par les remous et l'entrechoquement infernal des bras d'acier, à contempler l'immensité russe défiler. Maman dit que c'est un bien que nous rentrions et je sens qu'elle fait allusion à Sasha. Je la soupçonne d'avoir perçu nos sentiments. Elle n'a certainement pas jugé sage de rendre l'affaire plus conséquente en la dévoilant. Ira a essayé de m'entretenir du sujet, je le sais, mais je suis parvenue à me dérober habilement chaque fois. Que pourrais-je dire ? Elle ne comprendrait pas, et Maman encore moins. Pire, elles désapprouveraient, tenteraient de me raisonner ! Chose inutile, car je suis déjà consciente de la folie de mon sentiment…

Et ce cher Sergueï Vassilitch qui nous a aidés et accompagnés jusque dans le train. Voilà l'homme que je devrais aimer et épouser. J'ai peur qu'il fasse sa demande cet hiver. Il sera de retour à Petrograd à la fin octobre et j'appréhende grandement. Comment pourrais-je refuser ? Comment oserais-je ?

Dieu seul sait si je reverrai Sasha, et cette pensée fait saigner la part de moi que je ne dois pas écouter. Je ne veux dépendre de personne, et pourtant je crains qu'il me soit devenu indispensable. *Et impossible.* Oublier donc. Finir ce journal témoin de mes errances…

Le souvenir de ce départ me brise. L'ultime vision de Sasha sur le perron du domaine me hante. Son regard fuyant et si intense à la fois, son baisemain… Et à présent je pose le dernier point, sur nous, sur ce journal trop plein de lui. Adieu, mon Sasha.

9

Voilà

ALLONGÉE SUR LE TAPIS DU SALON, les bras en croix, Éva contemplait le plafond d'un regard morne et mouillé. Amorphe, sanglotante, elle laissait son esprit errer vers ses méandres intérieurs, sombres et boueux, un goût amer au creux de la bouche. La déprime des vieilles ruminations, c'est ainsi qu'elle l'appelait. Et cela faisait bien longtemps que ça ne lui était pas arrivé, encore moins depuis qu'elle avait commencé le journal.

C'était la fin. Oui, fini. Quatre jours qu'Éva n'écrivait plus, avec au ventre cette monstrueuse et dévorante envie de rien. Pas un mot depuis qu'elle avait noirci la dernière page, jusqu'à la dernière ligne. Certes, il ne tenait qu'à elle d'acheter un nouveau carnet, de poursuivre sur un vulgaire cahier de brouillon, ou même sur un papier de bonbon.

À quoi bon continuer, quoi dire, comment l'écrire, pourquoi l'écrire ? De toute façon, ce journal n'était qu'une lubie, voilà. Voilà tout.

Éva tira une bouffée qui fit rougir la braise et observa la fumée s'entortiller dans l'air, puis se dissoudre. Le plafond de sa chambre était devenu la toile de ses lamentations. Tristesse familière et chronique ramenant son bout de larme à la moindre occasion. La veille, elle avait pleuré devant un clip où un chien et son maître étaient séparés, puis réunis à la fin. Pas de doute, elle touchait le fond. Quelques minutes d'images, c'est tout ce qu'il lui avait fallu pour qu'elle sanglote comme une madeleine trempée. Avant, elle aurait peut-être appelé sa mère, ou une amie, qui puisse lui remonter le moral, mais elle avait abandonné cette habitude. Après tout, la seule solution était d'attendre que la purge se passe et draine le pus mielleux et mélancolique, jusqu'au prochain débordement.

Éva ignorait avec quels mots décrire cette peine, et encore moins en expliquer les origines. Cette fois, c'était un peu différent, puisqu'elle savait ce qui l'avait mise dans cet état. L'écriture l'avait transformée, elle le réalisait à présent. Mais toute cette euphorie l'avait rendue malade de ne pouvoir y être, souffrante de ne pas vivre dans la bonne réalité et d'échouer à exister dans la sienne. Le journal achevé, un monde entier s'effondrait autour d'elle. Un monde dans lequel elle s'était abandonnée à corps perdu durant ces trois derniers mois et qu'elle quittait le cœur déchiré.

Grognant, Éva se déplia, se leva et s'étira. Elle fit un chignon de ses cheveux d'une propreté douteuse et d'un blond triste, puis descendit à la cuisine suivie des gargouillis de son estomac. Arrivée sur place, sa première réaction fut de soupirer, puis d'affaisser les épaules, et enfin de se traîner vers le réfrigérateur. Dans l'évier, acrobates-équilibristes, tasses et bols sales livraient un spectacle invraisemblable. Afin de ne pas déranger l'unité du désordre environnant, le plan de travail débordait lui aussi, et se parait d'une épaisse couche de miettes rendant le contact de la surface en bois horripilante.

L'attrait de la facilité poussa Éva à ouvrir un paquet de nouilles chinoises instantanées et à faire bouillir de l'eau. Elle se grondait lorsqu'elle s'abaissait à s'alimenter ainsi, d'autant qu'elle adorait les légumes, mais dans ces moments, la seule nourriture qu'elle pouvait prétendre préparer s'associait invariablement avec les mots rapide, efficace, chaud et consistant. Les nouilles gagnaient presque toujours.

Après avoir jeté un œil douloureux à l'état de sa cuisine, Éva emporta son bol fumant et remonta s'abandonner à ses souffrances existentielles. Pour un jour de déprime qui se respecte, elle estimait qu'il était de bon ton de regarder un film d'amour, de préférence historique, romantique et tragique à la fois, histoire de se réconforter en se faisant du mal. *Bright Star* peut-être, pour le lyrisme délicat de l'idylle entre John Keats et Fanny Brawne. Ou *Jane*, sur la célèbre romancière Jane Austen et son amour impossible. Ou encore l'une des innombrables adaptations de *Guerre et Paix* de Tolstoï. Oui, l'un de ceux-là, parmi tant d'autres, en espérant qu'il lui reste quelques pauvres larmes à pleurer. Pour ça, d'ailleurs, il y avait aussi l'un de ses chouchous, bien qu'il ait le don de lui briser tout particulièrement le cœur : *Onegin*, porté par le séduisant et énigmatique Ralph Fiennes… Un choix difficile.

Trois heures plus tard, les yeux rouges et gonflés, blottie dans son lit, Éva fixait le tableau en fronçant les sourcils.

— Les vacances sont finies, pas vrai ? Et c'est peut-être mieux comme ça… Je ne vois vraiment pas ce que je pourrais faire de ce journal. Le publier ? Ou alors le continuer, mais pour aller où ? Et la Révolution qui gronde et fait trembler la Russie avec ses grosses bottes, tu ne le sais pas, toi, n'est-ce pas ? Il y a tellement de choses que tu ignores, petite Polina… Et moi aussi.

Cesser les fantasmes irréalisables, accepter la réalité, voilà ce à quoi songeait Éva. Mais accepter la réalité signifiait accepter la vie. Pas le rêve, pas le « et si » et le « peut-être ». Dire oui, je le veux, et laisser le monde fictif s'évaporer et libérer la place à la tangibilité. Cesser de vivre en huis clos, autant intérieur qu'extérieur, comme elle l'avait toujours fait. Mais cela impliquait d'abandonner Sasha, et Éva doutait d'en être capable.

— Pas vrai, Polina ? Toi non plus tu ne veux pas le quitter…

Elle était hantée par les souvenirs qu'elle avait inventés. Elle fermait les yeux et tout était là, elle y était. Le vent chaud s'engouffrant dans les voilages de la terrasse, les nuits parfumées de jasmin et de rose, l'herbe mouillée sous ses pieds, contre sa peau la chaleur des pierres ensoleillées. La musique, la forêt, l'acacia et son ombre rassurante, et encore Sasha. Toujours, Sasha. Mais le film tournait en boucle, la fin s'éternisait dans le train.

Quelle idée d'accorder autant d'importance à une histoire !

— Hein, petite Polina, tu sais comment elle finit, toi, ton histoire ?… Eh ben non, bien sûr, tu l'ignores ! Toi, tu es juste une pauvre tache de peinture qui écrit la même chose depuis cent ans, pas vrai ? Ou peut-être qu'en fait, t'es portugaise, hein ? Et puis peut-être qu'en réalité tu dessines, dans ton foutu journal, et moi je suis une timbrée avec beaucoup trop d'imagination !

Voilà.

Deuxième partie

« Je me sens sur la Terre une étoile filante.
J'entends sonner le glas de cette heure sanglante
Où le sang coulera de ma blessure, à flots.
Où la foule, jugeant dans son indifférence
Flétrira mon génie à peine éclos. »

Mikhaïl Lermontov, *Pressentiment III, Œuvres poétiques*

Kislovodsk, fin août 1916

J'ÉCARTE LE DRAP ET SA CRASSE exhalant mes transpirations cauchemardesques. Plus de repos, plus de silence. La nuit, je les entends encore siffler. En moi, tout explose, l'obus et la prose. Je croque le fruit putride de ma libération, par le fer, la boue qui recouvre les causes. J'entends les hurlements, les râles de mes frères, et dans ma bouche je salive l'âpre goût de la terre. Ma sueur est aigre, acide, souffreteuse. La mâchoire du froid rogne encore mes doigts. Sûr, Hiver aime la guerre, il s'en fait un festin, un banquet de pieds et de mains.

J'observe mes jambes, je palpe la peau de mes cuisses, striée, déchirée, boursouflée. La douleur sourde et grinçante m'assaille, le moignon grogne. Je dégage mes pieds du drap. Mon pied. Je serre les dents, j'inspire, j'expire, j'attrape la cheville orpheline et j'étrangle cette foutue douleur d'absence. J'enfile mon pied de bois et mon habit, j'attrape ma canne et me lève. Je verse de l'eau dans le baquet et y plonge ma face froissée. J'élance ma main vers le miroir, j'hésite. Je reste suspendu une seconde, puis je me décide. Mauvaise idée, comme d'habitude. Je me détourne et j'attrape un morceau de pain que je mâche et avale avec une gorgée de café froid. Casquette, livre, tabac : je suis prêt et je sors. Sans compter l'éternité pour descendre les escaliers.

Le soleil consume ma peau, pourtant il ne fait pas si chaud. Je traverse la ville sans la voir, l'orée du bois appelle mes pas. La jambe tire, le genou ploie, la canne tremble. L'été meurt, moi aussi. Je poursuis un ardent souvenir agrippé au tronc d'un acacia orphelin, happé par le crépuscule d'un futur disparu.

Nature, je viens réciter mes vers aux vers qui gigotent sous ta terre. Les arbres sont de bons auditeurs, les plus fidèles. Ils sont patients, ils comprennent tout. Et ils répondent, ils acquiescent, ils montrent le chemin sombre et vertueux. La futaie me recueille, la fourmilière humaine s'estompe. L'arôme de l'humus calme ma narine outrée. Je ferme les yeux, je caresse l'air. Immobile sculpture en mouvement. Automate grinçant d'une génération bafouée, d'une chair vidée de son sang, de sa fougue, de son chant.

Et tandis que je m'écarte des sentiers, je rage :

Caucase ! Cher Caucase endeuillé, comme notre fière Russie. Je vous hais. Je hais vos ennemis, je hais vos alliés. Vous êtes les bouchers. Ceux qui débitent la chair qui tombe à nos pieds.

Dans la pénombre, parmi les fougères et les ombres, je murmure :

Va, maigre espoir frétillant, brûle. La guerre n'est pas encore finie, et elle recommencera. Son règne est grand, funeste. Son ombre plane sur les contrées, libres ou occupées. Et alors que je foule l'herbe grasse et verte des sentiers, je pleure l'amère rancœur de mon cœur. Je suis prisonnier de mon cauchemar. Il règne, sur moi, sur toi, sur nous, petits soldats de plomb.

Au ciel, qui se cache entre les arbres, j'implore :

Mes frères ! déposez vos armes, elles vous tueront. Elles écorcheront toutes les images, de dieux, déesses et chimères. Marchons ! et nous les brûlerons de notre refus, de notre non-action. Vous avez peur de mourir ? Nous mourrons de toute façon ! Alors, soyons libres, choisissons notre cause, pas la leur. Mais quelle est-elle ? Nous combattons sur leurs fronts, mais qui es-tu, toi, en face, sous le feu des ordres qui crachent la mort ? Un autre frère, un autre père, un amour perdu. Toi que j'aime, Toi que je n'ai pas connu...

Et dans le silence de la forêt, je pleure l'amère rancœur. Je suis Zarathoustra oscillant sur le fil tourmenté de l'équilibriste, l'âme et la chair brûlée par le soleil de mes idéaux. Je suis le dormeur du val qui repose debout, vivant, troué. Mon jumeau est couché, il respire la vallée. Il a reçu l'amour de la mort mortuaire, là où le désert est vert. Je suis jaloux, j'aurais voulu moi aussi partir à son cou.

Quatre mois que j'ai quitté mes compagnons de torture et que je savoure l'amère solitude des jours d'usure, extirpé de ce gouffre d'hôpital où pourrissent les membres arrachés et les rêves évidés. Ce gouffre où le sang pue, sèche et craque sur les murs poreux de nos tourments. Ce même sang qui s'agrippe encore à ma gorge et s'accroche à mes tripes.

Et pourtant, ici, le vent murmure des souvenirs heureux, dorés et douloureux. Ils sont morts à présent, enterrés : une parenthèse illuminée. À travers les arbres, je distingue la prairie que le soleil brûle de son feu. L'acacia se dresse, solitaire et patriarche, souverain veillant sur ses fleurs fanées et son champ, et en contrebas l'étang frissonnant. L'arbre est seul. Elle n'est pas là, elle n'y sera plus. Le printemps est une promesse révolue.

En ce jour de juin, j'avais pensé alors :

Bourgeoise, noble, jeune, belle, fraîche et pure, comme je te hais ! À ton tour, tu feras naître les prochains bourreaux, les maîtres des armées, les dirigeants de nos pauvres vies asservies. Oui, je te tuerai ! Quoi, tu ignores ? Le peuple, connais-tu ce mythe qui habite sous l'estrade où se vautrent les tiens ? Tu sais bien, dans la fange, sous la crasse. Là, des humains. Oui, oui, ils existent bel et bien. Oh, tu les connaîtras, tu sentiras s'agripper leur faim à tes bras !

Mais elle ne savait rien, elle ignorait. Comment l'en blâmer, ses yeux n'avaient rien connu. Je les voyais caresser tantôt les pages, tantôt le paysage : elle rêvait, l'idiote ! Et pourtant, mon cœur savourait, c'était ma plus belle vision. Tendre chevelure de blé et lèvres coquelicot, comme ceux, chatoyants, qui la contemplaient. Sa bouche ourlée murmurait des mots d'encre. Sa pommette était rose, ses yeux azur, son cou blanc. Quelques boucles d'or échappées chaviraient sur son front et son chignon natté illustrait la détente de l'été. Son ombrelle posée pliait les fleurs, sa robe de mousseline était un appel à la douceur. Qu'avait-elle dans le cœur, cette jeune fille en fleurs ?

Et aujourd'hui, je hurle :

Amour ! Était-elle une déesse immaculée ? Montre-moi son trône, je le détruirai, je me libérerai ! Amour, que je reconnais bien là, écoute-moi ! Toi, la farce des plus forts, le rire scabreux de la reine des affreux : je te renie. Toi, et tous tes lumineux artifices. Va, cours Destin, passe ton chemin. La douleur emplit mon cœur, la loyauté guide ma main. Oui, va, jeune fille adorée, toi que j'aurais voulu vénérer.

Mais la mémoire ne laisse jamais en repos. Elle assaille, tranchante. Il y a un mois, j'étais là, assis sous l'acacia. Mon ventre se cabrait, je transpirais. Idiot. Je voyais sa silhouette frêle cheminer sous le vent, ses cheveux relevés sous un petit chapeau blanc. Moi, sans un mot et sans un sourire, je savais déjà mon devoir de la laisser partir. J'étais un animal blessé, condamné. Et dans ma souffrance, je crachais :

Que désires-tu ? Dis-moi, des paillettes ? Des pépites ? Tu veux des mots creux et des apparences qui ne dissimulent que stupidité et impéritie ? Va donc, après tout, poursuis tes chimères, tu n'en seras que faussement heureuse, et ignorante. Mais tes yeux appellent à plus grand, je le sais, je le vois. Ton âme me parle, tes paroles m'importent peu. Tu n'es que l'ombre de ta grandeur, un bourgeon qui ignore encore tout du printemps… Tu crois que je t'aime ? Ah ! Va, rentre chez toi, et oublie-moi.

Elle restait silencieuse ou s'outrageait, me toisait d'un air indécis, puis perdait son regard au loin, caressant les montagnes bleues sous le couchant. Je lui parlais, me taisais, divaguais, et sa voix à elle se brisait contre mon âme saignante. Je découvrais l'océan de ses yeux et ses paupières humides. Elle était Beauté, Grâce et Force incarnées. Elle était la promesse de l'aube, le chant du crépuscule, une étoile naissante au ciel de ma vie, un rayon chatoyant dans la nuit. Mais son nom a figé mon avenir dans une prison de glace.

Mon cœur se serrait, la peur m'enserrait. Polina, était-ce Apollinariya Ivanovna Lubiova ? Oui. Le monde et notre faux Dieu me déclaraient la guerre. J'ai accepté, en me redressant à la force de mes convictions. Ce n'est pas mon combat, l'amitié est ma loi.

Je savoure une dernière fois ma simiesque vision de paradis, et je m'en retourne dans l'ombre.

10

Au soleil, celle-ci se teintait de reflets roux

Les doigts qui tenaient la cigarette étaient jaunis et parsemés de peinture. La fumée s'échappant des lèvres entrouvertes s'étirait en un long filet blanc et venait se briser contre la surface du tableau. Le profil du jeune homme laissait apparaître des traits fins, un œil vif, un nez court et droit aux narines délicatement dessinées, et une peau constellée de taches de rousseur. Il s'appelait Dimitri. Des traces colorées s'éparpillaient depuis le col de sa chemise froissée jusqu'au bas de son jean. Le dos courbé, les yeux plissés, il déshabillait la toile inachevée sur le chevalet devant lui. Machinalement, il caressa la barbe blonde qui lui mangeait le visage. Au soleil, celle-ci se teintait de reflets roux.

L'ameublement de sa datcha en bois était spartiate. Un lit étroit, recouvert d'un large édredon, une table, deux chaises, trois tabourets hauts débordant de pinceaux et de palettes bariolées, et un poêle ronflant sur lequel chauffait une marmite de soupe. Un imposant chevalet était placé face à la fenêtre donnant par-delà les champs et les arbres. Ce jour-là, grisaille et ciel lourd annonçaient l'ouverture du mois de septembre et de ses pluies glacées.

Poussant un soupir de découragement, Dimitri s'attabla avec une tasse de thé sombre, du pu-erh, spécialité d'une ville du même nom dans la province chinoise du Yunnan. Après avoir relié son téléphone à la seule prise de la maison, il écouta ses messages.

« *Priviet Dima*, c'est Vitya. Je passe à Saint-Pétersbourg le week-end prochain, ce serait l'occasion pour que tu visites l'appart et que tu me dises si ça te convient de t'y installer pour faire les travaux. Et ce serait sympa de se voir, avoir un peu de tes nouvelles. J'espère que tu as bien profité de cet été pour nous produire encore quelques chefs-d'œuvre, hein ! Rappelle-moi, *paka* ! »

Dimitri reposa son portable et savoura l'arôme terreux du breuvage avant de se rouler une cigarette. Recrachant un épais nuage, il composa le numéro de son ami.

— *Priviet Vitya, kak dela ?* Ah, alors je fais vite. Je peux venir samedi en fin de matinée, selon ce qui t'arrange... Midi à la station Tchernychevskaïa, *da ladna*, ça me va. Au fait, est-ce que je peux dormir à l'appart ? Non, juste pour la nuit, et si ça me plaît j'apporterai mes affaires après... parfait, à samedi !

Dimitri raccrocha et reporta son attention sur ses tableaux avant que de légers coups à la porte ne le tirent de sa rêverie. Sans attendre de réponse, une jeune femme brune à la peau pâle et aux yeux bleus se faufila à l'intérieur. Ses cheveux raides frôlaient ses épaules et quelques mèches plus courtes encadraient ses pommettes rougies par l'air frais. Elle était petite et menue, vêtue d'un jean, de bottes et d'une veste de sweat-shirt beige. Elle ferma la porte et se pencha pour se déchausser avant d'enfiler une paire de pantoufles et de se rendre au salon. Elle salua Dimitri d'un léger baiser et s'installa à table tandis qu'il lui servait une tasse.

Ils bavardèrent un moment, le poêle se vit réapprovisionné de quelques bûches puis, comme un signal, la pluie commença à tomber à grosses gouttes. Ils se levèrent alors, se déshabillèrent et se mirent au lit. Seules deux chandelles éclairaient la pièce et projetaient leurs ombres dansantes sur les murs. Telle une cérémonie bien connue, la jeune femme s'allongea et accueillit le contact de Dimitri au-dessus d'elle avec un soupir de contentement.

Tandis que les bougies brûlaient leurs dernières réserves, les respirations se firent plus calmes. Dimitri roula sur le dos et passa un bras derrière sa nuque. Presque d'un même mouvement, elle se lova contre lui et laissa son regard errer dans la pièce. Les seuls sons perceptibles étaient le crépitement du poêle et la pluie s'écrasant avec fracas sur le toit et contre les carreaux.

— Tes tableaux me font toujours un effet bizarre...

La jeune femme se blottit davantage contre Dimitri.

— Tous ces détails et ces couleurs, c'est presque trop réaliste... Tu penses que tu vas tous les vendre, ceux que tu as faits cet été ?

Dimitri haussa les épaules.

— Je pense, j'espère... Les deux là-bas, à l'acrylique, m'ont été commandés avec une avance et totale carte blanche par une femme qui a eu un coup de cœur pendant ma dernière expo. C'est prometteur... Sinon, pour le reste, ce sont des peintures à l'huile que je vais entreposer chez ma mère à Kirichi pour qu'elles sèchent comme il faut.

— Mais ton expo, c'est avec quels tableaux ?

— Avec la collection que j'ai faite l'hiver dernier.

Ils gardèrent le silence un moment, puis Dimitri ajouta :

— Au fait, j'ai eu Vitya. Je vais aller visiter l'appartement samedi avec lui. Il y a des chances pour que j'emménage dès le début de la semaine et que je revienne ici juste pour prendre mes affaires.

— Déjà ? J'avais espéré que tu resterais un peu plus...

Elle se détourna en pinçant les lèvres et concentra son attention sur la flamme mourante de la bougie.

— Olya... On a eu cette discussion plus de fois que nécessaire.

Les joues empourprées, elle se leva, sortit du lit et saisit son jean avec raideur.

— J'en ai marre de cette situation, siffla-t-elle. Marre que tu me traites comme un jouet de vacances, marre de ne pas compter assez, marre d'attendre que tu m'aimes, marre de… marre de tout ça !

Dimitri se redressa et considéra Olya qui le foudroyait du regard. Elle jura et grinça entre ses dents :

— Je sais ce que tu vas me dire, je le sais. Mais je n'y arrive pas. Je ne suis pas comme toi, je ne suis pas un robot sans-cœur, figure-toi ! Je ressens des choses, moi.

Elle appuya sur ce dernier mot avec aigreur et Dimitri demeura silencieux, impassible. Olya, habillée et chaussée, s'avança d'un pas résolu vers la porte, mais s'arrêta dans son élan la main sur la poignée. Rebroussant chemin, elle se planta à l'entrée du salon et s'adressa à Dimitri d'une voix calme où perçait une douleur étouffée.

— Je sais aussi que tu m'as prévenue, et que tu me l'as toujours répété, mais j'ai vraiment cru que tu pourrais changer, apprendre à m'aimer… qu'un jour tu me verrais réellement, et que tout deviendrait clair…

Son aveu se brisa et un sanglot muet crispa ses traits. Dimitri soupira et se passa une main dans les cheveux.

— Je ne peux pas te répondre autre chose que toutes les fois d'avant, car ce serait te mentir sur ce que je ressens. Je ne suis pas amoureux, et je ne veux rien de plus que ce que l'on partage déjà. Je t'apprécie vraiment, tout comme les moments qu'on passe ensemble, mais ça n'ira pas plus loin. Je suis désolé si cela te fait souffrir, ou espérer, ou si ça ne te suffit pas, mais je n'ai rien d'autre à t'offrir.

Une ombre de défi voila les prunelles de la jeune femme. Elle croisa les bras sur sa poitrine et déclara :

— Bien, alors je trouverai un homme qui a véritablement envie d'être avec moi, et pas juste pour quelques pauvres miettes d'amour volées sous une couette. Et ne compte pas sur moi pour rappliquer ventre à terre quand l'été prochain tu te sentiras bien seul dans ta petite cabane !

— Parfait, et je suppose que tu ne m'appelleras pas ni ne viendras me voir, n'est-ce pas ? Tu ne me feras pas non plus des avances, affirmant que tes sentiments sont du passé, que tu veux juste profiter d'un bon moment sans lendemain, hein ?

Il appuya sur ces derniers mots en penchant la tête sur le côté, sourcil levé.

— N'espère pas que ça arrive à nouveau, trancha Olya. J'ai compris la leçon.

— Très bien, j'en suis heureux pour toi.

Elle vacilla, puis se reprit et le transperça d'un regard noir.

— Je ne sais pas ce que tu crois être, un sage ou un truc dans le genre, ni quel pouvoir tu penses avoir sur les autres, mais la vérité, c'est que tu es incapable de ressentir quoi que ce soit, et que je te plains.

Sur ces derniers mots, elle fit volte-face et disparut. D'un pas lent, Dimitri referma la porte et retourna au salon. Il alluma une nouvelle bougie, mit de l'eau à chauffer, puis s'installa sur son lit et s'absorba dans les toiles d'araignées du plafond.

11

Dimitri retira sa main et sortit en hâte

LE SAMEDI MATIN, DIMITRI FIT SON SAC et se mit en route. La datcha où il vivait se trouvait en bordure d'un village de campagne isolé. Le porche avait été redressé et renforcé, mais les façades délavées pleuraient toujours leur ancienne parure turquoise. Quelques décorations survivantes ornaient les fenêtres et sur toute la longueur du toit la frise en bois sculpté avait fini par se décrocher, ne persistant qu'au niveau du fronton.

Le long des allées en terre battue menant à l'unique arrêt de bus, d'autres isbas colorées émergeaient des jardins touffus. Ici et là, les gens s'activaient dans leurs tâches quotidiennes. Bientôt, nombre d'entre eux retourneraient en ville dans leurs appartements préservés du froid, jusqu'au printemps prochain pour de nouvelles récoltes et journées ensoleillées.

L'air se chargeait de pluie et de gros nuages noirs s'amoncelaient au-dessus de Dimitri tandis qu'il cheminait. Sur son passage, il salua quelques personnes, bavarda avec une ou deux autres, et s'arrêta à l'épicerie pour apaiser son palais qui réclamait un copieux sachet de napoléons faits maison, allègrement enrichis en crème.

Après dix minutes d'attente et trente minutes de bus, il arriva à la gare de Kirichi. Quatre quais s'alignaient, érodés par le temps, couverts de gravillons, certains occupés par des convois de marchandises aux wagons larges et rouillés. Le train s'immobilisa dans un crissement aigu. Rajustant son manteau détrempé et son sac de toile sur l'épaule, Dimitri grimpa à bord d'un bond léger. La rame s'ébranla et la musique infernale s'accentua tandis que la locomotive gagnait en vitesse. Les bancs en bois manquaient de confort et les remous du wagon ballottaient les corps des passagers dans un rythme irrégulier. Le front posé contre le carreau, Dimitri observait le paysage défilant derrière la buée. Une poignée de petites villes, des villages, mais surtout des arbres, bouleaux et conifères, à perte de vue. Se laissant aller contre le dossier et baissant sa vieille casquette sur ses yeux, il sombra dans le sommeil.

Il émergea à l'arrêt du train et accompagna le flot de voyageurs se dirigeant vers le métro. Il acheta une poignée de jetons, ne chercha même pas une place sur les sièges alignés le long des fenêtres, et descendit à la station suivante, Tchernychevskaïa, baptisée ainsi en l'honneur de l'écrivain. Une fois les cent mètres d'escaliers mécaniques avalés, Dimitri franchit l'une des six portes battantes en bois blond, dont le caoutchouc usé s'entrechoquait à chaque passage, et s'immobilisa en haut des marches. L'architecture massive du boulevard, si caractéristique de Saint-Pétersbourg, s'ornait d'innombrables fenêtres, droites, longues et maigres aux crânes arrondis. Entre les deux voies où circulaient des voitures ronronnantes, une zone piétonne et arborée avait été aménagée et la fin d'été n'avait pas encore roussi le feuillage tendre des arbres taillés en sphères. Sur le parvis, en contrebas, un vendeur de cartes téléphoniques derrière son étal de fortune, las, regardait les passants. Plusieurs prospecteurs ambulants distribuaient tracts et offres promotionnelles et l'un d'eux, micro à la main et enceinte acoustique sur le dos, faisait la réclame pour quelque nouveau restaurant. Deux *babouchkas,* fripées et courbées sous leurs blouses, vendaient des gobelets de myrtilles, de baies de cassis ainsi que des bottes d'aneth et de coriandre fraîches.

— Toujours aussi méditatif à ce que je vois !

À la droite de Dimitri apparut le sourire de Vitya, et les deux amis se saluèrent d'une accolade fraternelle.

— Eh oui, tu vois, j'observe, je dissèque, j'apprends... Mais dis-moi plutôt comment tu vas, c'était bien ton séjour à Paris ?

En route vers l'appartement, ils se racontèrent les événements récents. Alors qu'ils s'engageaient dans la rue Furshtatskaya, Vitya évoquait déjà une certaine jeune femme rencontrée durant ses études à Paris et recroisée quelques semaines plus tôt, pour son plus grand bonheur. Entendant le discours et surtout le ton inhabituellement virevoltant de son ami, Dimitri leva un sourcil :

— Tu serais pas un peu amoureux, toi, par hasard ? se moqua-t-il gentiment.

Vitya grommela une réponse, et lorsque Dimitri insista pour davantage de détails, il s'enflamma sans prévenir.

— Comment elle est ! ? Comment décrire la perfection, tu veux dire !

— N'exagère pas quand même...

— Je te jure, jamais une fille ne m'avait fait un effet comme ça.

— Oui, je vois ça...

— Elle a un air russe je trouve, et elle est superbe. Élancée, pommettes hautes, petit nez retroussé, de longs cheveux blonds bouclés, des yeux turquoise, une bouche à croquer, un...

Le rire de Dimitri interrompit l'ardeur de son ami.

— Tu ferais moins le malin si tu la connaissais, répliqua-t-il vexé.

— Ça dépend, si c'est une jolie poupée qui sonne creux, je ne vois pas trop l'intérêt...

— Tu ne sais pas de quoi tu parles, lâcha Vitya. Elle n'est pas juste belle, c'est la pureté incarnée. Elle est intelligente, drôle, cultivée, douce, attentionnée envers les autres, généreuse, elle aime la littérature, la poésie, la musique… Elle semble vivre dans un monde parallèle, et ça lui donne l'air d'un ange descendu du ciel…

Le visage de Dimitri reflétait un mélange subtil de surprise et d'amusement, mais celui de Vitya était des plus sérieux.

— J'ai l'impression que tu me décris la vierge Marie ! Superman aurait-il trouvé sa Loïs en détresse ?

— Tu ne comprends pas, laisse tomber.

Vitya adopta un pas vif et traversa la route les séparant de l'entrée du jardin de Tauride.

— Détends-toi, lui lança son ami en le rattrapant. Cette fille te met dans tous tes états !

— Mais puisque je te le dis !

Vitya leva les bras au ciel en signe d'impuissance sans pour autant s'arrêter. Toutefois, il ralentit la cadence et les deux amis retrouvèrent une allure normale alors qu'ils pénétraient dans le parc. Tandis que Dimitri observait l'environnement, Vitya, lui, n'y prêtait aucune attention, bien trop absorbé dans ses réflexions.

— Si je pouvais seulement être sûr que je lui plais… D'ordinaire, je sens ces choses-là, mais pas avec elle. À mon avis, ça ne va pas être une tâche facile de l'avoir…

— Oui, surtout si tu commences comme ça.

— Comment ?

— En voulant « l'avoir ».

— Tu joues sur les mots… Mais, je te l'accorde, tu as sûrement raison. Elle est tellement sauvage, c'est impossible de l'approcher de trop près. Les commentaires un peu charmeurs, ce genre de trucs ne servent à rien. Pourtant d'habitude, la drague, la séduction, ça marche pour moi, il n'y a pas de problème, mais avec elle je perds tous mes repères… J'ai l'impression qu'au moindre mouvement elle va partir en courant ! D'ailleurs, c'est quasiment ce qu'elle a fait la dernière fois.

— Tu as tenté quelque chose ?

— Oui, j'ai voulu l'embrasser après le cinéma, mais c'était trop tôt et surtout trop brusque. Je sentais bien que ce n'était pas le moment, mais je n'ai pas pu résister.

À leur sortie du parc, ils empruntèrent Tverskaya et bifurquèrent à droite dans la rue Kavalergardskaya. Après une poignée de minutes, ils s'arrêtèrent devant un immeuble ancien et Dimitri considéra l'édifice avec intensité, déshabillant du regard son corps délabré. Des morceaux de balcons et de bas-reliefs avaient déserté leurs hôtes, tout comme plusieurs pans de la façade aux teintes saumonées, dévoilant une chair plâtreuse.

— Je me demande si je ne suis pas déjà venu ici, murmura Dimitri, plus à lui-même qu'à Vitya.

Ils s'engouffrèrent dans l'entrée garnie de boîtes aux lettres éventrées et grimpèrent les trois étages poussiéreux. La porte épaisse, renforcée d'acier, s'ouvrit sur une obscurité totale.

— Je suis passé hier pour jeter un œil et vérifier l'électricité. Tout fonctionne, mais il manque des ampoules. Enfin, pour ce soir ça ira.

Vitya alluma et, sans répondre, Dimitri le suivit à l'intérieur. Comme en témoignait l'architecture, c'était un authentique appartement bourgeois devenu une *kommounalka* après la Révolution, comme tous ses congénères. Il occupait la moitié de l'étage et comportait une dizaine de pièces articulées autour de deux couloirs perpendiculaires. Le vestibule donnait accès à quatre portes. La première, sur la gauche, débouchait sur les anciennes chambres des domestiques, ainsi que sur un passage vers la cuisine. La deuxième, en face de l'entrée, haute et à doubles battants sculptés, s'ouvrait sur un couloir conduisant vers l'intérieur du logement. La troisième, juste à côté, menait vers ce qui autrefois servait de petit salon pour recevoir les visiteurs. La dernière, tout à droite, donnait accès à une pièce étroite, certainement utilisée comme vestiaire ou débarras, et c'est là que Dimitri décida de commencer sa visite.

— Comme le reste du lieu, expliqua Vitya, cette pièce a été vidée, mais rien n'a été refait. Tu le vois, il y a du boulot, surtout avec le papier peint.

Dimitri referma la porte et poursuivit son examen, estimant avec Vitya les travaux, le temps nécessaire et le résultat visé, puis ils s'installèrent sur le canapé pour un café soluble, sans sucre, dans de petits verres ébréchés.

— En tout cas, déclara Vitya, tu m'as l'air conquis.

— Absolument. C'est exactement ce dont j'avais besoin en ce moment, un espace comme celui-ci. En plus, il y a déjà la gazinière, le lit, tout ce qu'il faut pour emménager, je n'aurais pas pu rêver mieux.

— Oui, enfin, c'est vraiment rudimentaire. Il va falloir que tu t'organises pour être plus confortable.

— Tu rigoles ? J'ai tout ce qu'il me faut. Je vais installer mon atelier ici, au salon, dans la chambre juste à côté je vais mettre mon lit, et je vais rénover le reste petit à petit en commençant par la partie du fond. J'utiliserai peut-être une autre pièce pour stocker des tableaux aussi.

— J'aimerais bien voir les changements au fur et à mesure, mais à mon avis ce sera difficile de me libérer ces prochains temps…

— Tu retournes à Paris ?

— En novembre seulement, mais j'ai surtout pas mal de boulot à Moscou avant.

— Alors, tu vas revoir ta Française. Comment est-ce qu'elle s'appelle d'ailleurs ?

— Éva.

— Yeva ?

— Non, ça ne se prononce pas comme en russe.

— Et pourquoi pas ? Ça lui plairait peut-être de le savoir. Elle ne parle pas russe ?

— Pas vraiment, mais elle est passionnée par la Russie, si c'est pas une chance ça ! Elle écrit même un roman historique qui se passe dans le Caucase, une sorte de journal intime, je crois, enfin je n'ai pas tout compris de son projet, mais ça a l'air bien.

Vitya attrapa son paquet de cigarettes et en alluma une en tirant avec force. La première bouffée recrachée, il continua :

— Tu sais, quand je dis « l'avoir », ce n'est pas juste pour un soir, c'est pour le plus longtemps possible. Au mieux, toute la vie…

Dimitri resta interdit.

— Je ne t'ai jamais entendu dire une chose pareille.

— Et moi, je n'ai jamais ressenti ça…

— Si elle compte tant pour toi, à mon avis, tu ne devrais pas essayer de lui plaire à tout prix.

— Quoi ? C'est absurde, au contraire, il faut que je lui plaise !

— Oui, mais étant donné sa personnalité un peu sauvage, c'est possible que ça l'étouffe si elle sent que tu es dans l'attente d'une ouverture. Sois toi-même, tu verras bien, et apprends à la connaître mieux. C'est bien beau de vouloir être avec elle toute ta vie, mais peut-être qu'une fois passé l'émerveillement, tu te rendras compte qu'elle ne te convient pas tant que ça, ou qu'elle est invivable !

— Tu ne la connais pas. Elle est parfaite, tu m'entends ? Par-faite. Et moi, j'ai intérêt à être parfait aussi…

Deux heures plus tard, Dimitri tenait au creux de sa main les clés de son nouveau logement. Dans la plus petite pièce, près de l'entrée, des pages de journaux jaunies s'envolaient sous ses pas et le papier peint s'enfuyait des murs. Dimitri observa le plafond, puis se rapprocha de la cloison de droite. Il posa la paume contre la paroi et en parcourut les aspérités. À ce contact, un frisson agita son dos et remonta le long de sa colonne jusqu'à enserrer sa nuque. Comme s'il s'était brûlé soudain, Dimitri retira sa main et sortit en hâte de la pièce.

La nuit suivante, c'est ce même frisson glacé qui le réveilla en sursaut, le laissant essoufflé et transpirant. Il s'assit et alluma. Voulant saisir son paquet de tabac, il grimaça de douleur et porta sa main à son épaule.

Kislovodsk, septembre 1916

Je remonte le boulevard dans la fraîcheur du soir qui enveloppe les passants. De loin, j'entends crier mon nom et me retourne pour voir le cadet Pétrov qui accourt vers moi. Il a maigri, encore. Ses pommettes saillent sous la peau. Son sourire a perdu trois dents. Je n'aurais pas cru qu'il passerait l'hiver. Il m'explique qu'il est en permission. Sa sœur, sa seule famille, habite ici. Il y retourne dans cinq jours. Il n'ajoute rien, mais je vois dans ses yeux. Il a peur. La peur de ceux qui savent. Et puis, comme pour se rassurer, il bafouille, mi-rieur :

— Au moins, avec ce soleil on n'a pas froid, vrai !

Il baisse les yeux, son sourire reste planté là. Il ricane et renifle avec bruit. Il délire, comme tous les autres, comme moi, alors je me tais, je garde mes mots. Je pose ma main sur son épaule et il lève son regard de gamin vers moi. Pas sûr que je sois plus vieux que lui, mais je l'impressionne. Vrai, il me voit comme l'exemple même du courage. Foutaises ! C'est l'effet que cela fait à ceux qui étaient là, ceux qui m'ont vu. Sauf que ça n'était pas du courage, c'était du suicide.

On est tous morts sur ce front, d'une manière ou d'une autre, pour cette chimère de guerre qu'on nous dresse à vénérer.

— Allez, mon gars, je lui dis. Viens, on va boire un coup, manger un bout. Ça nous fera du bien.

Et je l'emmène, mon bras sur ses épaules, et ma peine au cœur.

Je ressors du troquet l'esprit embrumé de vapeurs. La nuit est tombée. J'ai laissé le cadet à ses dérives alcoolisées. Je n'ai pas eu la force de continuer à le regarder se réduire sous le poids des jours qui le rapprochent d'Horreur. Non, vraiment, pas eu la force.

Ma canne claque dans le silence des rues, mais la nuit est encore jeune. Je claudique vers la pension, je ne marche pas droit, je trébuche. Ma patte folle fait son cirque. Je sens venir le sol et je m'écrase tête la première sur le pavé. Je roule sur le dos, grogne et tâte mon visage. L'arcade et le nez pissent rouge. Sûrement encore cassé, tant pis. J'étends mes jambes comme un gosse, tendues devant moi, et j'attends. Je suis démuni, stupide, futile. Je lape le sang chaud qui coule, j'ai envie de pleurer. Je pleure. Le sang et le sel se mêlent pendant que je sanglote. Je suis fatigué. Je voudrais rentrer à la maison, mais je n'en ai jamais eu. Et là, j'aimerais que tout s'arrête simplement. Mais il faut se relever, il faut continuer. Alors je me relève, alors je continue.

Je me traîne à la pension et j'arrive pendant que la vieille Matriona gronde encore un des gosses.

— Mais laisse-les donc ! que je lui lance, la bouche pâteuse et la gueule barbouillée de sang séché.

Elle me jette un œil torve et je décampe sans demander mon reste. Je monte les escaliers, grimace. Une marche, deux marches, trois marches…

Dans le couloir décrépi je croise la veuve Korvski, toujours aussi laide de son chagrin. Voilà donc à quoi ressemble la misère de celles qui nous attendent en vain. Et le petit, pendu à ses jupons crottés, la morve au nez. Lui aussi, elle pourra le regarder se faire engager, pour la patrie, et puis le pleurer avec fierté. À six ans pas tassés, il grogne déjà qu'il vengera son héros de père.

Il a une fascination pour mes cicatrices. Je ne peux pas l'en blâmer, c'est qu'un gosse, mais je dois faire peur ce soir avec ma gueule cassée. La mère le gronde, mais elle non plus ne peut s'empêcher de me dévisager. Dans mon dos, j'entends le gamin qui demande si Papa aussi ressemble à un vrai guerrier comme moi. Je n'écoute pas la réponse et claudique jusqu'à ma chambre.

Porte refermée, je plonge ma face dans l'eau noire de mes pensées. Je m'essuie avec mon vieux chiffon, tâte la plaie. Rien de fâcheux, juste une balafre de plus. J'avale une rasade d'eau-de-vie et j'en verse un peu sur le tissu que je m'applique sur l'arcade. Puis je pose enfin ma canne et je m'affale sur le lit. La chambre tangue, le matelas aspire. J'attrape mon tabac et me roule une cigarette. Une bouffée et je tousse, crache. Qu'importe, je tire une autre bouffée et tousse encore. Les ressorts percent mon dos maigre. J'accroche mes yeux au plafond. Polina est toujours là, elle danse, elle ondule, elle s'évapore. Je me laisse emporter.

Trois coups à la porte et la tête de Mitia apparaît dans l'embrasure. Il a bonne mine, ses yeux pétillent d'un fond d'alcool, il est joyeux. Dire que ce vieux bougre s'est marié il y a un an et que le premier marmot est déjà en train de téter le sein. Un fils, Mitia est content, moi je ne le serais pas. Pas si c'est pour le voir s'enrôler et crever en même temps que sa puberté.

Je l'invite à s'asseoir.

— Bon, c'est quand qu'tu viens à la maison, hein ? Tu te feras ton trou dans un coin. Nous, on aurait bien besoin de quelqu'un pour nous filer un coup de main avec les gamins, et puis moi surtout de bons bras pour l'atelier. Je suis sûr que t'y serais bien, dans notre patelin, et peut-être même que t'y trouverais une gentille bonne femme…

Je lui jette un regard de biais. Il y croit, ce drôle de Mitia, mais je secoue la tête.

— Je ne t'ai pas dit ? Je pars à Petrograd dans deux jours, des affaires m'y attendent. Je pense y rester au moins jusqu'au printemps prochain… Et pour ce qui est d'une femme, la seule qui partagera mes nuits sera celle qui habite mes rêves, et elle n'existe pas dans cette réalité. D'ailleurs, si c'était le cas, comment veux-tu qu'elle puisse m'aimer ?

Mitia fait la moue. Mon aigreur agresse son bonheur et je m'en veux. C'est un bon gars.

— Si tu crois que c'est ta caboche qui va les faire fuir, tu te goures. Tu te crois affreux, hein ? Regarde ma tronche, tu crois qu'je suis un cadeau ? Qui aurait pu vouloir de moi, tu me dis ? Et v'là que je l'ai trouvée ! Tu sais, mon Anya, c'était peut-être pas la déesse de mes rêves, comptant que c'est plus une jeune fille aussi, tu vois, mais ma foi sans ses petites mains pour panser mes plaies, j'sais pas ce que j'serais devenu. Et c'est une comme ça qu'y te faut à toi aussi… Dieu m'est témoin, tu le mérites plus que moi.

Je grommelle, ça m'échauffe quand il s'embarque sur ce sujet-là et il le sait. Alors il fait diversion et sort une bouteille d'alcool de prune et des gâteaux au gingembre de sa besace. Son Anya le soigne bien. Il se lève pour prendre des verres en ajoutant à voix basse :

— Je serais en train de pourrir sur les berges de la Dvina si t'avais pas été là. Nous tous…

Je soupire.

— Mitia…

— Quoi, Mitia, hein ? C'est pour me répéter que c'était rien, c'est ça ?

Il se retourne, contrarié. Je sais qu'il s'apprête à s'enflammer et je le laisse faire, tant pis.

— On te doit tous la vie, tu comprends ça ? Tout le régiment. Faudra que tu l'acceptes un jour. T'as foutu en l'air leur défense avec trois putain de grenades improvisées, et t'appelles ça rien ? Quelques heures de plus et on serrait tous la Faucheuse dans nos bras ! Ils tenaient le terrain, on était faits comme des rats, et toi… Tu sais quoi, je me fiche que t'aies voulu crever. Tu t'es pas vu là-bas quand tu t'es jeté dans le bouillon, hurlant comme un damné sous la mitraille…

Il remplit nos deux verres à ras bord et trinque cul-sec.

— Un beau diable que t'étais ! Pas une balle qui t'a touché et tu me dis que c'est pas un foutu miracle.

Il s'allume une cigarette et m'en tend une. Hochant la tête avec sérieux, yeux baissés, il continue :

— Tu veux toujours pas l'admettre, hein ? Ben moi, j'vais te dire. Notre courage, c'était le tien. Notre force ? La tienne. Et que tu le veuilles ou non, c'est grâce à toi qu'on a mis une foutue raclée à ces crevures germaniques.

Je n'ai pas envie de répondre, je le fixe. Il baisse le ton, scrute ma balafre sans discrétion.

— Après c'est vrai, hein, tes grenades, elles t'ont pas raté. Mais t'aurais dû être mort, vu ? Et pourtant t'es encore là. Alors moi, j'sais pas si c'est le démon qui t'habitait, mais j'dis que c'est la main de Dieu qui t'a sauvé.

Non, ça, c'est trop.

— La main de Dieu !? La main de… bordel ! Tu sais ce que je lui ferais, moi, à la main de Dieu, hein ? Je la couperais, si seulement il en avait une, puis je la boufferais, tiens ! Ton Dieu, c'est un enfoiré de putain de mirage ! Et je peux te dire que s'il y en a vraiment un qui existe, là-haut perché sur son foutu cul céleste, c'est pas lui qui m'a sauvé. C'est lui qui m'a condamné, qui nous a tous condamnés.

Mitia ne répond rien, il grince des dents. Il n'aime pas quand j'insulte son cher et tendre. Son Tout-Puissant qui lui permet de croire que tout ceci a un sens plus grand. Un sens caché à nous autres, ignorants mortels que nous sommes.

Je me tais et je prends un gâteau. Le gingembre agite mes papilles. Je ferme les yeux, je savoure. Ne plus penser. Finalement, je lâche, coupable de mon emportement :

— Tu remercieras Anya pour moi, ses gâteaux sont délicieux.

12

Imperceptiblement, sa mâchoire se contracta

DIMITRI AVAIT INVESTI LES QUARTIERS des domestiques. Ses tableaux et tout son matériel l'avaient rejoint à l'appartement en un rien de temps et, lorsqu'il ne se concentrait pas sur les travaux, il peignait jusque tard dans la nuit. Des ébauches à l'acrylique, sur papier, séchaient suspendues par des pinces à linge aux ficelles traversant son atelier. Le réalisme et les détails étaient déjà frappants, mais sur chacune de ces tentatives apparaissait le même problème. Les personnages et les décors, disproportionnés, étouffaient et débordaient, s'échappant de la toile, exigeant un plus grand espace pour s'épanouir avec harmonie.

Installé devant son chevalet, Dimitri fixait son ouvrage d'un œil morne, pinceau en l'air, figé dans son élan. Soupirant, il passa une main dans ses cheveux roux, décoiffés, et en saisit la racine. Son bras ainsi relevé mettait en valeur le galbe de son épaule. Imperceptiblement, sa mâchoire se contracta.

— Ça ne va pas. Ça ne fonctionne toujours pas… C'est trop petit.

Laissant échapper un râle, il écrasa sa cigarette dans le cendrier déjà débordant, déposa son pinceau et se traîna jusqu'au vestibule. Après avoir revêtu son long manteau noir en laine et ses bottes en cuir, il vissa sa casquette sur sa tête et sortit en claquant la porte.

Arrivé place Vosstaniya, aussi connue comme la place de l'Insurrection, il entreprit d'en faire le tour, carnet en main, s'arrêtant à des positions stratégiques pour réaliser ses croquis. La gare de Moscou, son horloge et ses arcades veillaient sur ses voyageurs et le flux incessant de voitures, allant du 4 X 4 rutilant à la mythique et traditionnellement poussiéreuse Lada. Tout ce manège polluant gravitait autour de l'obélisque et son étoile dorée, érigé en l'honneur des héros du siège de Leningrad. Ici se croisaient l'interminable perspective Nevski et l'avenue Ligovski, le tout enlacé par les hauts bâtiments en arc de cercle clignotants d'enseignes et garnis de boutiques, cafés et restaurants. Dans un angle de la place, le pavillon monumental de la station de métro avait remplacé l'église néoclassique d'autrefois.

Jaugeant, évaluant, Dimitri affichait un air perplexe et passablement agacé alors qu'il changeait encore une fois de posture. Il sembla cependant trouver, après nombre de tergiversations, un endroit qui lui convenait. Il y demeura durant plus de quinze minutes, s'accroupissant à plusieurs reprises afin, vraisemblablement, de dénicher l'angle de vue idéal.

À son retour, il se rendit à la cuisine d'un pas preste. Le sol était couvert d'un lino sale et usé, et de trop nombreuses années de cuisson avaient eu raison de la blancheur des murs. Cette pièce, à elle seule, lui promettait déjà de longues journées de labeur. Il craqua une allumette et s'abîma dans la contemplation des flammes bleutées qui léchaient la bouilloire. Quand elle siffla, il la retira du feu et versa l'eau dans la vieille théière en émail vermillon. Il y jeta quelques feuilles de thé noir, referma le couvercle, et remit de l'eau dans la casserole. Il y fit cuire un mélange de sarrasin et millet pendant qu'il coupait oignon, ail, aneth et carottes, puis mélangea le tout dans une poêle et assaisonna. Quand le repas fut prêt, il se prépara une assiette bossue agrémentée d'une épaisse cuillerée de *smetana*, cette crème fraîche aigre typique, et emporta son festin à l'atelier. Comme dans toutes les autres pièces, les plafonds moulés étaient hauts et des lambeaux de papier peint décoloré se détachaient des murs, laissant apparaître des couches disparates de peinture ; beige sale, rouge sombre, vert olive, les couleurs se partageaient les espaces dénudés sans aucune loi. Au sol, un parquet aux planches larges et brunes prouvait encore et toujours sa solidité face aux années qui l'avaient patiné.

Dimitri posa assiette et théière, retourna prendre une tasse, du lait et du sucre, et le tas de vêtements affalé sur le canapé en velours jaune s'envola sur le fauteuil d'à côté. Sur la cantine en fer reconvertie en table basse, un ordinateur portable relié à une enceinte diffusait les accords de *Child in Time* de Deep Purple. Dimitri s'installa sur les coussins mous, se roula une cigarette, remplit sa tasse, dont l'intérieur était couvert d'un dépôt opaque, puis se laissa aller contre le dossier et étendit ses jambes sur la table.

En face de lui s'alignaient plusieurs rangées de toiles de toutes tailles et il balada ses yeux de l'une à l'autre, sourcils froncés. Il se mordit les lèvres, tira une bouffée et, tout en recrachant la fumée par les narines, avala une gorgée de thé. Son regard s'accrocha sur un pan de mur, vide celui-ci. Une poignée de minutes s'écoula avant qu'il ne se redresse vivement pour disparaître dans sa chambre. Quand il revint, ses bras enserraient un drap blanc roulé en boule. Il ramena l'escabeau jusqu'au mur, fourragea dans la caisse à outils, y dénicha plusieurs clous, un marteau et fixa le drap, bien tendu. Lorsqu'il recula de quelques pas, celui-ci couvrait un large espace et retombait à un mètre du sol. Sur le visage de Dimitri flottait un sourire et, au fond de ses prunelles, brillait une étincelle.

— C'est parfait.

Il installa confortablement son matériel à côté de lui, saisit un morceau de crayon brut, en affûta l'extrémité avec un petit couteau, puis ferma les yeux face à sa toile improvisée. Aucune expression ne troublait ses traits fins. Quand il réapparut, son regard était ferme, décidé. Dimitri s'approcha plus près et parcourut la surface de ses doigts. Il traça une ligne horizontale à hauteur de ses yeux d'un bout à l'autre, puis esquissa les contours flous de sa future œuvre. Malgré son mètre quatre-vingt approximatif, Dimitri fut forcé de grimper sur l'escabeau afin d'atteindre certaines zones. Rapidement, un décor s'anima. Sur les bords, deux rangées d'immeubles imposants surplombaient un large boulevard où des silhouettes fantomatiques apparaissaient à distances variables. L'une d'elles, au premier plan, était presque de taille humaine.

La sonnerie de l'entrée le fit sursauter. Dimitri posa son crayon et s'essuya les mains sur son pantalon. Il avala le couloir à grandes enjambées et l'épais battant de la porte d'entrée s'ouvrit sur le sourire de Vitya.

— J'ai essayé de t'appeler pour te prévenir que j'allais passer, mais ton téléphone est éteint. Je ne te dérange pas ?

— Si, enfin non..., un peu, mais ne t'inquiète pas ; j'étais juste en train de peindre.

Dimitri se racla la gorge.

— Mais viens, viens, entre. Je pensais que tu étais à Moscou, ou Paris, je sais plus. Tu m'as donné les clés il y a quoi, trois semaines ? J'ai plus la notion du temps depuis que je suis ici.

Il ferma la porte et lança à son ami, qui se baissait pour retirer ses chaussures :

— Garde-les, le sol est sale et je n'ai pas d'autres chaussons que les miens. Mais promis, je t'en achèterai pour ta prochaine visite.

Entrant à la suite de Dimitri dans l'atelier, Vitya retroussa ses narines et fronça les sourcils. Une odeur entêtante, mélange de solvant, térébenthine, peinture fraîche et de tabac froid, flottait dans l'air. Après avoir jeté un rapide regard à ce qui l'entourait, Vitya cibla le drap où se dessinait l'œuvre à naître.

— C'est grand !

Dimitri se plaça à son côté, bras croisés, couvant sa création d'un œil paternel.

— Oui, et c'est ça qu'il me manquait : de l'espace. D'ailleurs, même là ce n'est pas encore assez grand pour moi. Idéalement, il me faudrait trois mètres sur quatre...

— Mais c'est immense !

— C'est vrai, mais quand je vois mon futur tableau dans ma tête, c'est comme si j'y étais, et donc ce que je peins doit être à échelle humaine. Ça me paraît évident maintenant que je le dis, mais j'ai mis un moment avant de trouver cette solution. La preuve...

D'un geste ample, il désigna l'amoncellement de ses tentatives avortées.

— Et pourquoi est-ce que tu n'en achètes pas une de la taille exacte dont tu as besoin ?

— J'ai eu le déclic seulement aujourd'hui, alors j'ai pris ce que j'avais sous la main. Le drap c'est juste pour faire un essai, je vais monter moi-même les toiles à la dimension qui me convient. Ça va coûter un peu cher, mais ce n'est pas très compliqué.

Sur ces paroles, Dimitri s'éclipsa pour mettre la bouilloire à chauffer et Vitya reporta son attention sur le futur tableau dont le réalisme des premières esquisses était déjà troublant. Pendant que le thé infusait, Dimitri montra ses nombreuses ébauches à son ami. Manipulant l'une des toiles entre ses mains, la détaillant tantôt de près ou l'éloignant d'un air sérieux et connaisseur, Vitya déclara :

— En tout cas, c'est sûr, une fois fini ça va être grandiose...

— J'espère, mais par contre pour la peinture je vais galérer. J'ai presque tout utilisé déjà et les sous ne vont pas rentrer tout de suite.

— Écoute... moi, je te les achète. La peinture, les toiles, tout ce dont tu as besoin pour créer...

Les yeux de Dimitri s'arrondirent, il entrouvrit la bouche, la referma, puis finalement déclara :

— Merci, c'est sympa, mais je ne sais pas si…

— Et moi, le coupa Vitya, je sais que c'est important pour toi et que t'en as vraiment besoin. Pense à ton travail, tu ne crois pas que ça mérite d'avoir du bon matériel ? Pour l'instant, j'ai les moyens, alors profites-en. Et comme ça, je pourrai t'extorquer des sous en toute légitimité quand tu seras riche et célèbre !

— Oui, d'accord, mais…

— Pas de mais, je ne te laisse pas le choix. Je te connais trop bien pour savoir que si je ne t'oblige pas, tu n'accepteras jamais. Alors, c'est d'accord ? Je te donne du liquide et tu iras faire ton shopping ?

Dimitri acquiesça d'un sourire résigné et dévia la conversation.

— Au fait, ça te plaît ton travail à Paris ? Je croyais que tu voulais te diriger plutôt vers la traduction littéraire, les lettres ? Faire interprète pour l'entreprise de ton père, enfin de ton demi-frère, ce n'était pas vraiment ton plan au départ, non ?

— C'est vrai, mais le boulot rapporte bien et ça me permet de retourner à Paris, même si pour l'instant c'est que quelques jours. J'ai la chance d'avoir la nationalité française, alors autant en profiter. En ce moment il y a de grosses transactions en jeu et donc beaucoup de choses intéressantes à faire et à apprendre. C'est super pour mon expérience professionnelle…

— C'est bien de voir les points positifs, avança Dimitri, mais si tu ne fais pas vraiment ce qui te plaît, est-ce que ça vaut le coup ?

— Mais je fais ce que j'aime, objecta Vitya. Gagner de l'argent !

Son rire franc résonna contre les murs de la pièce.

— Non, mais sérieusement, ajouta-t-il, j'aime avoir de l'argent parce qu'avec je peux me faire plaisir. Je m'offre des cadeaux, j'économise pour voyager… Je t'achète de la peinture !

Il décocha un clin d'œil à Dimitri.

— Franchement, Dima, je ne sais pas pourquoi tu bloques toujours autant sur les sous. Il n'y a rien de mal à bien gagner sa vie, au contraire.

— Oui, mais ça dépend de quelle manière on la gagne, cette vie.

— C'est-à-dire ?

— À mes yeux l'argent est trop immatériel pour qu'on y consacre autant d'énergie. Il coûte beaucoup trop cher pour ce qu'il vaut réellement, surtout pour le temps que tu passes à l'amasser. Alors si en plus tu ne fais pas une activité qui t'épanouit, c'est juste de l'esclavage avec une maigre carotte quelques semaines par an, et encore… Les plaisirs que tu t'offres avec ton salaire durement gagné ne sont que des besoins créés de toutes pièces par la société qui veut te les vendre.

— Peut-être, mais moi ça me convient très bien comme ça, et surtout je n'ai pas envie de me prendre la tête.

— Essayer de faire un truc qui te plaît, de comprendre cette société qui contrôle nos vies, ça te prend la tête ?

— Non, mais toi tu te tortures avec des tonnes de questions, et je suis pas sûr que ça te fasse du bien. J'ai un travail, je gagne de l'argent, ce n'est pas trop désagréable, et basta, ça me va. Je ne vois pas pourquoi je devrais aller creuser, chercher toujours plus. De toute façon, c'est juste un boulot. Personne n'a dit que bosser c'était pour le plaisir. Ce n'est pas parce que je ne fais pas LE métier de mes rêves que je passe à côté de moi-même, de ma vie ou que je ne suis pas heureux !

— Oui, concéda Dimitri. L'important c'est que tu te sentes satisfait…

Il tira une bouffée de tabac.

— Je suis juste surpris. C'est tellement vital pour moi de faire quelque chose qui me passionne que je ne peux pas imaginer ma vie autrement. Ça exige une bonne dose de motivation, c'est vrai, il faut s'accrocher, persévérer et y croire, comme pour tout, mais le jeu en vaut la chandelle. Ça demande de se regarder bien en face, tous les jours, et de prendre la responsabilité de sa propre existence. Là, il ne s'agit pas de jouer le gentil mouton et de suivre le troupeau. C'est pas toujours facile, mais selon moi c'est la meilleure solution si on veut être en accord avec soi. Se distinguer des autres et découvrir qui on est, loin du tumulte de la foule. Les Grecs antiques l'ont fait graver sur un temple : « Connais toi toi-même. » Eux, mais aussi les bouddhistes et d'autres, ils avaient bien compris que toute action devait commencer par là… Sauf qu'à mon avis le disque est rayé, ça fait plus de deux mille ans qu'il tourne et je ne suis pas sûr que l'humain soit un grand mélomane de sa musique intérieure.

Déviant son regard par la fenêtre, Dimitri considéra la rue d'un œil morose. Une fine couche de saleté recouvrait les voitures et le ciel sombre s'écrasait sur la ville étouffée de gris.

— J'aime cet appartement, mais la datcha me manque déjà. Je crois que la ville n'est pas pour moi. Je déprime quand je suis ici, j'erre dans les rues… « Il y a peu d'endroits où vous trouverez autant d'influences sombres, dures et étranges sur l'âme d'un homme qu'à Saint-Pétersbourg. » Ce Dostoïevski, il a tout compris…

— C'est la grisaille qui fait ça à tout le monde, relativisa Vitya, et puis c'est surtout l'appartement qui craint.

Il balaya la pièce d'un regard désapprobateur.

— Honnêtement, je ne sais pas comment tu fais. Moi, je ne supporterais pas ces conditions. Même le canapé on dirait qu'il a cent ans !

— Je trouve qu'il est très bien, cet appart, malgré les travaux. J'ai de la place et de quoi peindre, une cuisine, de la *kacha*, un lit, de la musique… J'ai même l'électricité, le chauffage et l'eau courante, le luxe ! Et puis, surtout, le plus important, j'ai l'inspiration.

— Magnifique alors, mais n'oublie quand même pas de faire les travaux, hein ?

— Ne t'inquiète pas pour ça.

La nuit même, vers trois heures du matin, Dimitri retourna sur la place Vosstaniya et recommença le même manège, mais cette fois-ci en se tenant à différents endroits au milieu du carrefour désert, s'écartant lorsqu'une voiture solitaire montrait le bout de ses phares. Son repérage achevé, il ne rentra pas aussitôt chez lui et prolongea vers le jardin de Tauride et son petit palais. Le portail en fer forgé était verrouillé d'une épaisse chaîne, mais cela n'arrêta pas Dimitri, visiblement habitué, qui d'un mouvement agile se hissa de l'autre côté. Il arpenta les allées courbées, longea le petit étang, médita sur un banc, s'accouda au pont en bois bombé qui enjambait l'un des bras du plan d'eau, puis rentra se coucher en bâillant, l'œil absent.

13

Notre envol est indomptable

DANS LA PLUS PETITE CHAMBRE du vestibule, sur fond de chants révolutionnaires qu'il fredonnait dans sa barbe, Dimitri arracha un épais morceau de papier peint récalcitrant. Grognant, il s'éclipsa dans l'autre pièce pour en revenir muni d'une spatule en Inox et d'une bassine d'eau chaude où flottait une éponge. Après quelques minutes, la zone céda et un large pan se détacha. Dessous, une nouvelle couche narguait les audacieux. Dimitri attaqua de plus belle et la partie du champ de bataille défriché dévoila une inscription délavée. Le texte n'était pas très long et Dimitri le déchiffra à voix haute :

— « Amour, n'aie ni peur ni doute, car notre envol est indomptable. Aucune chaîne, aucune mort ne le soumettra à son joug insatiable. Un jour nous verra réunis, où demain est éternel et où hier n'a de fin, car ils sont aujourd'hui pour toujours. Ce jour sera l'aube, le premier battement de notre éternité. »

Dimitri se laissa glisser au sol, face au texte, et caressa l'écriture fine et penchée. D'abord hésitant, son ton se modula, s'harmonisa au rythme des mots, les faisant rouler sur sa langue, alors qu'il lisait et relisait inlassablement le poème. Sa voix devint un murmure. Fermant les yeux, il continua sa litanie, le visage empreint de recueillement, la paume posée contre l'inscription, jusqu'à ce que la réalité se rappelle soudain à lui. Comme si le mur l'avait brûlé, il retira sa main. Chancelant, il sortit de la pièce sans un regard en arrière.

Il s'affala sur le canapé, passa un bras sous sa nuque, et ses paupières s'alourdirent. Son sommeil l'agita de spasmes, il gémit, chassa une mouche imaginaire, se retourna mille fois, puis se réveilla en sursaut. Fébrile, le cœur battant, il se réconforta sous une douche brûlante, puis installa son tabouret face à l'immense toile montée la veille, sur laquelle s'étendait déjà le croquis de la première fresque. Autour de lui étaient éparpillées ses récentes emplettes et contre le mur reposait un grand rouleau de tissu épais destiné aux futures créations. Saisissant une longue tige, il mesura les dimensions et les différents points de fuite avant d'apposer ses repères au crayon. La perspective et la structure définies, il esquissa, la mine légère, silhouettes et bâtiments, respectant scrupuleusement les proportions à échelle humaine.

Alors que l'aube blanchissait les nuages, Dimitri reposa son crayon et recula, embrassant ainsi sa fresque d'un regard plein. Le poignet tremblant, engourdi, il peaufina au graphite les derniers détails de composition, passa un chiffon doux afin de retirer les résidus de poudre et concocta le jus nécessaire à l'application de la couche préparatoire. Dans un godet, il dilua la peinture à l'huile avec l'essence de térébenthine, utilisant un ocre clair dans le but de conserver un fond neutre, et l'étendit avec méthode sur l'ensemble de la surface à l'aide d'un gros pinceau brosse. Forcé d'attendre le séchage, il s'étendit sur son lit et s'endormit, bercé par Rachmaninov.

Son propre cri le réveilla alors que le jour s'éteignait sur les toits de Saint-Pétersbourg. Sa respiration saccadée peinait à retrouver son rythme et sa nuque se couvrait d'une sueur froide et collante. Portant la main à son épaule, Dimitri s'étira avec raideur. La sonnerie stridente de son téléphone acheva de l'extirper de sa torpeur. D'une voix pâteuse, il décrocha :

— Allô ? Ah, Lyosha, *da, da,* je viens. *Da, ya panimaiou,* t'inquiète pas, je serai à l'heure.

Dimitri alluma son ordinateur et se prépara une tasse de pu-erh revigorant. Trouble et sommeil dissipés, il s'attela à son œuvre, trop impatiente de recevoir ses premières couleurs. Il commença par des teintes diluées, destinées à habiller le fond, à souligner les formes à venir sans toutefois couvrir totalement les traits fins du crayon. Grâce à l'axe de vue horizontal, à hauteur d'un homme comme Dimitri, et à la dimension spectaculaire de la toile, l'immersion devenait étourdissante. La foule considérable qui peuplait le tableau, ainsi que les habits et le décor, malgré l'absence de couleur, ne laissaient aucun doute quant à l'événement historique représenté. Armé de pancartes et de drapeaux, certains perchés sur les épaules des autres, les poings levés, le peuple déclarait sa révolution sur la place Vosstaniya, anciennement Znamenskaya. Au loin, fuyant en biais vers la gauche, noire de monde, s'étirait la célèbre et imposante avenue Nevski. Sur la droite, derrière les quelques tramways encore debout, se dressaient les dômes pointus de l'église du même nom que sa place, attendant patiemment que Dimitri les orne de leur parure dorée. En face, dispersés et aux abois, des cosaques à cheval tentaient vainement de rétablir un semblant d'ordre.

Aidé par la taille de la toile qui permettait de laisser sécher une partie en travaillant sur une autre, Dimitri offrit à son œuvre sa première couche de vie et de couleur. Il jaugea son ouvrage d'un œil satisfait et croisa les bras sur sa poitrine. Se tournant vers la prochaine toile déjà montée, il se gratta la barbe, pencha la tête d'un côté puis de l'autre, et finalement posa son pinceau, nettoya son matériel et fila sous la douche.

Vingt minutes plus tard, il sortait de chez lui d'un pas preste. Il s'acheta un sachet de graines de tournesol à décortiquer, prit le métro place Tchernychevskaïa, changea à Vladimirskaya, retrouva l'air frais place Senaya et grimpa dans un tramway jusqu'au square Repina.

L'immeuble orangé devant lequel Dimitri s'arrêta portait l'enseigne d'un *banya*, et c'est à cet étage qu'il se rendit après avoir traversé une cour intérieure où quelques voitures couvaient sous la poussière pétersbourgeoise. La porte blindée était maintenue ouverte par deux hommes en savates et joggings informes, torse nu et cigarette en bouche. Ils parlaient sport et Dimitri les salua d'un hochement de tête. L'endroit était populaire, mixte et nudiste pour ceux qui le souhaitaient, en somme bien loin des *banya* luxueux fréquentés par les classes aisées et les touristes. L'entrée, les vestiaires et la salle de repos ne formaient qu'une seule et même pièce recouverte d'un carrelage jaune et éclairée par de larges néons blancs. Des rangées de bancs et de portemanteaux s'alignaient et déjà une dizaine de personnes, tous sexes et âges confondus, se dévêtaient de leur peau automnale. Sur la droite, une longue table offrait à volonté des biscuits, des fruits secs, du sucre, deux samovars d'eau chaude et un large choix de thés et de tisanes en vrac.

Le réceptionniste, un jeune homme maigre assis derrière une table en Formica, accueillit Dimitri en habitué des lieux. Sur des étagères derrière lui s'alignait tout le nécessaire pour le *banya* : savates, serviettes, bonnets en feutre pour la chaleur, savons, gommages naturels et surtout *venik*, branches de feuilles séchées de différentes essences, comme le bouleau ou l'eucalyptus qui, une fois assouplies dans l'eau chaude, servaient à fouetter le corps afin de stimuler la sudation et la circulation sanguine. Dimitri en prit deux, puis balaya la partie vestiaire du regard. Venant du fond de la pièce, une voix l'interpella. Un jeune homme d'une trentaine d'années au visage d'éphèbe lui faisait signe depuis un banc. Ses longs cheveux blonds noués en queue-de-cheval tombaient entre ses omoplates et ils s'électrifièrent lorsqu'il retira son sweat-shirt noir à la coupe étrange et futuriste. Il se leva avec un grand sourire pour serrer son ami dans ses bras.

— Vu que tu es le premier, tu vas pouvoir m'aider à installer ! Alyona sera là dans une heure et les autres vont arriver au compte-gouttes d'ici là. J'ai réservé la même pièce que pour la soirée de départ d'Ilya, c'est la plus confortable.

— Parfait, c'est justement pour te filer un coup de main que je suis venu si tôt. Et puis aussi parce que je doute de rester très tard. J'ai perdu l'habitude de côtoyer du monde…

— Eh oui, Dima l'ermite ! T'inquiète, on te connaît tous.

La pièce n'était pas très grande, mais la large table et les bancs en bois blond qui l'entouraient pouvaient accueillir jusqu'à dix personnes. Lyosha y déposa deux sacs et entreprit de sortir le contenu. Guirlandes de lumières, ballons et autres décorations se virent accrochés aux quatre coins de la pièce, égayant l'atmosphère. Plusieurs bouteilles ambrées, sans étiquette, s'alignèrent sur la table.

— C'est le *kvas* à l'argouse de ma *babouchka*, déclara fièrement Lyosha. Le meilleur de toute la Russie, tout droit extrait du cœur de l'Altaï ! Tu l'as encore jamais goûté, non ? Elle m'en donne des litres à chaque fois, mais normalement tout est englouti dans la même semaine.

— Eh bien, je me ferai un plaisir de goûter au *kvas* de ta *babouchka*.

Sur ce, Lyosha leur servit deux verres, ils trinquèrent, puis s'attablèrent pour discuter en attendant l'arrivée des autres. Dimitri complimenta son ami sur la qualité du breuvage, mais refusa le troisième verre que celui-ci lui offrait. Il n'était pas un adepte de l'alcool, bien que le *kvas* soit léger, et surtout il accordait une grande importance au respect du *banya* et de ses règles, qui déconseillaient fortement toute absorption d'alcool durant le processus.

Les invités pointèrent leur nez, les embrassades furent chaleureuses et les dernières nouvelles racontées. L'anniversaire d'Alyona fut célébré autour d'un gâteau décoré d'une danseuse en tutu crémeux et, comme il se doit, Lyosha prononça un discours piquant d'humour qui fit rire l'assemblée et se termina en une salve d'applaudissements et de touchantes embrassades avec sa ballerine bien-aimée.

Par petits groupes, les sept amis alternaient les passages à l'étuve et aux bains. Plus les heures avançaient, plus l'ambiance devenait festive et rigolarde, menant inévitablement vers la conclusion de toute bonne soirée entre amis : des chansons. Le *kvas*, heureusement pour les autres utilisateurs du *banya*, ne provoquait pas chez eux un excès de décibels, mais plutôt une euphorie légère et diffuse.

Trois heures plus tard, rouge et dégoulinant de sueur sous son bonnet de feutre, Dimitri s'extirpa de l'étuve et s'immergea dans le bassin d'eau glacée. Le contraste de température saisit sa peau à vif, fouettant d'un coup sec et mordant cellules et organes. Ragaillardi, il rejoignit ses amis pour déguster une tisane aux herbes.

— Tu as mal à l'épaule ? l'interrogea Daria, une amie d'Alyona. Tu fais une grimace à chaque fois que tu tends le bras gauche…

— Oui, ça fait quelques jours, à force de peindre sûrement. Tu as le sens de l'observation…

— Normal, je suis kiné, c'est mon métier de voir ces choses-là. Si tu veux, je peux te masser un peu. Si c'est une tendinite, il ne faut pas la laisser s'aggraver.

Dimitri accepta de bon cœur et ils s'installèrent dans un coin de la grande salle de bains, légèrement à l'écart des douches et du bassin glacial. Daria le fit asseoir sur une chaise, dossier contre la poitrine, et rembourra celui-ci d'une serviette. Ainsi, c'était plus facile pour elle de mobiliser l'épaule et pour lui de se laisser aller en avant.

— Tu as une belle musculature, mais surtout un sacré paquet de tensions. Tes trapèzes sont en béton et il y a bien quelque chose, là – elle appuya –, par contre ça n'a pas vraiment l'air d'être musculaire, c'est bizarre…

Sous la pression du doigt, Dimitri poussa un grognement de souffrance.

— C'était nécessaire ?

— Disons que j'ai trouvé le point qui pose problème, c'est une bonne nouvelle, mais je ne sais pas encore comment je vais l'amadouer…

Trente minutes plus tard, le visage de Dimitri était plus serein. Il avoua qu'il doutait de voir la douleur disparaître totalement, mais il la remercia pour le soulagement, même temporaire. Il lui confia que depuis deux semaines il dormait mal et se réveillait avec cette souffrance toujours plus violente. Il n'en pouvait plus de ce pic aigu qui lui vrillait l'omoplate. Daria lui conseilla d'attendre de voir les effets de son massage et d'agir en conséquence. Mais si la guérison n'était pas au rendez-vous, alors il vaudrait mieux qu'il se rende chez le médecin, quitte à passer une ou deux radiographies pour voir de quoi il en retournait. Le visage de Dimitri se voila d'une ombre de malaise.

— Tant que ce n'est pas à l'hôpital…

Après son massage, il laissa passer une dizaine de minutes et retourna dans la fournaise pour la véritable expérience : le massage au *venik*, lequel ressemblait plus à une séance de flagellation bouillante qu'à un véritable massage. Néanmoins, les bienfaits physiques et psychiques étaient spectaculaires et sensationnels, surtout couplés avec un bain vigoureux dans un lac gelé ou une joyeuse roulade dans la neige.

— Dima, tu viens avec nous ? On continue chez Pavel et Nikita, leurs colocs ne sont pas là ce soir.

Il refusa poliment, ce qui n'étonna personne, et rentra tranquillement à l'appartement à travers les bruissements de la ville endormie. Bien que ce ne soit pas tout à fait sur son chemin, Dimitri s'égara sur l'esplanade de douze hectares du Champ de Mars jusqu'au mémorial dressé en son centre : un mur carré de blocs de granit rose et gris. À l'intérieur se trouvaient douze plaques commémoratives portant les noms des héros décédés et au milieu, lovée dans un brasero de pierre, l'inlassable danse de la flamme éternelle. Ici, le 23 mars 1917, les premiers corps tombés durant la révolution de Février avaient été inhumés au son de la *Marche funèbre* de Chopin, sous les salves d'honneur tirées de la forteresse Pierre-et-Paul. Depuis, bien d'autres héros et opprimés les avaient rejoints dans les fosses.

Dimitri déchiffra les inscriptions et, sur l'une d'elles, fit le même geste que quand il s'était trouvé face au poème ; il caressa la paroi de marbre frais gravée d'une épitaphe, la lut à voix haute, plusieurs fois, s'y recueillit un moment, puis s'en alla en affichant un visage préoccupé.

De retour chez lui, il enfila une paire de pantoufles moelleuses, se prépara un porridge d'avoine agrémenté de baies fraîches et de noix concassées qu'il engloutit sans attendre qu'il refroidisse et s'étendit dans son lit, cigarette au bec.

14

Saint-Pétersbourg était sa muse

Le ciel s'était teint d'un bleu de Prusse irisé de cobalt. Les nuages moutonnaient, mariage subtil d'un blanc de titane-zinc et d'un noir d'ivoire, et s'étiraient au-dessus de la place au foin en déversant leurs flocons. Roturiers, enfants des rues et paysans, vendeurs ambulants, charrettes, télègues et omnibus à traction hippomobile se partageaient l'espace urbain et boueux. Quatre grands entrepôts, construits à l'époque dans l'espoir de civiliser l'endroit, trônaient au centre de l'indiscipline de ce lieu célèbre pour sa mauvaise réputation. Surgissant derrière le bâtiment de droite, les pointes de l'église de l'Assomption, aujourd'hui disparue dans les cendres de l'ère soviétique, perçaient vers le ciel. Des sillons de terre de Sienne et d'ombre brûlée creusaient l'avenue couverte d'une couche de glace mêlée de crottin et de paille. Les chapeaux, pèlerines, robes et redingotes reflétaient les nuances sombres de la pauvreté des passants, et les six enfants au premier plan dévoilaient la souillure noire de leurs pieds mangés de gangrène à travers les aérations de leurs souliers. Trois d'entre eux, assis dans les tonneaux leur servant d'abri, dévoraient des *pirojki* de leurs bouches avides, gonflant leurs joues roses marbrées de crasse. Un quatrième tendait la main d'un air de défi, à califourchon sur l'un des fûts, tandis qu'un cinquième, debout et adossé au muret, poussait le sixième d'une bourrade dans l'épaule alors qu'il se léchait les doigts. Celui-ci avait, de toute évidence, déjà englouti sa part. À leurs pieds, un bric-à-brac hétéroclite s'entassait et chacune des trois niches était garnie de paille, de tissus et de couvertures aux tonalités vert olivâtre à marron brunâtre. Des rideaux élimés pendouillaient à des clous et les trois entrées s'orientaient vers un brasero de fortune que l'un des garçons accroupis tisonnait en savourant son festin.

Dimitri s'extirpa de sa contemplation et s'étira en bâillant bruyamment.

Après avoir endossé son manteau, il sortit. Une pluie fine lui cinglait le visage et il remonta son col. Les bâtiments, assombris par la lumière froide qui perçait les nuages, demeuraient majestueux et colossaux. À la roulotte derrière la station Tchernychevskaïa, Dimitri fit le plein de *pirojki* encore chauds, fourrés aux pommes de terre, à l'aneth et aux champignons.

Après un passage au jardin de Tauride, il marcha durant plusieurs heures, arpentant le centre-ville, se perdant dans le dédale des cours intérieures, s'arrêtant pour observer et croquer tel ou tel édifice, telle avenue ou tel parc. Écouteurs vissés aux oreilles, il traversa des rues, des boulevards, et surtout les innombrables ponts et canaux à l'origine du surnom de la ville, la Venise du Nord. Parfois, il prenait un café fumant à un kiosque et continuait de flâner en se chauffant les mains.

Saint-Pétersbourg était sa muse, et Dimitri semblait voir où qu'il aille un monde invisible peuplé d'enfants en guenilles, de chevaux, d'ombrelles, de longues robes de soie, et de moujiks tirant des charrues.

Au cours de ses pérégrinations, ses pas le menèrent jusqu'à la vaste et célèbre place du Palais d'Hiver, abritant à présent le mondialement renommé musée de l'Ermitage. L'architecture baroque du palais aux colonnes blanches et aux façades vert d'eau s'harmonisait étonnamment avec le style classique Empire de l'état-major, bâti en arc de cercle face à lui. Au centre de la place pavée luisante de pluie se dressait la colonne en granit rouge d'Alexandre Ier, surmontée d'un ange célébrant sa victoire sur les armées napoléoniennes, son piédestal orné de bas-reliefs, symboles patriotiques de gloire militaire.

Dimitri admira la grandeur à couper le souffle du lieu, songeant à tous les événements s'y étant déroulés, comme un certain Dimanche rouge.

Il longea le palais par la gauche, passa devant la fontaine, traversa la route et, suivant le quai des Anglais, il continua sa promenade d'un pas décidé. Les remous de la Neva reflétaient, rouge et orangé, l'illustre bâtisse des douze collèges de l'université de Saint-Pétersbourg ainsi que leur voisin, l'imposant et baroque palais Menchikov. Un peu plus loin, gardée par deux sphinx statufiés à la posture fière et altière, l'Académie russe des beaux-arts.

En pénétrant dans le bâtiment, Dimitri prit quelques minutes pour admirer la rotonde aux larges colonnes puis, ignorant les deux escaliers en pierre blanche, il déboucha dans la cour intérieure. Les façades l'observèrent tandis que d'un pas vif il parcourut la pelouse le séparant du prochain édifice. Il y entra, traversa un couloir, un autre, monta des escaliers et arpenta un long corridor éclairé par de hautes fenêtres pour finalement parvenir devant la porte d'une salle de cours. Jetant un œil par la lucarne, Dimitri aperçut une dizaine d'étudiants, munis de leurs pinceaux, qui tentaient de donner vie à la toile en face d'eux. Il sourit et s'adossa contre le mur.

Le flot d'élèves tari, Dimitri se glissa à l'intérieur. Un homme robuste d'une cinquantaine d'années s'occupait de ranger les chevalets et d'entreposer consciencieusement les œuvres encore fraîches de peinture. Ses cheveux poivre et sel étaient coiffés en queue-de-cheval, ses lunettes rondes, posées sur son crâne, s'emmêlaient à quelques mèches rebelles et sa barbe grisonnante mangeait son visage jusqu'à ses yeux gris perle. Ses paupières plissées donnaient l'impression qu'au lieu de regarder, il scrutait.

— Professeur Liovkine ?

Il se retourna.

— Dimitri, voilà une belle surprise. Mais dis-moi, depuis quand tu m'appelles par mon nom de famille, mm ? Tu as oublié mon prénom ?

— Non, Oleg, je n'ai pas oublié.

Dimitri sourit et s'avança pour lui serrer la main.

— Ça fait longtemps qu'on ne t'a pas vu par ici, qu'est-ce qui t'amène ?

— J'avais envie de parler un peu avec toi, expliqua Dimitri. J'ai commencé un projet qui me tient à cœur, et j'aurais aimé te montrer mes toiles pour avoir ton avis.

— Ah, oui, avec plaisir. Tu habites où maintenant ?

— Pas loin de Tauride, dans un appartement que je retape pour un ami.

— Bien, bien... Et c'est quoi le sujet de ces nouveaux tableaux ?

— Pour l'instant, je dirais la Révolution russe, du moins cette période, mais je ne sais pas encore vraiment où va me mener mon pinceau.

— Je vois, intéressant... Je n'ai pas beaucoup de temps en ce moment pour passer chez toi, mais vers la fin du mois ça t'irait ?

— Oui, très bien. Et si tu veux venir jeter un œil avant, j'expose mes travaux de l'été dernier à la Mansarde. Le vernissage est vendredi prochain et l'exposition dure jusqu'au 15 novembre. Tu vas être surpris, le thème est plutôt champêtre. Tu sais, les années passant, je glisse vers de plus en plus de réalisme...

— Toi, du réalisme ? J'ai du mal à y croire, même si tu as toujours eu le talent pour.

— Eh bien, il ne te reste plus qu'à venir voir ça par toi-même.

— Et j'y compte bien !

Sur le chemin du retour, Dimitri s'arrêta dans une *stolovaya,* cantine populaire héritée du communisme où se côtoyait à présent une population russe hétéroclite, amatrice d'une cuisine simple, nourrissante et bon marché. La sobriété de la décoration évoquait l'ancien régime qui l'avait vue naître et l'air était lourd d'effluves crémeux et appétissants. L'estomac de Dimitri gronda lorsqu'il attrapa un plateau et se cabra devant les plats fumants qui n'attendaient que lui. Son assiette fut chargée d'un savant mélange de *kacha,* le sarrasin bouilli traditionnel, de *pirojki,* de chou, d'une large escalope panée, de purée et de pain noir. Il y ajouta un bol de soupe et absorba le tout sans un regard pour ce qui l'entourait, sauçant son bol jusqu'à la dernière goutte. Rassasié, il sirota son thé avec une rondelle de citron et picora sa part de *vatrouchka* tout en scrutant les visages et les silhouettes de ses compatriotes penchés sur leurs assiettes. Il sortit un carnet, un crayon pointu, et se mit à croquer les profils qui l'inspiraient d'un trait vif et précis.

Petrograd, octobre 1916

Une pluie froide s'insinue dans mon rêve, au creux de mes os, sous ma peau. J'ouvre les yeux, mon lit fait naufrage. Les fuites du toit se sont épanouies pendant la nuit, je suis trempé. Je m'appuie sur le matelas spongieux pour me lever, je grelotte, ma peau est un glacier. Je ne sens ni le moignon, ni le reste, tout est paralysé. Sous la porte, montant des étages inférieurs, une odeur de graisse et de chou me tord le ventre. J'ai faim. Les voix résonnent, grimpent jusqu'aux combles où je courbe l'échine. Je me sèche avec un chiffon et enfile mes habits humides. Je trébuche sur une pile de livres qui s'effondre dans un bruit sourd. Ce logement est un taudis, mes livres se gorgent d'humidité – moins que moi cependant –, Serioja a raison. D'ailleurs, il m'attend.

La descente par le boyau des escaliers de service me vrille les nerfs : je perçois toutes les odeurs des cuisines et la chaleur des cheminées. Mais l'air charrie l'âpreté des rations qu'on nous impose. Dans l'âtre, il y a trois bûches en moins qui brûlent. Dans la marmite, le lard a disparu, remplacé par des îlots solitaires de pain rassis. Le poisson frais ne l'est plus, la pitance est fade et aqueuse, le thé transparent.

Je ne suis pas sourd à mon corps, la maladie me ronge. La chambre où je loge me tuera bientôt dans une étreinte de glace, qu'importe après tout. La ville fouette mon visage de sa sueur et de son labeur. La rue boueuse aspire mes pas et transperce mes bottes. Le vent aigri s'infiltre contre mes flancs, agrippe mes reins, crispe ma nuque, et la fièvre grimpe telle une plante traîtresse et bienheureuse jusqu'à mon front penché sur la chaussée. Ma canne s'enfonce dans la fange, on me bouscule, on se presse. Ici, tout le monde porte la survie dans ses yeux. Au bout de la rue, je cravache mon corps pour qu'il attrape un tramway. J'atterris sur la plateforme sans mal, j'en suis satisfait. Il faut savourer même les petites victoires. Je quitte soulagé le marasme de la place aux foins, mais je perçois encore l'écho de leurs râles, et je sens contre mon nez leurs haleines putrides de liberté bafouée. Ils avancent, ils continuent, ils ont l'âme russe.

Sergueï me reçoit dans son cabinet. Je ne suis encore jamais venu, et je grimace en cachette devant la charge opulente de sa décoration. Le style Empire, voilà ce qu'aime mon cher Sergueï ! Un grand fauteuil pour accueillir ses grandes ambitions... Ma foi, je préfère lui qu'un autre ; j'ai confiance en son cœur.

— Ah, mon cher ami ! Enfin, tu viens me voir !

Il me saisit par les épaules et nous nous embrassons avec chaleur. Le revoir est un plaisir sincère, mais son œil est soucieux. Il me détaille de haut en bas, fronce une paire de sourcils réprobateurs et déclare :

— Mon ami, tu as une mine affreuse. Est-ce donc la maladie qui a retenu ton pas si longtemps avant de venir me rendre visite et me souhaiter la bienvenue à Petrograd ?

Je hoche la tête et Serioja abandonne son interrogatoire pour s'installer dans son fauteuil. Il m'invite à m'asseoir en m'offrant un cigare. Voilà qui fait longtemps.

— Feodora ne va pas tarder avec le samovar. Tu as faim ? Je vais lui dire d'apporter une assiette d'assortiments. On n'a plus grand-chose de délicat à déguster, mais tu n'as jamais été bien difficile sur ce point.

— Non, en effet, et ce que tu as à offrir fera mon plaisir.

— Bien, bien...

Il attend que je me décide à lui raconter le quotidien qui m'a gardé loin de lui depuis son retour à Petrograd. S'il savait quel travail j'accomplis : d'esprit, de cœur, de renoncement...

— Le travail à l'imprimerie me prend beaucoup de temps, mais le patron est un homme droit et dynamique, c'est une entreprise familiale, ça me plaît. Enfin, peu importe puisque j'arrête à la fin de la semaine. Le gars avant moi s'était blessé à la main, je l'ai remplacé.

— Et c'est ça qui t'occupe autant ?

Je me cale plus profond dans le fauteuil, faisant gémir le cuir.

— Oui, et non...

— Tu as repris les activités, n'est-ce pas ?

— Mon cher Serioja – je me penche vers lui –, nos avis divergent sur la question, à quoi bon la remuer encore, et encore ?

— Parce que tu blesses ta propre patrie de l'intérieur, tu la gangrènes, tu la divises avec ces actions clandestines, tu l'affaiblis quand elle a besoin de toute sa force ! Qu'importe le tsar, qu'importe qui gouverne, la guerre est bien là et ce n'est pas avec une révolution qu'elle s'arrêtera ! Il faut s'occuper des priorités.

— Souhaites-tu réellement que nous parlions de ce sujet, mon ami ?

Il fronce ses sourcils noirs, plisse la bouche, caresse ses favoris, et enfin me sourit en rallumant son cigare.

— Tu as raison, laissons cela de côté. Une dernière chose cependant : tâche de ne pas te faire tuer, ou pire.

J'acquiesce en silence tandis que Feodora entre pour nous servir. Mon ventre gronde, mes entrailles béantes s'agitent, et Sergueï le remarque avec une moue réprobatrice.

— Feodora, apportez-nous donc un plateau de ce qu'il nous reste du dîner d'hier, et un bol de soupe avec du pain noir, ce sera parfait.

— Bien, monsieur.

Elle s'incline et sort. La porte se referme et Sergueï pousse un profond soupir, les traits de son visage jovial s'affaissant soudain. La lueur d'inquiétude que j'ai perçue dans ses prunelles perce enfin sous son masque de bienséance.

— Apollinariya est malade… Elle ne sort plus, mange à peine, j'ignore que faire ! Mon argent ne sert à rien, et je ne peux même pas lui offrir le meilleur médecin puisque c'est son propre père ! Ah, Sasha, si tu l'avais vue, elle est si faible…

Le bateau de mon déni chavire dans la tempête, et le visage de Polina apparaît en pleine lumière. Je la chasse, elle revient.

— De quoi souffre-t-elle ?

— Nous l'ignorons. Sa santé était fragile depuis sa maladie de l'hiver passé, mais c'est un mal différent qui la ronge. Il me semble qu'une peine immense l'accable, mais quelle peut en être la cause ? C'est incompréhensible ! Cette jeune femme a tout pour être heureuse…

Mon cœur tambourine, petite Polina. Nos esprits et nos cœurs soupirent à l'unisson. Je me meurs aussi, je dépéris…

— Cela me mine terriblement…

Sergueï se lève et arpente la pièce, mains dans le dos. Il a toujours cette même attitude devant un problème insoluble, lorsqu'une chose lui résiste.

— Comptes-tu toujours demander sa main ?

Il se tourne vers moi, presque outré.

— Bien entendu ! Ce n'est pas une maladie qui se mettrait entre nous ! Je pense que c'est d'ailleurs cela qui explique les distances qu'elle garde avec moi. Au domaine, c'était de la coquetterie, mais à présent je suis presque certain qu'elle essaie de me préserver. Elle a peur que je souffre trop si jamais elle décède, et donc elle me maintient à l'écart. Comme cela doit être dur pour elle, de s'interdire de rêver au mariage ! Irina Ivanovna m'a confié récemment qu'Apollinariya craignait que sa constitution ne soit pas assez robuste pour m'épouser et me donner un fils… Il est vrai que je ne pourrais revivre cette douleur une seconde fois… Mais toi, mon ami, dis-moi plutôt comment va ta propre santé ? Es-tu bien logé ?

— Eh bien, mon lit prend l'eau, mes os aussi, et je baigne dans une fièvre tantôt diffuse tantôt volcanique depuis mon arrivée en ville.

— Bien, c'est ce que je pensais. Et ça ne peut plus durer.

Sergueï me toise d'un regard sévère. Il considère depuis toujours qu'en raison de sa fortune, et de ma pauvreté, je suis une malheureuse âme qu'il faut sauver. Ma foi, cela lui procure du bien-être, il se sent important, il est satisfait, il se lisse les favoris ; je passe outre ma fierté, Sergueï est un ami.

— Tu vas venir habiter ici. J'ai une pièce attenante au vestibule que je compte t'aménager en chambre, ce sera très bien.

J'ouvre la bouche pour répondre, il m'interrompt d'un geste.

— Mon ami, si tu ne déménages pas de ton plein gré, je viendrai te chercher. Et pour ce qui est du travail, j'en fais aussi mon affaire. Une connaissance nouvelle, Grigori Orvlof, tient la librairie sur Sadovaïa face aux galeries de Gostiny Dvor et il cherche quelqu'un à compter du 1er novembre. Si j'ai tant insisté pour te faire venir aujourd'hui c'est aussi pour cette raison ; il me faut une réponse dans l'heure.

Serioja aurait dû se faire sergent, voilà un rôle taillé pour lui. Quoique juge lui aille comme un gant aussi…

— Bien, bien… ma foi, j'y consens de bon cœur. Le travail à la librairie sera préférable au son infernal des presses et le cliquetis des châssis ; je m'en suis lassé. Pour ce qui est du logement…

— La chose est décidée.

Le verdict est sans appel, Sergueï n'en démordra pas, à quoi bon essayer ? Je ne vais pas nier les bienfaits que pourraient m'apporter un lit chaud et un repas régulier.

15

Le doux crépitement de la braise

— Bon, je n'y touche plus…

Pinceau en main, traces de peinture sur la joue, Dimitri arborait l'air béat et comblé de celui qui contemple son travail réussi. Ses deux créations prenaient forme et s'épaississaient de réalisme et de courbes affinées. Son atelier s'était étendu à une pièce supplémentaire, mais malgré cela la place manquait pour accueillir tous les croquis, le matériel et la taille gargantuesque des toiles. Dehors, l'aube caressait le ciel et une bruine légère chatouillait les passants.

Dimitri posa son pinceau, sa palette et fuma une cigarette en gardant l'œil fixé sur les deux fresques. Il inspira et souffla un nuage opaque. Cigarette finie, il avisa le jour naissant et maugréa dans sa barbe. Il se fraya un chemin parmi le capharnaüm et, son parcours achevé, s'effondra sur son lit.

Son réveil le tira du sommeil à quinze heures. Au-dessus de son téléphone, collé sur le bras de la lampe, un Post-it clamait en lettres majuscules : TRANSPORT TABLEAUX EXPOSITION. D'un bond souple, Dimitri fila sous la douche, puis entreprit de déplacer une douzaine de ses toiles jusqu'au vestibule. Peu de temps après, la sonnerie retentissait.

Dimitri et Lyosha se saluèrent d'une accolade et il pénétra dans l'appartement avec un sifflement admiratif.

— Ton pote a fait une belle affaire avec cet appart ! Une fois retapé, il va être super. Il a déjà une idée, des projets ?

— Non, pas vraiment, juste plusieurs pistes. On verra quand tout sera rénové.

Dimitri lui fit visiter, en terminant par son atelier.

— Et tu as fait ça en seulement quelques semaines ? Tu as dû y passer des heures entières, sans parler du temps de séchage entre chaque couche !

— Oui, mais l'avantage de cette taille de toile, c'est que je peux bosser sur une partie en laissant sécher les autres, donc je gagne du temps. En plus, je travaille en alternance sur les deux fresques. Je vais même en commencer une troisième, le canevas est déjà prêt. Et je doute que ce soit la dernière.

— Sérieux ? Mais où tu trouves ton inspiration ? Je ne sais pas comment tu fais pour imaginer autant de détails…

— Grâce à de très longues heures à l'Ermitage et au musée Russe, je suppose… Et dans tous les musées de peinture que j'ai pu croiser. À force d'observer les chefs-d'œuvre des siècles passés, c'est comme si j'y avais déjà vécu moi-même.

— Ouais, mais quand même…

— Aussi, toute mon enfance j'avais ce gros bouquin rempli de vieilles photos de Saint-Pétersbourg d'avant la Révolution. Je le regardais tout le temps quand j'étais gosse, je l'adorais, et ça m'aide bien. D'ailleurs, j'aimerais bien le retrouver… Et puis, pour l'inspiration, disons que le tableau m'habite et je ne peux pas l'ignorer.

Lyosha avait quitté sa légèreté et contemplait les deux toiles avec beaucoup de sérieux. Soudain, l'œil pétillant, il pivota face à Dimitri.

— Tu devrais exposer. Au moins celle-là, pour le centenaire de la révolution de Février. Ça va faire un carton, c'est sûr !

— C'est une bonne idée, mais je crains que les toiles ne soient pas sèches à temps, sauf si je peins les prochaines à l'acrylique, et j'en n'ai pas envie.

— Si elles ne sont pas tout à fait sèches, c'est pas si grave, si ? Tu organises l'exposition ici, et comme ça, pas besoin de les bouger.

— Pourquoi pas, c'est sûr que ce serait le plus facile… Je vais y réfléchir. On s'y met ?

Après deux allers-retours précautionneux, les tableaux furent chargés dans la voiture et ils se mirent en route. Ils sortirent par la rue Shpalernaya et la suivirent jusqu'à la perspective Liteyny. Ils la remontèrent sur quelques centaines de mètres pour ensuite rejoindre le quai Koutouzov. Tournant le dos au Champ de Mars et au Jardin d'été, ils franchirent le pont Trotski qui survolait les eaux tourbillonnantes de la Neva. Ils continuèrent tout droit sur l'avenue Kamennoostrovsky et bifurquèrent sur le boulevard Bolshoy qu'ils descendirent sur presque toute sa longueur avant de s'engouffrer sous un porche et de se garer, deux cours intérieures plus loin, devant les marches de la Mansarde des artistes.

À l'intérieur, pas un mur n'était épargné par l'abondance de scènes tantôt bucoliques, cubiques, abstraites ou surréalistes. Des cadres de toutes sortes et de toutes tailles se partageaient la vedette avec le reste de la décoration. Une vieille horloge, une machine à écrire vétuste ou encore un téléphone à cadran témoignaient du goût certain des propriétaires pour les antiquités. Sur des étagères, dans des malles ouvertes ou des présentoirs, s'alignaient et s'empilaient d'autres œuvres, petites et grandes. Des tapis persans accompagnaient les pas des visiteurs dans ce dédale artistique, croisant parfois les pattes d'un chat joufflu, ou le regard d'une statue.

Quelques heures plus tard, les nouveaux tableaux installés, la galerie ouvrit ses portes. Des scènes champêtres se succédèrent, animées par des paysans labourant ou fauchant les blés. Une femme, en sabot crotté, menait sa vache jusqu'au village. Une jeune fille en jupons et fichu colorés portait un panier de baies à bout de bras. Des prairies s'étendaient à l'horizon. Une forêt dévoilait ses sous-bois garnis de champignons où gambadaient des enfants.

— Ces dégradés de couleurs, ici, et là, voyez, cette osmose entre les différents tons, avec quelle finesse il souligne les courbes sans jamais les limiter ou les dénaturer, simplement en jouant avec les nuances et l'épaisseur de la peinture, c'est très habile…

— Professeur Liovkine, utiliseriez-vous mes tableaux comme supports de vos cours ?

— Ah, Dimitri ! Chers barbouilleurs en herbe, voici le peintre de la soirée, lança le professeur, puis il se tourna vers Dimitri : Comme tu le vois, j'admirais tes œuvres. J'ai proposé à quelques élèves de m'accompagner afin d'observer le travail d'un de mes anciens, et je dois avouer être à peine surpris de tes progrès. Je n'en espérais pas moins de ta part. Par contre, je n'aurais jamais cru que tu puisses changer autant, passant d'un abstrait total à un réalisme aussi pointilleux. Même si ton style se rapproche quand même plus des impressionnistes…

— Eh oui, le meilleur talent est celui qui évolue, n'est-ce pas ce que tu me répétais toujours ?

Derrière eux, quelques étudiants acquiescèrent en souriant.

— Absolument.

Oleg posa une main paternelle sur l'épaule de Dimitri et ajouta :

— D'ailleurs, quand est-ce que je pourrai te rendre visite ? J'ai hâte de contempler ces fameuses toiles.

Deux heures plus tard, assis dans la cuisine de la *kommounalka* où vivait Alyona, Lyosha et sept autres personnes, les trois amis sirotaient un thé tout en picorant des gâteaux au miel spongieux et dégoulinants. Ils parlaient, chuchotaient plutôt, de l'un, de l'autre, de la vie, des projets de chacun, et poursuivirent ainsi jusqu'à ce qu'un jeune homme dégingandé, avec pour seule parure un caleçon troué, traîne ses pantoufles dans la cuisine pour leur demander de continuer leurs bavardages dans la chambre. Le ton n'était ni poli ni désagréable, mais sans appel. Et aucun des trois amis ne rechigna. La vie commune de ces appartements avait ses règles, avec ses variantes. Une entrée commune donnait généralement sur un long couloir où s'alignaient les chambres privées, ainsi que la ou les cuisines et commodités partagées. Dans la seule et unique pièce privée qu'ils louaient, les gens possédaient leur propre réfrigérateur et leur stock de nourriture. Les portes de ces chambres-salons n'avaient rien à envier aux verrous d'un véritable appartement et devant chacune un rangement pour chaussures et pantoufles était de coutume afin de ne jamais apporter les saletés de l'extérieur. Les tâches d'entretien des parties communes s'effectuaient par roulement et dans la cuisine chacun disposait de son plan de travail, son meuble de rangement, ses assiettes, ses casseroles, ses ustensiles, et ne devait en aucun cas toucher aux affaires des autres. Aussi, aucune vaisselle n'était autorisée à demeurer sale dans l'évier. Bien entendu, les privilèges variaient en fonction de l'ancienneté des résidents. Certaines personnes vivaient là depuis dix ans, vingt ans, parfois même une vie ou plusieurs générations. De ce fait, ils s'autorisaient des libertés comme fumer, chose se faisant plutôt aux fenêtres de la cage d'escalier, ou faire sécher du poisson durant plusieurs semaines sur des étendages au-dessus des radiateurs brûlants. On pouvait passer des années sans jamais obtenir plus de quelques mots de la part de ses voisins et sans que cela ne pose de problème à personne. Toutefois, chaque *kommounalka* était différente. Certaines rassemblaient des familles entières tandis que d'autres, comme celle où vivaient Alyona et Lyosha, réunissaient des amis ou encore des personnes choisies pour leurs aspirations communes, souvent artistiques.

— Alors, satisfait de ton vernissage ?

— Oui, oui, c'était bien... J'avoue que je me suis totalement désintéressé de mes autres travaux, j'avais presque du mal à en parler avec les gens.

— Dans ce cas, il faut nous attendre à une série de chefs-d'œuvre. Vivement la prochaine exposition !

Pour rentrer chez lui depuis le district de l'Amirauté, Dimitri aurait pu marcher. Au lieu de cela, il se posta au bord de l'avenue Nevski, fit un signe aux quelques voitures qui passaient là et attendit que l'une d'elles décroche jusqu'à lui, ce qui ne tarda pas. Il demanda au chauffeur de la vieille Lada de le déposer à son appartement, moyennant un somme convenable, et grimpa sur le siège jonché de journaux. L'habitacle était chargé d'un épais nuage de fumée et l'homme en proposa une à Dimitri qui l'accepta de bon cœur.

Une fois rentré au chaud, débarrassé de ses chaussures et de son manteau, il s'installa avec une tasse de thé devant le poème et sombra dans une profonde méditation.

16

On commence par quoi ?

DIMITRI DORMAIT PROFONDÉMENT, comme l'attestait le sifflement qui s'échappait de sa bouche entrouverte. Sous ses paupières, ses yeux roulaient. Il ne portait qu'un caleçon élimé, la couverture gisant à ses pieds repoussée par ses rêves agités. *On the Turning Away* des Pink Floyd résonnait dans l'appartement, et sur les rebords des fenêtres les flocons s'entassaient. Dimitri navigua d'une extrémité à l'autre du lit avant de faire violemment naufrage sur le parquet. Haletant, il se hissa de son bras valide et s'assit sur le lit. Il se frotta le visage en expirant et une quinte de toux lui secoua la poitrine. Malgré cela, il étendit la main pour saisir son paquet de tabac. Se rallongeant, il posa le cendrier à côté de lui.

Après avoir dégusté un thé au lait bien sucré, il rangea son atelier en ménageant un chemin commode entre les deux portes et les fresques. Il organisa toiles, pinceaux, crayons, tubes de peinture, palettes bariolées et tissus tachés sur les deux établis, empila papier et croquis volants dans un coin et approuva le résultat d'un hochement de tête. Deux minutes plus tard, la sonnette retentit.

Le pas d'Oleg Liovkine, lourd, lent et régulier, ricochait dans la cage d'escalier. Dimitri et lui se saluèrent d'une poignée de main, et sans perdre de temps en visite des lieux ou bavardages, ils se rendirent à l'atelier.

Une nouvelle création se disputait l'espace avec les deux premières. Sur celle-ci, le décor était épuré et les personnages peu nombreux. Une femme apparaissait de dos, au milieu de la Neva gelée recouverte de neige. Elle portait un long manteau en fourrure, une natte blonde s'échappait de sa chapka pour descendre jusqu'à ses reins et ses bras écartés embrassaient la ville qui s'étendait de chaque côté des berges. Devant elle, un peu plus loin sur la gauche, trois moujiks tractaient un traîneau chargé de blocs de glace.

Oleg chaussa ses lunettes et commença son inspection, mains dans le dos et regard acéré, tandis que Dimitri s'activait à la cuisine. Le thé prêt, il posa le plateau sur la table basse et se cala dans le canapé sans quitter son professeur des yeux. Il aurait pu avoir l'air détendu si sa jambe ne l'avait pas trahi, battant le célèbre rythme de l'impatience.

— Tu le sais, lança Oleg toujours de dos, je ne ferai pas de commentaires et ne m'arrêterai pas avant d'avoir minutieusement étudié et décortiqué chaque détail. Et tu sais aussi que je ne fais pas de cadeaux…

— Heureusement, je n'en voudrais pas. Je ne vois pas l'intérêt de la flatterie. Ce n'est pas ça qui va m'aider à avancer, et je n'ai aucunement besoin d'être ménagé.

Oleg examina les toiles inachevées entassées contre les murs et les liasses de croquis, puis s'installa à son tour sur le canapé. Il plongea deux morceaux de sucre dans son thé et le touilla en silence. Enfin, il reposa la cuillère et scruta Dimitri par-dessous ses lunettes.

— Quand as-tu commencé à peindre ces fresques ?

— Il y a presque deux mois. J'ai emménagé ici début septembre et j'ai commencé deux semaines après.

— Et tu as déjà peint tout ça ?

— Oui, j'y passe presque tout mon temps, à part quand je fais les travaux. J'ai bien avancé de ce côté-là aussi. Ça me change les idées et me permet de prendre du recul sur les toiles.

— Et tu m'as dit que tu avais d'autres scènes en tête. Elles sont toutes aussi grandes ?

Dimitri hocha la tête.

— Tu tournes sur une palette de tons assez restreinte, remarqua Oleg. En tout cas, sur ces deux-là. Terre de Sienne, oxyde de chrome, bleu de cobalt, terre d'ombre, vert émeraude, carmin, beaucoup de noir… C'est sombre, mais ça fonctionne. J'aime bien et ça colle à cette ambiance du passé, et à l'atmosphère révolutionnaire. Tu prévois d'exposer ?

— Je n'en suis pas encore là.

— Penses-y, c'est bientôt le centenaire. En ce qui concerne le point de vue technique, j'ai peu de critiques à te faire. Je serais même tenté de te dire de ne pas les écouter de toute façon. Ce que tu peins t'appartient, c'est ton style, tu n'as plus besoin de professeur à ce stade-là… Tu sais, je repense à ce jeune étudiant qui m'a demandé si l'art était capable, selon moi, de copier parfaitement la réalité. Je lui ai répondu que tout dépendait de ce que l'on nomme réalité, mais quand je vois ton travail, je me dis que la preuve est là.

— Mais je ne cherche pas à imiter la réalité, je veux lui redonner vie.

— Et c'est justement pour ça que tu y arrives. C'est impossible de copier, et c'est impossible de ne pas le faire. Dans tous les cas, l'œil observe, interprète, consciemment ou non, et il ne peut être que subjectif. Mais pour créer du relief, du palpable, du vivant comme tu le fais, il faut s'inspirer du réel, du matériel afin d'y ajouter notre propre prisme imaginatif. Nous imitons peut-être la réalité, mais toujours à notre manière, avec notre perception de ce qu'est le réel.

— Absolument, c'est justement là où réside la force de l'artiste. Utiliser la réalité pour mieux s'en émanciper. Et à ce stade, qu'importe d'être vu ou compris par seulement une poignée de personnes…

— Oui, tout à fait. Même s'il ne faut jamais oublier que la beauté, ou le génie, réside dans les yeux de celui qui regarde. Je ne sais plus qui a dit ça, mais il a raison. C'est le spectateur qui fait vivre une peinture, qui lui donne sa raison d'être et lui permet de transmettre ce que le peintre a voulu exprimer. Vois pour les scènes de genre, les natures mortes, les paysages, les vanités, et bien d'autres, il y a une symbolique. Si tu étudies les peintres du siècle d'or néerlandais par exemple, ou encore les réalistes russes, tu te rends compte que reproduire des scènes de vie quotidienne permettait de traduire des vertus, des principes moraux, un engagement politique, social, et d'introduire une dimension spirituelle dans une réalité en apparence banale. Aristote, lorsqu'il parlait de la question de l'imitation, disait qu'elle se devait d'avoir un caractère didactique et d'élever l'esprit, car sinon elle devenait inutile, obsolète. Mais bon, là, on tombe dans un autre débat…

Oleg se leva et se rapprocha des tableaux.

— Tu vois, ce que j'apprécie dans tes toiles, c'est cette sensation d'instantané.

Il réajusta ses lunettes et se colla presque à la surface avant de reculer de quatre pas en plissant les yeux.

— Le trait ni trop lisse ni trop épais, précis et fluide, et la scène devient intemporelle. Un mouvement figé en plein élan qui pourrait se réanimer à tout instant… Les gens veulent ressentir ça quand ils contemplent une peinture. Pouvoir y plonger, toucher le décor, imaginer que les personnages vont se mettre à bouger et s'échapper du tableau. Chez les impressionnistes, les traits sont vaporeux, flous, mais pourtant la sensation de réel est stupéfiante. Et toi, tu as fait un savant mélange de tout ça.

Il tourna la tête jusqu'à saisir le regard de Dimitri.

— Tel que je te connais, l'étape la plus difficile va être la diffusion…

— C'est vrai, me vendre n'est vraiment pas mon fort.

— Oui, comme pour la majorité des artistes. Et justement, pour ça je veux bien te donner un coup de main. Ton projet me plaît et il a du potentiel, beaucoup.

Oleg écrasa son mégot et Dimitri, pensif, étendit le bras pour saisir la cafetière, grimaça et s'interrompit en se massant l'épaule.

— Saleté de tendinite. Elle me harcèle, c'est usant.

— Tu es gaucher ?

— Oui.

— Dans ce cas, c'est pas étonnant.

Oleg assena une tape amicale sur ladite épaule et se prépara à partir.

— Bon, tu penseras à ce projet d'expo, d'accord ? Avec un travail comme le tien, ça vaut vraiment le coup.

Dimitri le remercia, lui assura qu'il y réfléchirait et Oleg s'en alla. Plus tard dans la soirée, le professeur reçut un texto :

« Partant pour l'expo, on commence par quoi ? Dimitri. »

17

Elle va venir à Saint-Pétersbourg !

VAUTRÉ AU FOND DU FAUTEUIL, tasse en main et tête rejetée en arrière, Dimitri fixait les moulures décrépies du plafond et le maigre fil où se balançait l'ampoule.

— Au fait, je t'ai pas parlé du poème que j'ai trouvé, écrit sur un mur ?

— Non, s'étonna Vitya, curieux. C'est où ?

Dimitri le guida jusqu'à la petite pièce du vestibule et, s'accroupissant à hauteur du texte, Vitya le déchiffra à voix haute :

— « Amour ! N'aie ni peur ni doute, car notre envol est indomptable. Aucune chaîne, aucune mort ne le soumettra à son joug insatiable. Un jour nous verra réunis, où demain est éternel et où hier n'a de fin, car ils sont aujourd'hui pour toujours. Ce jour sera l'aube, le premier battement de notre éternité… »

Laissant échapper un sifflement, Vitya se redressa, gardant un œil accroché sur le poème.

— Ça doit dater, plus personne ne parle comme ça. Le gars qui a écrit ça devait être un poète, ou quelque chose dans le genre…

— Oui, ou peut-être juste un homme très amoureux.

— N'empêche, amoureux ou pas, quelle idée d'écrire sur les murs ! D'ailleurs, à ce propos, encore bravo pour les travaux.

— C'est loin d'être fini, je n'ai pas autant travaillé que je l'aurais voulu.

— Je t'ai dit, tu peux prendre le temps que tu veux. Je n'ai aucune envie de payer pour des ouvriers et rien ne presse… Par contre, je rejetterais bien un coup d'œil à la chambre que tu as rénovée.

Ils s'y rendirent dans la foulée. La pièce en question arborait une bien meilleure mine que le reste de la maison réuni et Vitya poussa un sifflement approbateur. Dimitri, sérieux et professionnel, lui fit un récapitulatif :

— Le parquet est solide et en bon état, il a juste besoin d'un coup de jeune, c'est la dernière étape. Toutes les cheminées sont d'époque, donc j'essaie de les mettre au maximum en valeur. Pour ce qui est des moulures, j'ai bien rattrapé celles-là, mais quelques pièces vont être plus difficiles.

Il désigna la large tête de lion en plâtre moulée tel un blason au centre du plafond. De sa bouche s'échappait le fil de l'ampoule là où autrefois certainement un lustre était suspendu. Dimitri avait habilement reconstitué les parties émiettées au plâtre et tout repeint en blanc. Aux quatre coins de la pièce, d'autres moulures et volutes avaient elles aussi obtenu leur cure de jouvence, tout comme la cheminée carrelée et fermée, incrustée dans un angle et s'étirant du sol au plafond.

— Je trouve ça vraiment bien, le complimenta Vitya. Même si je ne sais pas encore ce que va devenir cet appart, c'est bien qu'il soit sous son meilleur jour pour envisager la suite. Je pourrais l'aménager en auberge de jeunesse. Cuisine et sanitaires en commun et des lits superposés dans les chambres. Il faudrait des gens pour le gérer, mais ça a des chances de bien marcher…

— Oui, c'est une idée intéressante… Quand tu l'as acheté, tu devais bien avoir une idée derrière la tête quand même, non ?

— Je voulais surtout investir l'argent de l'héritage. Et puis, c'est vrai que j'ai ressenti un truc quand je suis venu ici la première fois, un coup de cœur qui m'a décidé avant même que la visite soit finie, tu le crois ?

— Je te comprends, j'aurais sûrement fait pareil à ta place. Cet appartement a une âme, on sent son histoire à travers les murs. À mon avis, tu as fait une très bonne affaire, il a beaucoup de potentiel.

— Et ce poème, dans l'autre chambre, il date de quand, à ton avis ?

— Peut-être une cinquantaine d'années, hésita Dimitri, ou un peu plus. Je sais pas trop, mais vu toutes les couches par-dessus, ça fait un bout de temps. C'est vraiment beau, tu ne trouves pas ? Un peu gnangnan sur les bords, je te l'accorde, mais quand même... J'aimerais écrire aussi bien.

— Il faudrait déjà que tu aies une femme pour t'inspirer ce genre de choses, railla Vitya. Depuis combien de temps tu n'as pas été amoureux ? Un siècle, deux siècles... jamais ?

Dimitri lui lança un regard oblique, sourcil relevé.

— Très drôle... Tu as quinze minutes pour un café avant de partir ?

— Absolument.

Ils retournèrent à l'atelier en passant par la cuisine, puis bavardèrent tout en dégustant le breuvage chaud et amer.

— Et Elena, demanda Vitya, pourquoi tu ne la vois plus ?

— Elena ? Parce que c'est fini, ça fait longtemps, et il y a de bonnes raisons pour ça.

— Je sais que c'est fini, mais je ne me rappelle plus pourquoi. Vous aviez pas mal de choses en commun, non ? Je dis ça parce que je l'ai croisée l'autre jour dans le métro. Elle m'a demandé de tes nouvelles alors je lui ai dit que tu étais revenu à Saint-Pétersbourg, et elle avait l'air intéressée... Enfin, elle semblait avoir envie de te revoir, et elle est toujours aussi canon.

— C'est vrai qu'on avait des choses en commun, surtout la peinture, et on a passé de bons moments ensemble, mais on n'avait pas la même manière de voir ni de communiquer. Quoi que je dise ou fasse, elle le prenait de travers ou le comprenait mal. Et elle avait une vision du rôle de l'homme et de la femme… disons qu'on était pas d'accord là-dessus. Et puis, elle se contredisait tout le temps.

— Comment ça ?

Se carrant un peu plus dans les coussins, Vitya attendit le monologue imminent de son ami, sourire en coin, mimant le psychologue et son patient. Amusé, Dimitri expliqua :

— Elle aimait plaire et séduire, mais était jalouse et possessive à outrance, et sans raison puisque je suis fidèle. Tu le sais, je ne flirte même pas. Elle répétait que c'était mon rôle d'homme de prendre soin d'elle, mais par contre interdit d'être trop galant, sinon madame clamait qu'elle était bien assez forte pour se débrouiller ! Sérieux, depuis quand les femmes russes sont-elles devenues adeptes du « je peux tout faire moi-même » ? Elles ont pourtant bien eu l'occasion de le montrer pendant l'URSS, on le sait. On a tous dans notre entourage une *mama* ou une *babouchka*, forte et dégourdie, qui pourrait te soulever un piano sur son dos et le monter sur quatre étages s'il le fallait. On sait que les femmes sont capables, mais pourquoi avoir besoin de le revendiquer ? On n'est pas en Amérique ou en Europe, ici elles bossent déjà toutes depuis plus de cent ans ! Qu'elle demande un partage équitable des tâches, ça c'est normal… En fait, Elena avait de bonnes idées, des élans très matures, mais elle n'arrivait pas à les incarner à fond en elle. Elle revendiquait d'être une fille qui se prend pas la tête, ce qui d'ailleurs ne veut rien dire, mais elle se faisait une montagne d'un rien… Elle essayait de trouver des nouvelles voies, de sortir des clichés de genre et de relation, c'est positif, mais tu connais aussi bien que moi l'idée ancrée dans l'esprit de nos femmes : je suis exceptionnelle, un objet de luxe et d'adoration, et je veux être traitée comme telle. Mes caprices font mon charme et l'homme que j'aime se doit de tout accepter de moi.

Vitya s'esclaffa et abandonna son masque de psychanalyste pour répondre :

— N'empêche, je suis plutôt d'accord avec elle. Je trouve que c'est aussi le propre d'une femme d'être un peu princesse. Fière, jalouse, casse-bonbons, c'est aussi ça qui fait leur charme ! Ça montre qu'elle a du caractère. Elle fait ses petits caprices, tu la calmes, et voilà. Toutes leurs manies, c'est le piment de leur personnalité. C'est pour ça qu'on les aime, parce qu'elles nous rendent fous...

— C'est un peu rabaissant pour les femmes ce que tu dis, tu ne trouves pas ? Un peu caricatural aussi.

Vitya fit la moue et Dimitri continua :

— À mon avis, la jalousie n'a rien à voir avec de l'amour, c'est de la dévalorisation. Un déficit affectif, une peur de l'abandon, couplés avec un manque de confiance en soi. Un cocktail dans ce genre-là. Parce qu'une personne épanouie, mature, qui est consciente de sa valeur avec humilité, elle ne craint personne, donc elle ne se sent pas menacée par les autres. La possessivité, c'est de l'égoïsme et de la peur. Attention, je ne dis pas qu'on doit être polygames, mais personne n'appartient à personne. Si on parvenait à utiliser notre raison pour relativiser, et surtout notre bouche pour communiquer... Si on apprenait à se faire confiance aussi, ça irait beaucoup mieux. Plutôt que de se cacher derrière mille masques, de crainte qu'un jour l'autre découvre qui on est, ce qui arrive à coup sûr.

Dimitri s'interrompit pour boire une gorgée de café, reposa sa tasse sans trop de délicatesse et étendit ses jambes sur la table basse.

— Le problème vient de cette notion de propriété du corps et de l'ascendant que l'on a besoin d'avoir sur l'autre, ou inversement. Tu dis que tu la calmes quand elle fait ses « petites crises », mais dit comme ça c'est assez condescendant. Si tu veux être un sauveur, autant aller faire dans la charité...

— Mais si la fille veut être protégée, gâtée, pour moi, c'est normal, c'est notre rôle de prendre soin d'elle ! Sinon, dis-moi, on sert à quoi ? Moi j'aime bien les filles qui ont l'air un peu vulnérables, sensibles, avec quand même du caractère, tant que c'est pas trop excessif. Une fille indépendante c'est bien, mais pas trop, sinon elle a même pas besoin de nous !

— Mais pourquoi tu voudrais qu'une femme ait besoin de toi, si ce n'est pour mieux la contrôler et gonfler ton ego de petit garçon qui se prend pour Superman ?

— T'es dur, Dima. Je ne vois pas le mal à aimer se sentir indispensable, et la fille te le rend bien. Elle s'occupe de toi, elle te cuisine de bons petits plats, elle te conseille sur des choses, elle t'aime, tu l'aimes, voilà. Elle devient indispensable pour toi aussi, et c'est ça qui est beau, non ?

— Et dangereux pour les deux…

— Mais une relation c'est un échange, où chacun prend un risque et endosse le rôle qui lui convient, comme moi j'aime bien être un peu sauveur. Tu n'es pas d'accord avec ça ?

— Non, justement. Enfin, je suis d'accord que c'est un échange, comme toute relation humaine, mais je pense qu'on ne devrait pas avoir de rôles prédéfinis. C'est toutes ces généralités qui m'agacent. La pseudo-virilité qu'ils nous vendent, non merci. C'est juste un concentré d'ego absurde et destructeur. Les femmes en souffrent et nous aussi, même si nous sommes peu à nous en rendre compte. Une femme qui attend un prince fort et viril est tout aussi sexiste qu'un homme qui veut une jolie princesse en détresse.

— Mec, tu pars loin…

Vitya considéra Dimitri avec douceur, mais perplexité.

— Je sais, je m'emballe, mais tu devrais avoir l'habitude depuis le temps.

— C'est pas faux, et d'ordinaire j'aime bien quand tu t'emportes dans tes grands discours, mais là j'ai plein de choses dans la tête.

— Je vois… Une certaine Éva, par exemple ?

— Touché. Ah, mais je t'ai pas dit ! Elle va venir à Saint-Pétersbourg ! En février-mars, je crois. Elle m'a envoyé un mail pour m'annoncer qu'elle comptait acheter son billet bientôt. Il faut que j'arrive à me libérer pour être ici, et que je prévoie des activités à faire avec elle, mais ça va être très difficile... Je sais déjà qu'en février je vais avoir beaucoup de boulot, et je ne pourrai pas y échapper...

— Tu trouveras bien une solution. Tu vas la revoir à Paris avant ?

— Oui, elle m'a invité à visiter sa librairie. Enfin, j'avoue l'avoir un peu influencée la dernière fois pour qu'elle me propose, mais dans son mail elle en a reparlé, donc je suppose qu'elle a envie de me voir, ce qui veut dire que j'ai mes chances ! Sauf que cette fois, je vais devoir y aller avec des pincettes...

— Attends d'y être, n'anticipe pas. Pas de raison de se précipiter, si ?

— Mais, imagine, si elle rencontre quelqu'un, je fais quoi, je le provoque en duel ?

— J'espère pour toi que non, je doute qu'elle apprécie les meurtriers. Fais confiance, tu verras bien.

— Facile à dire, mais n'empêche que je veux pas la laisser filer.

— En tout cas, si elle est à Saint-Pétersbourg début mars, tu pourras venir avec elle à mon expo. En toute logique, ça devrait l'intéresser.

— Ah, oui, bonne idée, ça va lui plaire ça... Du coup, tu vas exposer ici ?

— Oui, dans un premier temps. Mon prof de l'Académie va m'aider à organiser et il a de bons contacts.

— Super, je ne veux pas manquer ça ! Je suis sûr qu'Éva sera ravie vu qu'elle est branchée sur la Révolution et cette période, et là je vais marquer un point ! Enfin, si elle aime tes tableaux, parce que sinon je suis foutu !

Le même rire franc agita sa poitrine et ses yeux pétillèrent. Claquant ses mains sur ses cuisses et se redressant, il déclara :

— Bon, c'est pas tout, mais je vais y aller. Je suis crevé.

Il s'extirpa du canapé et aussitôt les jambes de Dimitri vinrent s'étendre sur la place encore tiède. Reposant sa nuque sur l'accoudoir, il regarda tantôt le plafond, tantôt Vitya qui laçait ses chaussures et s'apprêtait à partir.

— Eh ! l'interpella-t-il. Essaie de ne pas devenir plus fou d'elle que tu ne l'es déjà !

Petrograd, novembre 1916

QUE FAIRE ? Toujours la même question, qui erre. Trahir, aimer, mourir ? Vivre ?

Il ne me reste d'elle qu'un souvenir immortel, figé dans l'éclat du passé sur une toile bientôt achevée. Elle est une marque au fer rouge dans mon cœur. Ce cœur, qui ne devait aimer que la liberté ! Je suis tombé sous le joug de notre adversaire le plus puissant, celui duquel découle toute la haine, toute la peine : tous les maux sont le lot de cet affreux cadeau… Amour ! Cruel et délicieux, appelle ton messager. Qu'il baise la chaste pudeur de son front, qu'il caresse sa nuque trempée par la chaleur de son feu et délivre mon murmure au creux de son oreille ourlée.

Depuis ce premier rayon caressant ton visage, je t'appartiens. Non pas comme un corps ou même un cœur appartient à l'autre, mais comme une âme se retrouve soudain dans la profondeur intime d'une autre. Je t'aime, plus que le ciel qui chaque aurore se pare des couleurs de ma passion. Mille fois, j'aurais étreint tes larmes, j'aurais apaisé tes soupirs sous la coupe de mon sourire, et l'or du soir enivrant tes nuits aurait été mon offrande. Mais l'avenir n'est pas à nous, Polina. Il est déjà révolu…

Je m'arrête à la place aux foins pour voir mes petits gars. La vie grouille toujours autant ici, elle gargouille de misère et de rêves écrasés. Elle pue la souffrance et la maladie, mais elle resplendit d'une vérité plus palpable que tous les palais. Comme je les aime, ces gamins oubliés. Ils sont le futur, ils sont l'éternité. Ils vont et viennent dans l'obscurité, dans les méandres et les rouages, ballottés comme des plaies contaminées. Et pourtant, n'ont-ils justement pas plus vu, plus vécu ? Leur regard n'est-il pas de ce fait plus accru ? De ces enfants nous pourrions extraire bien des chants. De haine, de peine, de bons et de méchants. Les voyons-nous seulement ? Ils sont là, tout autour, mendiant l'amour, haïssant l'amour, espérant l'amour.

Les gamins sont fidèles à leur poste, ils y tiennent. Je leur demande des nouvelles de la rue, de la boue, du quotidien à hauteur des roues. Ils sont bien dans leurs tonneaux, presque au chaud. Il y a de la bravoure sous leurs frêles carcasses, beaucoup. Un courage de survie, puissant et viscéral, qui fait tenir debout leurs jambes maigres. Chaque fois que je les vois, une nouvelle force bat en moi. Une force indignée d'injustice, mais gonflée d'un amour pur et violent. D'une haine aussi, pour ceux qui ignorent, surtout pour ceux qui nient et renient le reflux poisseux de leurs existences enrobées d'or.

Mais alors, soudain, une voix silencieuse m'implore :

Pourquoi, toi que j'aime, mon amour, mon fils, mon ami, mon frère, pourquoi te laisses-tu emporter par l'élan dévastateur de ton âme éprouvée ? Attends, comprends, tu dois aimer chacun de mes enfants. Sa noirceur, sa douleur, sa lumière dans son obscurité d'ignorance. Aime son âme, celle qui demeure même lorsqu'il ne voit plus. Lorsque, aveugle, il avance plus loin dans cette ébène du soir, et s'enfonce dans la violence et le pouvoir. Baise ses mains couvertes de sang, de terre ou de soie. Embrasse chaque front, panse tes plaies et sèche tes larmes. Pose ta main sur ton cœur, abaisse ton fusil, stoppe l'ardeur qui te détruit. Tu as mal, tu souffres, tu hais. Mais seul toi peux t'apaiser. N'attends rien ni personne. C'est à toi de continuer à avancer, à créer, à rêver.

L'amertume ronge ma gorge et mes entrailles lacérées. Je pleure à l'intérieur, je me déchire.

Rêver ? Mais rêver de quoi, à part d'un libérateur trépas ? Combien devrons-nous encore payer pour être les spectateurs désabusés d'une vie qui ne nous a jamais appartenu ? Victimes d'un flux à contre-courant, d'une normalité absurde, vide de sens. Comment continuer à avancer, lorsque nos pas n'appartiennent qu'à ceux qui tracent nos empreintes ? Ceux-là mêmes qui savourent le jus extrait de la terre et de nos mains, et boivent nos rêves dans leur coupe d'airain, d'or et de vin. Je voudrais hurler. Dire à tous que chaque pas qui foule le sable porte en lui l'unicité de la multitude, et un futur qui nous dépasse, mais que pourtant nous créons. Je voudrais crier, à tous, haut et fort : que demain soit aujourd'hui ! Mes frères, mes sœurs, dédions notre chaleur au cœur des hommes qui est le nôtre, et à la terre qui nous porte et nous abreuve de son sein. Car la haine vaut pire que la peine, elle détruit plus vite, plus fort. Elle est plus mortelle encore… Mais à quoi bon ? Qui donc m'entendra ? Qui m'écoutera, à part les rats ?

La voix ne répond rien, tant mieux. Pourquoi faut-il toujours tout gâcher ? Souiller, comme si demain n'avait aucun lendemain. L'humain. Ah, oui, cet humain qui a faim de la soif des autres et qui ne voit que le profit, l'immédiat. Cet humain qui ne sait ni vivre ni mourir, et qui détruit pour trouver un sens au vide qui le remplit.

Amour, si tu es pur, fuis bien vite ! Prends tes couleurs, tes couronnes et tes fleurs. Offre-les aux anges, peut-être qu'ils les auront méritées. Mais nous, pauvres incultes de ton culte que pourtant nous louons par-dessus les cadavres de nos idéaux. Nous, nous te souillons, car nous t'ignorons. Amour, nous t'utilisons pour nos plus graves pendaisons. Mes dieux, mes déesses, fuyez ! Nous ne sommes pas vos enfants, nous sommes vos rejetons spoliés. Si seulement nous pouvions aimer, alors nous ne saurions pas le mot « tuer ».

Oh, mais, j'entends déjà la riposte qui se susurre à mon oreille :

Tu le sais bien, mon cher ami. La lumière n'est rien sans l'obscurité, le bien n'est réel que par le mal qui le révèle, l'amour n'est vivant que par le contraste meurtrier de ses faux amants.

Et alors, c'est tout ? Acceptons le noir pour voir le blanc, car sans lui il n'est rien ? Je refuse ! L'utopie où je vis n'a-t-elle qu'Illusion pour chimère ? Est-ce seulement un répit où l'on espère ?

Mes pensées tourbillonnantes ont docilement suivi mes pas jusqu'à l'atelier du vieux Strakhov et il m'ouvre avant même que je n'aie le temps de frapper.

— T'as le pied lourd, mon ami, c'est ta tête qui te pèse à ce point ?

Je lui lance une moue affirmative et le suis à l'intérieur, le pied traînant. L'atmosphère qui se dégage de son atelier me réconforte, comme chaque fois. J'aime ce désordre bariolé, le solvant qui prend au nez et à la gorge, la peinture en train de sécher, les outils dépareillés, les toiles inachevées… Il a raison, l'esprit plonge contre le front soucieux, je m'étiole de jour en jour, et le confort douillet de l'appartement de Sergueï ne peut rien y changer. Une lumière s'éteint, un feu se meurt, et je doute de pouvoir les ranimer.

— Il me manque le goût de la vie…

— Ah, ça ! Ma foi, attends donc que ta fin soit proche, et tu verras que t'en saliveras, de la vie.

— La guerre m'a fait dépasser ce stade-là. C'est la mort que je salivais sans répit. J'ai eu une lucarne de vie cet été, c'est vrai, mais elle s'est vite refermée.

En disant cela, je dirige mon regard vers le tableau. Si seulement je pouvais y plonger… Tout en posant deux tasses de thé noir amer et sans sucre sur la cagette reconvertie en table, Strakhov me lance, un peu bourru :

— Il serait temps que tu me racontes l'histoire de ce tableau, tu ne crois pas ? D'ailleurs, ça faisait partie de notre marché.

— Je n'ai pas oublié… Mais sache qu'en te confiant cette histoire, je te confie une part de mon âme que nul autre ne connaît.

— Et je saurai la respecter et la chérir ainsi qu'elle m'a été offerte. Va, gamin, parle.

Je le remercie du regard et prends une profonde inspiration. Mon ventre chavire déjà, ma gorge se noue en un labyrinthe de mots douloureux, alors je m'accroche au soleil, au printemps, aux branches de l'acacia…

— Cette histoire commence en juin dernier, à Kislovodsk. Depuis le couvert des bois, dans une clairière fleurie et inondée de soleil, j'ai eu une vision. Une jeune femme, appuyée contre le tronc d'un acacia, le front penché, écrivait dans un carnet. Je n'ai rien fait, je suis resté à l'observer. Après l'horreur engrangée par mes yeux, je me purgeais, je revivais. Les senteurs, les goûts, les sons, tout me revenait, tout ce que j'avais perdu là-bas... Je suis reparti en silence, dans l'ombre, le cœur et l'âme chavirés. À de nombreuses reprises, je suis retourné à cet acacia, mais elle n'y était pas. Et puis, un jour, m'avançant un peu plus loin, longeant un sentier, je l'ai retrouvée. Elle marchait, contemplative entre les arbres, et je n'ai pu m'empêcher d'approcher. Nous avons conversé, moi la provoquant, tu me connais, et elle s'offusquant à chacune de mes paroles. Elle était... revigorante, mais un peu agaçante dans son étroitesse. Et cependant, j'ai vu d'immenses plaines de possibles se dérouler devant elle, sans même qu'elle ne s'en rende compte.

Je me lève et me dirige vers la toile. Je poursuis ma tirade, non plus en regardant Strakhov, mais en la contemplant, elle, ma princesse des bois...

— Elle était si naïve, si précieuse, et si vive d'esprit pourtant. Je lisais, en la regardant, ses moindres pensées, ses élans, ses questionnements... Nous nous sommes revus, et je ne cessais de la taquiner, de la pousser à penser, à s'émanciper des limites de sa petite cage dorée. Elle s'énervait après moi, mais ne pouvait nier la force de nos échanges. Je m'amusais beaucoup, et surtout je vivais à nouveau. Oui, mon ami, je vivais... Pourtant, je refusais encore de reconnaître que je l'aimais. Je le niais de toutes les fibres de mon être, jusqu'à ce jour de fin juillet où nous nous sommes de nouveau rencontrés sous l'acacia. Nous avons pu goûter quelques instants fugaces de bonheur, juste avant la réalité. C'est le jour où nous nous sommes silencieusement avoué notre amour partagé, mais aussi celui où j'ai appris son nom, Apollinariya. Et en même temps que son nom, j'ai su toute l'impossibilité de notre relation. Vois-tu, elle était la même jeune fille que celle dont mon cher ami Sergueï était follement épris ! Oui, le destin nous jouait un vilain tour…

Je m'interromps. Non pas pour le suspense, mais parce que ma gorge se serre encore. Quand j'achève enfin mon récit, Strakhov me considère dans un silence réfléchi. Mon âme bouillonne, je m'agite, je suis nerveux, fébrile.

— Je sais que je dois rester loin d'elle, partir, disparaître, quitter la scène, mais je n'arrive pas à me résoudre à quitter Petrograd.

— L'as-tu revue depuis que tu es ici ?

— Oui, mais elle l'ignore. Elle était très malade ces derniers temps, comme moi, mais je l'ai aperçue quelques fois se promenant au jardin de Tauride. Parfois accompagnée, d'autres fois seule. Elle observe, elle goûte le monde, elle caresse de son regard d'azur… Mais, bien entendu, je suis toujours resté discret et dissimulé…

— Ton ami a-t-il connaissance de cette situation ?

— Non, aucunement. Nos rencontres dans les bois avec Polina ne sont connues que de nous, de toi et des arbres…

Quand je sors de l'immeuble délabré de Strakhov, la légèreté que procure la confession m'enveloppe tel un nouveau-né. Rien n'a changé, mais je ne porte plus ce poids seul, en secret, rongé.

Le fleuve humain de Nevski m'absorbe et m'entoure de son brouhaha incessant. Qui sont-ils ? Où vont-ils ? À quoi rêvent-ils, de quoi souffrent-ils ? Je suis un inconnu parmi les inconnus, un fantôme errant au milieu des fantômes de l'âme humaine…

Mes yeux sont-ils devenus fous ? Peut-être est-ce une farce ! Ou bien un appel retentissant du destin… Polina marche devant moi. Elle ignore ma présence, et je savoure sa cadence. Elle est souple, mais la fatigue ploie ses épaules frêles sous son lourd manteau. Ma tendre, si seulement je pouvais te reposer entre mes bras… Il ne faut pas qu'elle me voie, je ne devrais pas. Sauf que mon pas indocile emprunte son chemin, suit la trace de son parfum. Elle s'arrête devant une vitrine, se rapproche pour mieux distinguer l'intérieur, puis tourne soudain la tête dans ma direction.

Elle m'a vu.

18

On a encore du chemin à parcourir ensemble

Le train arriva à hauteur du quai et ralentit dans un crissement aigu. Dimitri, comme beaucoup d'autres, avait déjà ouvert la porte, agrippé à la barre d'une main et de l'autre tenant sa casquette en cuir qui menaçait de s'envoler. Dépassant du long manteau qui accentuait la carrure de ses épaules, son pantalon en velours beige était si râpé aux genoux qu'il semblait prêt à se déchirer.

Basculant son baluchon en toile sur son épaule, Dimitri descendit trois marches. Le sol défilait doucement et le train n'était pas tout à fait arrêté lorsqu'il atterrit sur les gravillons du quai, imité par d'autres silhouettes emmitouflées émergeant des wagons. Enfin, poussant une ultime plainte aiguë, la locomotive s'immobilisa en gare de Kirichi.

Dimitri traversa le parking et se dirigea vers l'immeuble de brique rouge accolé à la gare. Dans l'interphone, une voix lui répondit un crachin incompréhensible et la porte blindée s'ouvrit avec le bip répétitif caractéristique des logements soviétiques. La cage d'escalier délabrée abritait deux poussettes bancales et trois vélos soigneusement enchaînés. Des tags ornaient les murs jaunâtres et une poussière sale recouvrait les marches patinées et la rambarde. La porte devant laquelle s'arrêta Dimitri était déjà entrouverte et du salon lui parvenaient des accords de blues et de country l'appelant à les rejoindre. Peu de doutes demeuraient quant à l'occupation majeure de l'hôte des lieux, qui possédait plus d'instruments que de meubles. Des guitares de toutes sortes, vaillantes ou défraîchies, se reposaient sur leurs socles et une batterie imposante avait ses quartiers privés au fond de la pièce.

Le musicien, absorbé, pinçait les cordes d'une guitare folk acajou reliée à l'ampli sur lequel il était assis. À ses pieds, diverses pédales ainsi qu'une table de mixage et une *loop station* étaient branchées à un ordinateur ronronnant. Saisissant l'harmonica posé sur la tablette devant lui, Dimitri s'assit en tailleur sur le tapis et se mêla au rythme de la mélodie. Les pieds battaient la mesure et la cadence montait crescendo, emportée par la synergie des deux amis. Lorsque l'ultime note vibra dans les cordes, ils fermèrent les yeux et savourèrent les échos mourants des harmoniques.

— Ah ! Mon cher Dima, ça faisait longtemps que je n'avais pas eu le plaisir d'improviser avec toi, et j'en suis fort ravi !

— Et moi de même, mon cher Vadim !

Courtaud, les yeux bleus, le crâne rasé et le visage large fendu d'un sourire, le Vadim en question prit deux bières dans le frigo et en tendit une à son ami qui refusa poliment.

— Tu t'es toujours pas mis à boire ?

— Eh non, comme tu le vois !

Complices et fraternels, ils se racontèrent leurs dernières nouvelles.

— Tu me diras si ça se fait vraiment, cette expo. J'aimerais bien venir et voir un peu ton travail. Mes derniers souvenirs de tes dessins datent du secondaire, ou au mieux de tes débuts aux Beaux-arts.

— Tu verras, il y a eu quelques changements depuis…

— J'espère pour toi !

Ils se taquinèrent encore un moment jusqu'à ce que Dimitri lâche un juron en consultant l'horloge.

— Faut que j'y aille, ma mère doit m'attendre. Je repasserai te voir avant mon départ.

De retour à l'extérieur, Dimitri considéra le crépuscule blanchâtre et les flocons cotonneux qui engageaient leur vertigineuse descente vers le bitume. Ajustant son col et son sac sur son épaule, il s'élança d'un pas vif vers le centre-ville et traversa plusieurs quartiers, tous issus du moule soviétique. C'était de grands immeubles rectangulaires, austères et froids, posés là comme des blocs au milieu desquels quelques aires de jeux tentaient d'adoucir l'atmosphère. Parvenu devant l'un d'eux, Dimitri entra le code et grimpa les marches jusqu'au dernier étage.

Une femme d'une cinquantaine d'années lui ouvrit la porte épaisse, doublée de bois. Les joues rebondies et la taille généreuse, elle était vêtue d'une robe de chambre rose pâle en pilou et ses cheveux blonds, s'enroulaient autour de larges bigoudis.

— Mon fils, tu as fait bon voyage ?

Sans attendre de réponse, elle l'attira contre elle et le serra avec force. Elle lui laissa le temps de retirer ses chaussures et d'enfiler ses chaussons avant de l'entraîner à la cuisine. Carrée, elle était prolongée d'une étroite véranda où s'entassait un étrange bric-à-brac : des balais de différentes tailles, un sceau, une antique radio, une réserve d'urgence garnie d'allumettes, de sucre, de sel et de sarrasin, un unique ski en bois, une hache, une grosse boîte de savon à lessive, un bidon à cornichons, ainsi qu'une étagère où s'épanouissaient ciboulette, aneth et menthe dans des pots colorés. Une table en Formica ainsi qu'un banc en bois occupaient un angle et plusieurs étagères abritaient une large collection de confitures, sirops, légumes en saumure et autres conserves maison.

Du plat de la main, Dimitri lissa la nappe fleurie auréolée de taches, puis rapprocha le large bol de *chtchi,* délicieuse soupe de chou et de poulet, qui l'attendait.

Il déposa une épaisse cuillerée de *smetana* et engloutit le tout avec un plaisir manifeste. Il avala la dernière lampée et s'essuya la barbe en faisant claquer sa langue de satisfaction.

— Un délice, *mama,* comme toujours.

Assise en face de lui, sa mère le couvait du regard.

— Tu vas en reprendre, n'est-ce pas ?

Mais déjà elle se levait, louche et bol en main, pour le resservir. Dimitri ne résista pas et absorba le second bol avec autant de délectation que le premier.

— Alors, raconte-moi, mon chéri, comment tu vas ? Tu peins quoi en ce moment ? Tu as assez d'argent ? Et l'appartement où tu vis, tu y es bien ?

Tout en sirotant un thé au lait en guise de dessert et digestif, Dimitri répondit patiemment à toutes ses questions et lui parla de son nouveau projet d'exposition. En résumé, tout se déroulait au mieux et ses œuvres lui manquaient déjà tant il était habité par elles.

— Au fait, est-ce que tu sais où est l'album que j'adorais quand j'étais petit ? Celui avec les photographies d'époque, de Saint-Pétersbourg au début du vingtième siècle.

— Oui, bien sûr, il est dans la bibliothèque.

— J'aimerais l'emporter, pour m'inspirer un peu, si tu veux bien…

Sa mère fit la moue.

— Je n'aime pas trop ça… Je veux bien, mais tu en prends bien soin. Ne va pas me mettre de la peinture partout.

— Je ferai attention. Ah, oui, et ma première peinture, elle est toujours accrochée au salon ?

— Évidemment. Je ne l'ai jamais enlevée, tu le sais bien. Pourquoi, tu veux la prendre, elle aussi ?

— Peut-être. Bizarrement, j'en ai rêvé plusieurs fois ces derniers temps, de la même manière que je rêve de mes autres toiles, et ça m'intrigue. Je me dis que je pourrais peindre une nouvelle version, avec la maîtrise que j'ai maintenant. Enfin, en tout cas, j'ai besoin de la revoir et de l'étudier.

Sur ces mots, il se rendit au salon, coupa le son de la télévision, et se planta devant la peinture. Il fut rapidement rejoint par sa mère qui déposa deux tasses de thé remplies à ras bord sur des petits napperons assortis. Elle s'installa sur le divan, cala un oreiller derrière son dos et s'absorba dans la contemplation des images muettes à l'écran. Cependant, lorsque Dimitri esquissa le geste de décrocher la toile, elle bondit sur ses pieds et l'interrompit aussitôt dans son élan.

— Tu veux la prendre ? Maintenant ? Mais pour quoi faire ? Et tu vas la mettre où ?

— Dans ma chambre pour ce week-end, et ensuite je pense l'emmener à Saint-Pétersbourg. Je sens qu'on a encore du chemin à parcourir ensemble…

— Bon, concéda sa mère, prends-la, mais fais-y bien attention ! Tu trouves peut-être que c'est un dessin de gamin, mais moi j'y tiens. Peindre ça à huit ans, quand même… Tu étais déjà une graine d'artiste. Tu n'avais jamais touché un pinceau avant et tout d'un coup, c'est devenu ta seule préoccupation ! C'était pendant nos vacances à Kislovodsk, tu te rappelles ?

Troisième partie

Ainsi l'on nous mettrait ensemble dans la terre,
Où, seule, j'eus si peur d'aller;
La tombe me serait un moins sombre mystère
Que vivre seule et t'appeler.

Anna de Noailles, *Il n'est pas un instant, Poèmes de l'amour*

19

Tout comme ce vase, elle était brisée

— ALORS, C'EST BON, JE CLIQUE ?

L'index suspendu au-dessus de la touche, Éva tremblait.

— Oui, oui, répéta Louna. Vas-y, tu peux, on a tout bien vérifié.

Et Éva cliqua. Un petit logo ondulant apparut à l'écran, puis la page de confirmation du paiement s'afficha. Elle avait acheté son billet, direction Saint-Pétersbourg, du 16 février au 14 mars.

— Ça y est, ma poule ! Tu as ton billet, c'est génial !

Louna jubilait, debout à côté d'Éva, elle-même abasourdie de bonheur. Son cœur gonflait, lui semblait-il, devenant plus gros chaque seconde où elle prenait conscience que bientôt elle contemplerait Saint-Pétersbourg sous son manteau d'hiver. Cette certitude nouvelle emplissait les cellules de son corps d'un bien-être et d'une tension si bien entrelacés qu'ils éveillaient l'émotion la plus intense qu'Éva ait jamais ressentie.

— Je trouve ça super que tu te sois décidée à y aller, la félicita Louna qui s'était assise sur le canapé. Partir, comme ça, à l'aventure dans cette ville et ce pays qui te font rêver depuis autant d'années, ça va te faire tellement du bien !

Je vais en Russie...

Émergeant de sa stupeur, Éva se tourna, bouche bée, vers Louna.

— Je vais en Russie... Louna, je vais en Russie !

Lâchant une exclamation de joie, elle bondit sur ses pieds et exécuta une danse avant de s'affaler, l'air béat, à côté de son amie. De petites mèches blondes et vaporeuses s'entortillaient, encadrant ses pommettes rosies par l'ivresse du moment, cascadant sur ses épaules jusqu'à sa taille. Poussant un profond soupir, Éva s'enfonça davantage dans les coussins.

— Ça me donne envie de reprendre le journal tout ça...

— De Polina ? Je croyais que tu avais décidé de ne pas continuer... Ça fait quoi, deux mois que tu l'as fini, non ?

— À peu près, mais j'ai surtout arrêté parce que je n'avais plus de pages à remplir et que ça coïncidait avec le départ de Polina à Saint-Pétersbourg. Techniquement, je pourrais en racheter un... Mais c'est vrai aussi que j'ai du mal à en voir le but, et le bout...

— Si ça te fait plaisir, ça ne suffit pas ?

— Si, si...

— Enfin, je dis ça parce que je te trouve tristounette depuis que tu n'écris plus. Tu as beaucoup bossé avec le tri et le réaménagement du bas, c'est bien, tu as fait un beau boulot, mais ça te ferait du bien d'en sortir un peu maintenant, et de te changer les idées. Tout ce que tu as fait, c'est lire et ranger, sans t'arrêter !

Éva sentit une pointe percer au cœur. Louna avait raison, elle souffrait de ne plus écrire. Mais là où elle se trompait, c'était que ses pensées tout entières étaient dirigées non vers le rangement ou la libraire, mais vers un homme et une femme qui se balançaient sur le fil du destin, quelque part dans le temps. Sasha la remplissait et lui manquait un peu plus chaque jour où elle s'éloignait de Polina et de ce monde qui était devenu le sien, dans les intimes prémisses de leur amour. Chaque minute perdue, chaque instant volé, elle les consacrait à eux. Que feraient-ils à présent, pourraient-ils être ensemble, seraient-ils heureux ? Elle tenait les ficelles de leurs existences et le pouvoir de les contrôler, et pourtant elle n'avait aucune idée de ce qu'elle voulait en faire.

— Tu as raison… mais je sais même pas ce que je pourrais écrire. Là, comme ça, je ne me sens pas trop d'écrire sur la Révolution, et elle ne va pas tarder…

— C'est pas grave. Achète un nouveau carnet avec plein de belles pages toutes blanches et tu verras une fois le stylo en main. La première fois, tu n'as pas autant réfléchi, tu as juste suivi ton inspiration. La seule question à te poser c'est : est-ce que tu en as envie ? Sinon, ne te force pas.

— J'en ai envie, c'est sûr… Mais par rapport à la Révolution, c'est justement parce que j'ai lu trop de livres dessus que je ne me sens plus de l'aborder. Je ne sais pas, c'est bizarre. Je n'arrive pas à sentir cette période, et pourtant il y a tellement de choses à en dire ! Et puis, ils me manquent tellement. Je me sens vide sans eux, amputée d'une part de moi…

— Je ne pensais pas que ça te préoccupait autant… Ne te prends pas trop le chou avec ça, hein ?

Sans relever, Éva continua :

— Ces derniers jours, de nouvelles images me sont venues. Peut-être que la suite de l'histoire n'est pas loin après tout… J'aimerais vraiment que Polina participe d'une manière ou d'une autre à la Révolution, j'ai juste peur de l'écrire. Comme un sujet brûlant qu'il ne faut pas toucher, mais qui attire pourtant inexorablement… Tu sais, jusqu'au soulèvement des femmes et des ouvriers, presque personne ne s'attendait à un renversement aussi spectaculaire et fulgurant. Les grands noms de la Révolution n'étaient même pas là, tu le crois ? Lénine avait émigré à Zurich, Staline était en exil en Sibérie… Ça a été une vraie insurrection, venue du peuple qui criait famine, paix et justice… Mais je n'ai pas envie de parler de l'histoire, on la connaît déjà. Ce qui est intéressant à mes yeux, c'est d'explorer certaines de ces vies emportées dans le tourbillon révolutionnaire, mais ça demande aussi tellement de recherches ! Ou alors je suis trop perfectionniste, c'est possible... Et puis, la narration avec Polina est quand même assez limitée de par sa propre condition de jeune femme. Pas facile de la faire sortir, de justifier ses absences, sa relation avec ses parents... Et je ne te parle même pas de la révolution d'Octobre ! C'est un sujet encore plus complexe et épineux, et j'ignore totalement si le journal pourra aller aussi loin. D'ailleurs, je ne sais même pas quelle fin je vais façonner pour Polina et Sasha. Une fuite à Paris, peut-être, tous les deux...

— Bon, il ne te reste plus qu'à aller t'acheter un joli carnet et écrire tout ça ! Et, au fait, il vient quand ton Russe, déjà ? C'est bientôt, non ?

— Oui, le 6, donc dans cinq jours...

Se penchant vers une pile de livres sur le plateau de la table basse, Éva saisit la *Petite anthologie de la poésie amoureuse* et le feuilleta. Les pages attestaient, par leur état, le nombre de lectures impressionnantes dont elles avaient été les victimes.

— Ah, ce poème, il me bouleverse toujours autant... Je peux te le lire ?

— Oui, maugréa Louna, mais ne crois pas que c'est comme ça que tu vas t'en sortir.

Opinant du chef sans prêter attention à la menace, Éva lui récita « Le vase brisé » de Sully Prudhomme, la gorge nouée d'émotion. Sa lecture achevée, elle essuya deux larmes qui perlaient de ses paupières.

— Je vois que tes goûts en poésie sont toujours aussi joyeux.

Éva lâcha un faible sourire. Tout comme ce vase, elle était brisée par une meurtrissure invisible et latente. *Mais cette histoire est un leurre,* se répétait-elle. *Si tu continues, tu vas passer à côté d'un homme incroyable, tout ça pour te réfugier dans les bras d'un prince imaginaire.* Voilà pourquoi elle voulait et devait arrêter de penser à ce journal. Mais pouvait-elle vraiment les abandonner ainsi ? Non, impossible, ce n'était pas la fin, ce ne pouvait pas l'être. Éva désirait plus que tout que Polina et Sasha soient ensemble, et si elle ne pouvait pas vivre sa grande histoire d'amour dans la réalité, au moins Polina en aurait la chance. Sa décision était prise.

— Alors, c'est promis, tu vas donner une chance à ton Russe ? lâcha Louna.

— Hein ? Ah, oui, Vitya… Ce n'est pas *mon* Russe, rectifia Éva. Et, oui, je vais lui donner une chance. Même si je maintiens qu'il aurait pu éviter d'essayer de m'embrasser au premier rencard !

— Oh, fais pas ta coincée, la taquina Louna. Et puis, de toute façon, si vraiment il ne te plaît pas, mais je dis bien vraiment pas, tu auras juste à faire l'autruche comme tu sais si bien le faire, même si j'espère que tu ne vas pas te braquer. Je l'aime bien, celui-là, il m'inspire.

— N'importe quoi, protesta Éva. Tu ne l'as jamais rencontré.

— Peut-être, mais rien que le fait que tu t'es inconsciemment servie de lui comme modèle pour ton personnage prouve qu'il n'est pas comme les autres, tu ne peux pas le nier !

— Oui, je te l'accorde… Pourtant, je trouve ça plus malsain qu'autre chose.

— Ce qui est malsain c'est que tu n'arrêtes pas de le comparer à ton cher Sasha qui, je te le rappelle, n'existe pas !

— Je sais, je sais. J'essaie de m'en empêcher, mais j'y arrive pas. Déjà que je compare Sergueï et Sasha tout le temps, alors avec Vitya au milieu je m'emmêle les pinceaux…

— Tss, et dire que je t'encourage à reprendre ton journal !

Le lendemain matin, Éva prépara un petit déjeuner royal, garni de croissants, de pains au chocolat et de pâtisseries, le tout agrémenté d'un bouquet de lys et de roses qui demeura cependant dans un joli vase, ne pouvant pas suivre

Louna dans l'avion. Elles ne reparlèrent ni du journal ni de Vitya, et au moment du départ elles s'enlacèrent plusieurs minutes, se dirent « je t'aime », comme toujours, et lorsque Louna disparut au coin de la rue, son sac sur le dos, Éva versa quelques larmes.

Louna partie, elle se mit en quête des *Œuvres poétiques* de Mikhaïl Lermontov, un autre de ses livres de chevet favoris qu'elle avait perdu de vue depuis le déménagement. Après une heure de recherches, disséquant cartons et étagères avec méthode, elle commençait à fatiguer et à considérer l'abandon comme une finalité inévitable quand sa persévérance fut récompensée.

— Ha ha, clama-t-elle, te voilà !

Elle venait d'apercevoir le dos du livre qui attendait sagement, écrasé par une dizaine de ses confrères. Elle le dégagea de la pile, se releva, épousseta son pantalon, se promit de faire le ménage bientôt et tint son graal devant elle. Elle se souvenait très bien de la couverture jaune pâle, légèrement granuleuse, et du son mat lorsqu'elle tapotait dessus. Elle s'installa en tailleur sur le canapé et se replongea dans la poésie de Lermontov avec délectation. Une heure plus tard, sa décision était prise ; elle n'abandonnerait pas Polina et Sasha à un oubli certain.

Le lendemain, Éva se rendit dans sa papeterie fétiche, spécialisée dans l'art d'écrire à l'ancienne, où carnets de cuir parcheminés côtoyaient encres et plumes. C'était ici même qu'elle avait déniché le premier journal, dans cette petite boutique du 6e arrondissement, non loin de la bibliothèque Ivan-Tourgueniev qu'elle affectionnait tant. Flânant parmi les étals, Éva caressait les couvertures des carnets en laissant glisser sa main de l'un à l'autre, s'arrêtant parfois pour l'ouvrir, le feuilleter, mais sans jamais ressentir le coup de cœur qu'elle attendait. Certes, elle pouvait acheter le même que le premier, mais cela ne lui convenait pas. Enfin, elle dénicha un épais journal, fait d'un cuir souple aux nuances noisette. Simple et sans fioritures, il était garni de pages semblables à du parchemin. Se saisissant de l'objet, Éva eut une certitude : même si elle ignorait où, quand, et comment, Polina allait revoir Sasha, très bientôt.

Sur le chemin du retour, Éva fit un crochet par le Jardin des plantes en pleine mue automnale, ensoleillé par les doux rayons de mi-novembre. Elle remonta la perspective à la française s'étendant jusqu'à la Grande Galerie de l'évolution, admirable témoignage de l'architecture métallique de la fin du dix-neuvième siècle, et élut un banc isolé sous le feuillage jaunissant des platanes. Jouissant d'une vue pleine sur les allées dont l'hiver naissant avait chassé les fleurs, dégarni les arbres et emmailloté les badauds dans des vêtements chauds, elle dégaina son nouveau carnet flambant neuf, huma l'odeur charnelle du papier, et déboucha son stylo-plume.

Avec le soleil tombant sur elle tel un projecteur, elle fut rapidement réchauffée et s'en réjouit ; elle n'aimait pas écrire les gestes entravés par un manteau, elle avait besoin de toute la fluidité de ses mouvements pour pouvoir s'y abandonner. Elle retira sa longue veste en croûte de cuir brun, celle qui la faisait ressembler à une Calamity Jane des Temps modernes, et lissa son chemisier. Éva avait décidé de porter des bottines victoriennes, un chemisier de voile blanc sous un gilet crème à manches courtes et un pantalon à toile épaisse couleur caramel. Oui, aujourd'hui, c'était far west. Elle le savait, son style avait souvent paru décalé, incongru, carnavalesque, et cela lui convenait. La plupart du temps, les gens aimaient son élégance et le ton ancien de sa garde-robe sortie d'une autre époque. Cependant, depuis six mois, elle y allait un peu fort. Qu'y pouvait-elle, elle raffolait des robes à volants ! De toute façon, pour rien au monde elle n'aurait changé ce style qui lui tenait tant à cœur.

Éblouie de soleil, Éva replaça son chapeau marron au large bord sur sa tête. Devant elle, le parterre herbeux déplorait l'absence de ses plus belles fleurs, languissant le printemps, et Éva partagea sa tristesse. Les roses capiteuses, le jasmin et le lilas, toutes ces senteurs enchanteresses lui manquaient cruellement à elle aussi. Cet été, elle n'avait cessé de venir se gorger de leur parfum, s'imaginant marchant à l'aube entre les allées du domaine, mais aujourd'hui ce temps était révolu.

En cet instant, où était Polina ?

Journal intime d'Apollinariya

Petrograd, mercredi 16 novembre 1916

J'ÉCRIS, ET JE CÉLÈBRE EN MON CŒUR la fin de cette attente emplie d'incertitudes. Je guéris de cette plaie d'absence qui m'a rongée durant les derniers mois de maladie et de silence.

Est-ce mon ange gardien ou le diable en personne qui a replacé Sasha sur ma route ? Car c'est bien la raison pour laquelle j'inaugure ce journal. Aujourd'hui, nous nous sommes vus. Enfin, après tant de jours, de nuits, d'heures vides de lui, je respire et je suis heureuse !

Dès notre départ de Kislovodsk, une lassitude immense s'était installée en moi. Je ne parvenais plus ni à sourire ni à rire. Retrouver Papa et passer du temps tous ensemble à Strelna a été un réconfort, certes, mais surtout un sursis, repoussant le retour de ma maladie qui se faufilait en moi. Mon souffle devenait plus court, mon cœur plus faible, et pourtant rien de tout cela ne m'atteignait. Un autre poids invisible écrasait ma poitrine et étiolait ma volonté de vivre. Un poids que j'avais tant rêvé : celui de l'amour. Je tentais de me persuader que cela était dû au retour à Petrograd, à l'hiver approchant, mais aujourd'hui je me dois d'admettre que seule l'absence de Sasha était la cause de mon mal.

Je l'aime. Oui, je l'aime, et cette certitude m'enlace tel un baume salvateur et empoisonné. *Je n'ai pas peur de la mort, j'ai peur de ne pas vivre avant de mourir.*

Au cours de ces longs mois, parfois inconsciente, fiévreuse des jours durant, je n'ai pu l'oublier un instant, et je ne le pourrai jamais. J'ai cru m'éteindre, livide, émiettée, me retenant à la voix du destin qui me chuchotait d'attendre, qui me promettait son retour. J'ignore quels sentiments abreuvent son cœur et cela n'a que peu d'importance. Mon amour n'exige rien de lui, puisqu'il m'a déjà offert le plus merveilleux des cadeaux : cette vérité profonde, essentielle, qu'il a su faire éclore en moi. Ces portes qu'il a entrouvertes dans mon esprit, je ne peux les occulter et je me rendrai au-delà. Seule l'impossibilité dresse ses remparts, car c'est à ses côtés que j'aspire à entreprendre ce voyage. Sans lui, tout cela perd sens et saveur. Oh, et je sais ce qu'il répondrait : « Personne d'autre que nous-même ne peut détenir notre bonheur. Il est entre nos mains et c'est à nous de le façonner. » Est-ce un mal de souhaiter partager ma vie avec lui ?

Mais à quoi bon me torturer avec ce qui ne peut être ? Par deux fois cet été il a affirmé ne ressentir aucune inclination à mon égard, et il semblait sincère… Pourtant une certitude me crie le contraire. Peut-être me provoquait-il, afin de tester ma réaction, ou bien m'aime-t-il en secret depuis le début, ligoté par les conventions et son amitié pour Sergueï Vassilitch. Car, au bal, lorsqu'il m'a repoussée et s'est montré si froid à mon égard, il connaissait mon nom et donc sûrement mon lien avec son ami… Néanmoins, je crains fort que ce soit mon abus de poèmes et de romans d'amour qui nuise à mon jugement. La poésie russe est si foisonnante, force abyssale et transcendante. Riche et puissante, car nos poètes comme nos écrivains ont ce don pour exprimer les plus intenses et intimes profondeurs de l'âme et du cœur humain. Les vers de Lermontov me transportent, fissurent et élèvent mon esprit neuf et aspirant. Dieu, il y en a tant que je souhaiterais écrire ici, mais cela me prendrait des jours entiers !

Mais je m'égare de mon récit initial : mes retrouvailles tant espérées avec Sasha. Je ressentais l'envie et le besoin de sortir seule, d'alléger mes pensées par la marche et l'air frais. En remontant Nevski depuis l'angle de Liteyny, je me suis arrêtée devant une vitrine et je l'ai aperçu, un peu plus loin derrière moi marchant dans ma direction. Cela aurait été ardu de ne pas le voir avec ses cheveux cuivrés, appuyé sur sa canne de son pas si singulier. Cependant, il boite beaucoup moins.

Mes mains tremblaient, mon cœur battait, tambourinait, hurlait, et mon visage prenait feu, mais cela ne m'importait guère : il était là, avançait vers moi, et la vie reprenait sens et couleurs. Je le soupçonne de m'avoir aperçue avant, car sa surprise paraissait feinte. Il m'a souri, sympathique, courtois, comme il faut. S'inclinant légèrement, il s'est enquis de ma santé et de celle de mes proches, puis il s'est mis à marcher et je lui ai emboîté le pas. Il ne se sert presque plus de sa canne à présent et sa cicatrice a adopté la même couleur que son teint. Ses prunelles, en revanche, sont d'un sombre émeraude que je ne lui connaissais pas et où toute malice semble avoir disparu…

Nous avons discuté de banalités jusqu'au croisement de Sadovaïa où, à mon grand regret, il a pris congé.

J'ai appris qu'il occupe en ce moment une chambre chez Sergueï Vassilitch et qu'il travaille dans la librairie en face de Gostiny Dvor. Je n'avais pas osé demander de ses nouvelles et je me languissais sans plus d'espoir pour que Sergueï, Ira, Igor, *quelqu'un* le mentionne enfin dans une conversation. Mais je n'en ai pas eu besoin, la chance m'a souri. Je n'irai pas le voir pour l'instant, mon émotion est encore trop récente, trop agitée, et ce serait précipité… Mais comme j'aimerais pourtant y courir dès à présent !

Jeudi 17 novembre

Sergueï V. est arrivé à Petrograd il y a un peu plus d'un mois, mais il est très occupé et ne nous a rendu visite qu'à deux reprises. Bientôt, il viendra une fois par semaine pour donner sa leçon à Stepan, qui dans trois ans déjà fera sa rentrée au lycée Alexandre ! Ira dit que c'est un charmant prétexte pour Sergueï, et qu'ainsi nous pourrons profiter de ces moments pour nous voir. Elle s'en réjouit bien plus que moi, tout comme Maman. Même Papa semble très enthousiaste… Il va certainement oser faire sa demande. À présent qu'il s'est tant rapproché de nous, comment pourrais-je la refuser ? Pourquoi la refuser ? C'est insensé : Sergueï est parfait. Durant ma maladie, il prenait régulièrement de mes nouvelles auprès d'Ira, me transmettant ses chaleureux sentiments. Lorsque j'ai été au plus mal, il m'a envoyé une lettre adorable, me souhaitant un prompt rétablissement… C'est un homme bon et généreux, je ne cesse de me le répéter. Maman et Papa sont très contents, et ils l'apprécient beaucoup. Stepan m'a taquinée, disant que je devais sûrement être ravie que mon fiancé vienne à la maison. Mon fiancé… J'ai dû feindre une fois encore, et prétendre être enchantée de le revoir. Ma réticence serait suspecte, et comment la justifier ? Je ne peux me confier à personne, surtout pas à Ira et à Maman.

Je vais répéter le morceau que Piotr Arcadiévich m'a fait découvrir, *Le Vol du bourdon*, admirablement composé par Nikolaï Rimski-Korsakov. Oui, ce sera parfait pour m'échapper de tous ces tracas, au moins le temps d'un battement. Puis, je continuerai de travailler la merveilleuse *Romance oubliée* de Liszt, et certainement pleurerai-je encore…

Samedi 19 novembre
Dans ma chambre

Papa et Sergueï discutent au salon en ce moment, et je sens l'odeur des cigares se faufiler jusqu'ici. Depuis quelques jours, des grèves et des mouvements agitent la ville, c'est de cela qu'ils parlent. La situation des ouvriers m'échappe, me dépasse (suis-je sotte ou trop naïve?). Où sont leurs droits, pourquoi leur vie est-elle si précaire ? Pourquoi y a-t-il, pourquoi doit-il y avoir autant de différence entre eux et nous ? Ils ont froid, faim, sont fatigués, éreintés, tandis que nous sommes, certes rationnés aussi, mais mieux lotis... Pourquoi doit-on payer pour ce qui est vital ? La nourriture, l'eau, voilà deux choses qui ne devraient jamais être vendues. Ce sont des besoins essentiels, nous faisons commerce de vies humaines ! Quelles folies l'homme a-t-il créées ? Guerres, famines, destructions, à quoi bon ? Pourquoi le mal, pourquoi la douleur ? Pourquoi nous infligeons-nous cela ? Nous sommes seuls responsables, mais quelle est cette maladie dans notre sang qui nous donne soif de celui de l'autre ? Ce sang qui coule, ces bonheurs qui se tarissent, par notre propre cruauté !

Pourquoi ne puis-je décider de ressentir de l'amour pour Sergueï Vassilitch? Tout serait si parfait, si simple, tel que je l'ai toujours imaginé : un mari bienveillant, apprécié et approuvé par ma famille, me promettant à un doux avenir... Et si Sasha était une épreuve envoyée pour me détourner, me tester, m'attirer hors du droit chemin ? Pourtant, je ne peux m'empêcher de penser *qu'il est le droit chemin* ! Et puis, après tout, Sergueï n'est pas parfait. Je le trouve parfois étrange, oppressant d'attentions. Il m'est arrivé de le surprendre me dévorant des yeux, et lors de ses baisemains, il attarde ses lèvres quelques secondes de trop sur ma peau. Je n'aime pas cette habitude qui a le don de me mettre mal à l'aise. Cependant, comment le blâmer, puisqu'il est épris de moi depuis cet été, et peut-être même avant, que sais-je ?

Je ne participe pas à leurs conversations, toujours politiques, néanmoins j'observe Sergueï et je remarque qu'il n'exprime que peu son point de vue, ou du moins se range souvent du côté de celui de Papa, d'Igor, ou de la personne avec qui il s'entretient. Est-il vraiment de leur avis ou est-ce un manque de caractère, d'opinion, de l'hypocrisie ? J'ai noté cette tendance que peuvent avoir certains, moi y compris, mais j'y prends garde. Parce que nous voulons plaire, nous faire accepter, nous nous accordons, parfois inconsciemment, à l'avis des gens qui nous entourent, mais pas Sasha. Non, lui pense par lui-même, ne dépendant de personne et n'attendant aucune récompense pour ses nobles exploits… Ce sonnet de Pouchkine me revient à nouveau, mais je ne parviens pas à m'en souvenir avec exactitude.

Je l'ai retrouvé !

« Poète, ne fais pas cas de l'amour populaire ! Le bruit momentané des louanges enthousiastes passera ; tu entendras le jugement du sot et le rire de la froide multitude ; mais toi, reste ferme, tranquille, farouche.

Tu es un roi : vis seul. Par un libre chemin, va où t'entraîne ton libre esprit, perfectionnant sans cesse les fruits de tes pensées favorites, ne demandant pas de récompense pour ton noble exploit.

Elles sont en toi-même : tu es toi-même ton plus haut tribunal ; plus sévèrement que tout autre tu peux apprécier ton travail. En es-tu content, toi, artiste exigeant ?

Tu es content ? Alors laisse la foule le vilipender, laisse-la cracher sur l'autel où ton feu brûle, et avec une pétulance enfantine secouer ton trépied. »

Quels vers incroyables. « Par un libre chemin, va où t'entraîne ton libre esprit » : oui. Les récompenses sont en nous-mêmes, et nous sommes notre propre tribunal, toujours ! Reste ferme, tranquille, farouche : voilà Sasha, l'homme auprès de qui je souhaite vivre.

Mercredi 23 novembre

Je lis, je dessine, je pratique mon violoncelle, mais je ne pense qu'à lui rendre visite à la librairie. Il y a quelques jours, je suis passée devant, mais je n'ai osé y entrer, accélérant même le pas. Je ne veux pas paraître précipitée, et j'attends de trouver une raison valable.

Il a beaucoup neigé ces derniers jours, d'une neige jeune, tendre et blanche. C'est ainsi qu'elle est la plus belle, encore immaculée. Sur les toits, elle s'accroche par paquets, et la ville devient un océan bossu et crémeux.

C'est nouveau pour moi d'avoir du temps. À Smolny, nous étions débordées, sans une minute à nous. Je travaille beaucoup le violoncelle, Piotr Arcadiévich est un très bon professeur et j'ai fait beaucoup de progrès, malgré ma maladie. Mais je ne cesse de me tourmenter. Je broie du noir dans ma petite cage dorée et la musique de mon archet me fait pleurer.

Il m'est vital de le voir.

Soirée, dans ma chambre

J'ai eu une brève conversation avec Papa. Je réalise que nous ne parlons que rarement, ou du moins jamais de choses bien importantes. Bien sûr, en ce moment il est débordé à l'hôpital, mais même avant nous n'avons jamais discuté de sujets sérieux comme il le fait avec Ira. Il a toujours aimé ma coquetterie, mon goût du beau, ma délicatesse, je suis sa « petite princesse », mais je crains de n'être à ses yeux qu'une jolie poupée, et rien de plus. Est-ce grave de ne s'intéresser qu'aux choses agréables?

l'ai-je questionné. Il m'a répondu non, c'est tout naturel pour une jeune fille. Mais ça ne devrait pas l'être ! Ne souhaite-t-il pas que je m'ouvre au monde, que je découvre quelles réalités le composent ? Je croyais qu'il m'aimait plus qu'Irina, que j'étais sa préférée, mais je me demande maintenant s'il ne l'estime pas davantage, car elle est instruite, érudite même. Pour lui, je suis toujours sa petite fille, tandis qu'à mon âge elle était déjà une femme à ses yeux ! Ils ont ensemble de longues conversations politiques, ils parlent d'économie, de toutes ces choses qui m'ennuient, et j'ai peur d'être creuse, sans profondeur, avec mes rêves froufrouteux, comme le disait Sasha. Je souris, je fais des coquetteries, que sais-je faire d'autre ? Je me trouve si sotte, si ignorante, et cela me rend malade. Le vent froid et glacé est arrivé pour de bon. Prenant ses quartiers d'hiver, il nous a enveloppés et murmure à mon humeur tourmentée. Il arpente sans relâche les rues, et balaie les cœurs.

Vendredi 25 novembre
Près de la fenêtre

Nous venons de passer plusieurs heures à poser pour le tableau, Maman est réjouie, mais je trouve cela ennuyeux et fatigant. Au moins, cela n'est pas trop souvent, puisque Papa n'est que peu disponible en ce moment, débordé à l'hôpital. Cela fait bientôt deux ans, depuis le début de la guerre, qu'il a cédé sa chaire à la faculté de médecine et qu'il travaille sans relâche, courant d'un hôpital à l'autre, jour et nuit. Pauvre Papa, il est si courageux ! Et Stepan qui ne tient pas en place, cela est épuisant… Le peintre fait les gros yeux derrière ses sourcils broussailleux. Je le comprends, un enfant qui gigote tout le temps doit être agaçant. Il a été accordé que je pose avec un livre, cela m'occupe, je relis *Anna Karénine.* Mais le personnage d'Anna me laisse perplexe, comme la première fois. Je ne sais si je l'aime, ou si je la hais. Kitty en revanche est charmante, la relation qu'elle entretient avec son père me fait penser à la mienne. La déconvenue qu'elle essuie avec Vronski m'a toujours chagrinée, mais c'est une bonne leçon à retenir. J'ai souvent dit, en riant, que je voulais un homme comme lui, beau et courageux, riche et distingué, mais aujourd'hui tout cela me semble si futile et stupide ! Au fil des pages, je me surprends à découvrir Lévine sous un jour neuf, lui qui me déplaisait et m'ennuyait à présent m'émeut et me séduit. Il me rappelle Sasha…

La première fois, je n'avais pas lu ce livre : je n'avais rien compris, rien ressenti. Je m'étais éprise de Vronski sans voir que le véritable noble personnage de ce roman était Lévine, et lui seul ! Enfin, sans oublier le paysan Platon apparaissant également dans *Guerre et Paix,* et toujours aussi philosophe.

Ai-je donc tant changé depuis ma dernière lecture ?

Samedi 26 novembre

J'ai découvert la *Valse sentimentale* de Tchaïkovski : perfection, pureté absolue. Oh, bien sûr, il y a tant de chefs-d'œuvre, comme l'adagio du Concerto pour piano no. 23 de Mozart qu'Ira travaille en ce moment, mais celui-ci est unique, incomparable, et m'emporte dans un songe intemporel.

Dans mon lit

Je soupçonne Irina de m'avoir invitée à dessein à ce dîner, sachant que Sergueï Vassiliévich serait présent, mais elle aurait pu avoir la délicatesse de me prévenir. Encore des manigances afin de nous rapprocher. J'ai peur de ne pouvoir me dérober bien longtemps…

La conversation était animée. Il y avait Mechevsky, le vieux docteur que j'ai déjà vu à plusieurs reprises. Amlov avec sa femme Anna Fedorovna, d'une compagnie charmante. Natacha et l'un de ses soupirants, un certain

Krinov, un avocat, poète à ses heures. Également, le jeune officier Solkhine, un cousin d'Igor, était là en permission pour quelques jours. Il me semble lui avoir plu, ce qui n'était pas au goût de Sergueï Vassilitch manifestement. Autrefois, cela aurait été réciproque, mais Sasha m'a trop bien entraînée à reconnaître les beaux parleurs pour que je me laisse prendre à son jeu, et je comprends que Sergueï en ait été agacé. Nous avons eu l'occasion de discuter à plusieurs reprises, et alors que je lui confiais ma passion de la lecture, il m'a aussitôt encouragée à aller voir Sasha ! N'est-ce pas encore un vilain tour du destin de me tourmenter ainsi ? Je sens vibrer l'admiration dans la voix de Sergueï quand il parle de lui, mais je distingue aussi une légère amertume au fond de ses prunelles.

J'ai repensé maintes fois à ce roman, *Que faire ?*, et j'aimerais le lire. Voilà qui serait donc une raison idéale pour visiter Sasha… Mon esprit demeure aimanté à lui, sans relâche. Depuis nos retrouvailles, dix jours se sont écoulés et mon état de santé sombre à nouveau. Lundi, je me rendrai à la librairie.

20

Éva détestait l'eau, mais appréciait la pluie

CETTE NUIT-LÀ, IL FAISAIT NOIR, un noir d'encre. Éva nageait dans une mélasse informe, les épaules douloureuses et la poitrine en feu, étouffée sous un poids d'enclume. Le souffle coupé, elle avait froid. Lorsqu'elle ouvrait la bouche, la substance sombre l'envahissait. Inexorablement, elle avançait, étrangement sereine. Elle ne ressentait plus rien, sauf une brûlure de délivrance qui enserrait ses poumons et ses os. Doucement, son cœur ralentissait, jusqu'à s'arrêter.

Les lèvres d'Éva s'arrondirent et elle avala une goulée d'air salvatrice. Ses mains étaient gelées, elle tremblait. Le rêve vibrait encore en elle. Des mèches moites de sueur collaient sur son front et sa nuque. Elle alluma la lampe et se redressa contre les coussins. Cinq heures du matin. Froid, peur, et tristesse rongeaient son ventre, tranchaient son souffle. Elle inspira profondément, une fois, deux fois, trois fois… Apaisée, elle se leva, enfila ses chaussons, sa robe de chambre et descendit se préparer une tisane à la camomille.

Au salon, éclairée d'une simple chandelle, elle se lova sous le plaid douillet qui se prélassait sur le canapé.

Les lumières de la ville perçant à travers les voilages étiraient les ombres filiformes des plantes sur le tapis. Éva détestait l'eau, mais appréciait la pluie, et pour elle nul besoin d'autre berceuse que celle des gouttes crépitant sur les toits. Quand les gens se plaignaient, elle pensait aux arbres, aux fleurs, et aux nappes phréatiques qui se saoulaient avec bonheur sous leurs pieds. Mais, ce qu'elle préférait, c'était la neige qui la rendait toujours joyeuse et mélancoliquement inspirée.

Depuis une semaine, avec tellement de choses à organiser en plus de l'écriture, elle n'avait pas eu une minute à elle. Les procédures de visa pour la Russie n'étaient pas si simples ni bon marché. Elle réserva aussi son séjour dans une auberge de jeunesse, s'acheta deux guides de Saint-Pétersbourg, puis prépara la liste de ce dont elle aurait besoin, c'est-à-dire des vêtements chauds et confortables, et les livres qu'elle voulait apporter. Sur cette question particulière, elle bataillait avec elle-même, ne sachant à l'avance ceux qu'elle désirerait lire.

Malgré les préparatifs, le tri et le rangement, Éva s'était remise à écrire, et avec ferveur. Dès que sa plume s'était posée sur le papier, les mots avaient ruisselé en un flux ininterrompu durant ces derniers jours. Comme Polina, elle respirait à nouveau. Elles avaient souffert toutes les deux et renaissaient, plus graves, mais plus conscientes aussi.

Par contre, Éva était dérangée par son envie débordante d'inonder le journal de tous ces poèmes qu'elle dévorait. Les pages des *Œuvres poétiques*, après seulement quelques semaines, étaient déjà usées de lecture et mouillées de larmes.

En plus de son cauchemar habituel, Éva faisait des songes étranges, où elle croyait distinguer Sasha, sentir sa présence. Une brume opaque recouvrait son sommeil, mais il lui semblait que celle-ci s'éclaircissait, ou bien n'était-ce qu'une illusion. Dans tous les cas, elle s'appliquait à l'éloigner de ses pensées, se concentrant sur Vitya, bien vivant, contrairement à son concurrent imaginaire. Éva était fière d'elle. Elle avait pris une bonne résolution et s'y tenait. Cesser d'associer Sergueï et Vitya, voilà chose faite, ou presque. Elle se félicitait de lui avoir envoyé ce mail et était ravie de l'échange qu'ils avaient eu. La situation avait des chances d'être moins gênante que la dernière fois. Enfin, sans compter le fait qu'elle n'avait pas invité un homme chez elle depuis longtemps, jamais à la librairie, et encore moins un homme potentiellement potentiel, un jour, éventuellement, peut-être.

Courbé, à peine protégé par un parapluie dégoulinant, Vitya hâtait le pas sous les gouttes. Le soleil, masqué par les nuages épais, ne dispensait pas sa lumière dans la rue. Relevant la tête, son regard s'accrocha à la façade. Il resta un moment à la contempler, ignorant la pluie qui se jetait contre ses joues.

Éva fut réveillée en sursaut par la sonnette de l'entrée. Elle se leva d'un bond, frotta ses yeux, s'étira, bâilla, et vérifia l'heure.

Quatorze heures, mince !

Le réveil avait dû s'égosiller en solitaire. Elle se précipita à la fenêtre, et se penchant aperçut Vitya qui attendait sous le maigre abri de sa capuche.

— J'arrive, je t'ouvre !

Elle se rua dans sa chambre, enfila un jogging, un pull, ses chaussons, dévala les escaliers et se pressa vers la porte en arrangeant son chignon, d'où s'échappaient quelques mèches bouclées. Vitya s'engouffra à l'intérieur et essuya ses pieds sur le paillasson et ébouriffa ses cheveux sombres. Ses pommettes et son nez busqué étaient rougis par le froid. Ses yeux, en revanche, crépitaient.

— Je vais te chercher une serviette, lança Éva avant qu'il n'ait le temps de se pencher pour lui faire la bise.

Moi qui avais prévu de ranger et de me préparer avant qu'il arrive, c'est raté.

Elle s'observa dans le miroir de la salle de bains.

Des cernes et la figure encore un peu froissée, mais tant pis.

Lorsqu'elle revint, Vitya avait retiré ses chaussures à l'entrée et suspendu son caban trempé au portemanteau, tel un habitué des lieux. Vêtu d'un jean noir et d'une chemise bleu marine, il s'avançait vers les étagères surchargées de livres. Son regard embrassait la pièce, les rayonnages, et semblait avoir oublié l'existence d'Éva, car à son arrivée il sursauta et se retourna, contrit.

— Pardon, j'avais très envie de voir les lieux, j'espère que cela ne te dérange pas ?

Son accent provoquait toujours chez Éva ce même effet frissonnant. Alors qu'elle aurait aimé paraître sûre d'elle, l'écho de sa voix lui apparut faible et tremblotant. En réalité, il n'en était rien et elle fit parfaitement illusion lorsqu'elle lui tendit la serviette en l'invitant à poursuivre sa visite comme il lui plairait. Vitya la remercia et frictionna ses cheveux trempés.

Je ne peux pas le nier, il est beau, et il a du charme. Et cet accent... Mais il est un peu trop quelque chose aussi, ou pas assez... Il y a un je ne sais quoi qui cloche.

Il se redressa face à Éva, plantée devant lui en le dévisageant.

— Euh, un peu de thé ? bredouilla-t-elle.

— Oui, volontiers, merci.

Avant de disparaître dans la cuisine, Éva osa un coup d'œil en arrière et s'aperçut que Vitya avait déjà repris son exploration, emportant avec lui la serviette mouillée. De la pulpe de l'index, il caressait les reliures de cuir, flattait les couvertures, puis sa silhouette s'effaça entre les rayonnages.

Le thé, allez, on se reprend, on garde le nord. Pas de panique.

Sur un plateau, Éva disposa théière, tasses, sucre et un pot de lait. En attendant que l'eau chauffe, elle grignota un bout d'emmental et tenta d'apaiser les chevrotements de son cœur. Ces derniers temps, elle avait de plus en plus de crises. Jamais graves, mais qui la laissaient pantelante durant une ou deux minutes. Pas assez en tout cas pour la pousser à reprendre ses médicaments.

On se calme, choupette, c'est juste un homme. Il est sympa, il ne va pas te manger. On se calme.

Quand tout fut prêt, elle rejoignit Vitya et ils montèrent à l'étage. Éva posa le plateau sur la table basse du salon et lui fit visiter. Il faisait preuve d'une curiosité rare et semblait subjugué par chaque petit détail, allant jusqu'à caresser le vieux papier peint. Lorsqu'il découvrit le tableau, il poussa une exclamation et s'approcha du cadre aussitôt. L'air grave, il l'observa sous toutes les coutures tandis qu'Éva lui expliquait son histoire particulière. Surpris, Vitya en fut d'autant plus intrigué et ce n'est qu'au bout de plusieurs minutes qu'il détacha enfin son regard de l'œuvre et la suivit au salon.

Se penchant sur le liquide ambré, Éva en rida la surface de son souffle. Le thé exhalait un délicat fumet de vanille et d'amande mêlé. Depuis maintenant plusieurs heures, et deux théières, ils discutaient littérature. Éva ne cessait d'être surprise par l'érudition de Vitya, mais pas seulement. Elle se sentait particulièrement à l'aise en sa compagnie et, parfois, parvenait même à oublier qu'il avait essayé de l'embrasser. Évoquant encore son admiration pour la littérature russe, elle lui avoua ses tentatives de lecture en version originale et il la gronda gentiment :

— Oh, alors tu parles russe et tu ne me l'avais pas dit ?

— Oui, un peu, *tchiut-tchiut*, mais, euh, j'ai besoin de pratiquer, *minnie noujna praktica...*

Les pommettes plus rouges que des fraises mûres, Éva plongea au fond de sa tasse. Une mèche se détacha de son chignon et vint chatouiller la commissure de ses lèvres. Elle écarta la boucle d'un geste machinal et releva les yeux pour découvrir ceux de Vitya, gourmands, qui la dévoraient.

C'était trop beau pour être vrai, il fallait qu'il recommence avec ses regards bizarres...

Marmonnant une excuse, elle se réfugia dans la salle de bains. Les deux mains appuyées sur la faïence du lavabo, elle contempla son visage encore rouge malgré l'eau fraîche dont elle venait de s'asperger. Inspirant profondément, elle fixa son reflet puis, après s'être murmuré quelques mots encourageants, elle retourna au salon. Dès la porte franchie,

Vitya la complimenta sur sa prononciation et l'assura qu'elle avait une prédisposition manifeste.

— Tu prends des cours ? s'enquit-il.

— J'en ai pris à la fac, mais je n'ai jamais vraiment pratiqué… J'ai intérêt à m'améliorer avant Saint-Pétersbourg !

Vitya n'en attendait pas moins pour lui proposer son aide, si elle avait envie de s'exercer avant son départ.

Ce n'est pas non plus une mauvaise idée…

— Oui, pourquoi pas…

— Je rentre demain à Moscou, mais je reviens fin janvier pour plusieurs semaines, donc on aura le temps à ce moment pour pratiquer.

— J'avoue que ce serait bien utile…

— Bon, alors c'est entendu !

— Et tu penses être à Saint-Pétersbourg quand j'y serai ?

Vitya lui répondit en russe, lentement pour qu'elle comprenne bien, mais Éva le pria de répéter en français. Elle n'était pas encore prête à changer de langue.

— Je ne suis pas sûr des dates, mais je vais faire pour le mieux. Peut-être que je vais devoir retourner à Paris fin février, mais c'est pas confirmé.

— D'accord, alors on verra ça plus tard.

— Au fait, est-ce que tu sais déjà où tu vas dormir ?

— Oui, dans une auberge de jeunesse qui a l'air très sympa, vraiment bien rénovée, vers la place Vosstaniya.

— Oh, ce n'est pas loin de chez moi. Enfin, de l'appartement que j'ai acheté. Il est encore en travaux, c'est un ami à moi qui y habite. D'ailleurs, il va y exposer certaines de ses œuvres à l'occasion du centenaire de la révolution de Février, ça pourrait être chouette pour toi, si tu as envie…

— Avec plaisir ! C'est quoi comme style de peinture ?

— Je m'y connais mal. Je dirais réaliste, historique, un peu comme les fresques d'époque. Il peint de grandes toiles avec beaucoup de détails.

— Intéressant, je serais curieuse de voir… J'hésite d'ailleurs sur la manière dont je vais traiter la révolution de Février, et celle d'Octobre ensuite, à travers le journal et la vie de Polina. De quelle manière et à quel degré est-ce qu'elle va vivre ces bouleversements ? C'est un thème si complexe, dense, je me sens comme une intruse ! Comme une petite fille qui essaierait de parler de choses qui la dépassent totalement… Comment parvenir à traiter ce sujet en l'honorant pleinement, et surtout sans dire de bêtises ! J'ai vraiment peur de ne pas être à la hauteur de la tâche… Alors, si ton ami a des conseils, je suis preneuse ! Dans tous les cas, je serais ravie de t'accompagner.

C'était vrai, elle devait bien le reconnaître. Une exposition de peinture sur cette période ne pouvait qu'être intéressante, et elle savait la source d'inspiration qu'un seul tableau pouvait représenter, alors plusieurs…

— Eh bien, dans ce cas, Yeva, je serais moi-même ravi de t'y emmener.

L'intéressée leva des yeux étonnés vers lui.

— Yeva ?

— Oui, en russe le prénom Éva se prononce comme ça.

— Oh… J'aime bien Yeva.

Et Vitya sourit, ravi de son effet.

— Et pour ce qui est de tes talents d'écrivain et d'historienne, je n'ai aucun doute.

Journal intime d'Apollinariya

Petrograd, dimanche 27 novembre 1916
Au réveil

J'AI FAIT UN RÊVE ÉTRANGE cette nuit, et je me suis éveillée en sursaut en chutant sur le parquet. Maman et Irina étaient là, Sasha aussi. Mon poignet me fait mal, écrire m'est douloureux, mais je veux noter ce rêve avant de l'oublier, et avant que Papa arrive pour m'ausculter.

Maman et Ira étaient là donc, et nous brodions tranquillement en silence à la petite table du salon, mais ce n'était pas notre maison. Enfin, pour moi c'était notre maison, mais elle ne ressemblait pas à la nôtre. Ma broderie dans la main, je m'ennuyais. J'ai essayé de me lever, mais il m'était impossible d'esquisser un geste et mes mains continuaient leur ouvrage sans que je puisse les en empêcher. Je tentais d'attirer l'attention, d'exprimer la frayeur qui grandissait en moi, mais j'étais également incapable de parler ! Impuissante, je contemplais mes doigts, brodant inexorablement. Je jetais des yeux désespérés autour de moi. Maman et Irina ne me regardaient pas, absorbées par leur tâche. Je voulais hurler, me débattre, impossible ! J'ai dirigé mon regard vers la fenêtre et j'ai aperçu

Sasha au fond du jardin. Il m'observait, immobile et froid. J'ai ouvert la bouche pour crier, tentant encore de me débattre, et je l'ai vu secouer légèrement la tête semblant me dire : « Arrête donc, cela est inutile. » Il a fait volte-face et s'en est allé dans le bois. Paniquée, je me suis démenée sans relâche et me suis finalement réveillée en sursaut. Je venais de tomber du lit, emmêlée dans les couvertures. À présent, mon poignet me fait mal. Papa va arriver d'une minute à l'autre, j'espère que ma blessure n'est pas trop grave. Je n'irai pas me promener ce matin ni à la librairie demain, mais très bientôt ! Poignet immobilisé, il me faudra de la lecture...

Midi

Poignet bandé : Papa m'a déconseillé d'écrire et surtout m'a interdit le violoncelle.

Samedi 3 décembre

Mon poignet est encore douloureux, mais je ne pouvais attendre : je suis allée à la librairie. J'étais palpitante et tentais de ne pas le montrer. Tout d'abord, la conversation a été convenable, courtoise, puis je l'ai senti se détendre et retrouver un peu de sa légèreté et de son mordant.

Sa culture littéraire est impressionnante ! Nous avons longuement discuté de Goethe, que nous affectionnons tous les deux, et aussi de Nietzsche, dont je n'ai pas eu l'occasion de parcourir les écrits, mais dont j'ai déjà entendu parler à plusieurs reprises. Sasha semble se passionner pour ses idées, et je serais curieuse de les découvrir. Il a été choqué d'apprendre que je n'avais lu de Dostoïevski que ses nouvelles et m'a exhorté à y remédier dès à présent. Il m'a parlé de nombreux ouvrages et m'a abreuvée d'une telle quantité de noms que je ne parviens même pas à me les rappeler. Dickens, Hugo, Zola, notamment *L'Assommoir* qu'il vient de finir et qu'il a beaucoup apprécié. Y est dépeint le monde ouvrier, mais aussi la condition de la femme d'ouvrier. J'ai entendu des éloges sur la plume de ce Zola, bien qu'il soit provocateur parfois. Je crois que certaines de ses œuvres ont fait scandale. Aussi, il m'a encouragée à m'intéresser davantage à nos poètes contemporains, comme Akhmatova ou Maïakovski. Il m'a dit tant de noms, impossible de tous me les rappeler, sans parler des titres d'œuvres ! Je pense en avoir oublié plus de la moitié, mais nous aurons de nouvelles occasions d'en parler. Sasha est un grand passionné, et incroyablement érudit. Je pense qu'il devrait envisager d'ouvrir un jour sa propre librairie.

Ah, et il y a deux autres livres dont je me souviens que Sasha a affirmé être incontournables : *Ainsi parlait Zarathoustra* du philosophe Nietzsche pour lequel il a tout spécialement appris l'allemand (apparemment ce texte a révolutionné sa vie et sa vision du monde) et *De la servitude volontaire* d'un Français, un certain La Boétie. Il l'a découvert lors de ses études à l'université populaire de Moscou et m'a promis de me l'offrir un jour prochain. Je crois me souvenir qu'il les a cités tous deux à quelques reprises durant nos soirées au domaine cet été.

J'ai la sensation qu'il se contient avec moi et prend garde à ses débordements. Il est si différent du Sasha de nos débuts. Ce n'est pas de l'hypocrisie, mais je crains qu'il n'ait perdu un peu de son feu… Ou peut-être sait-il aussi le couvrir et le laisser répandre sa chaleur avec davantage de discrétion.

Lorsque je lui ai expliqué que je souhaitais acheter *Que faire ?*, il a hésité puis m'a dit de revenir après les fêtes. Il va le commander et le mettre de côté pour moi. Pour patienter, il m'a offert un texte du même nom, mais écrit par Tolstoï. C'est un essai philosophique et autobiographique que je me languis de commencer.

Dimanche 4 décembre

Notre crime vient de ce que nous savons. Nous voyons chaque jour ces humains en souffrance à nos pieds, sans intervenir. Mais que faire ?

Nous festoyons dans nos plats d'argent, nous jouissons sans limites de l'opulence de nos privilèges en nous cachant derrière cette prétendue nécessité d'un tel ordre des choses. Qu'importe cette fausse loi du plus fort ! L'avarice et la peur de perdre ce luxe qui donne sens à nos vies nous consument de leur fiel.

Et moi, dans mon ignorance et ma non-intervention (Sasha avait raison), je participe à cette aberration de l'humain. Tout ce qui faisait mon plaisir et mes joies s'est envolé avec mes illusions, se transformant en tourment. Nous sommes riches de la misère des autres, et rien ne peut disculper la vie que nous menons.

Je découvre une nouvelle facette de Tolstoï à travers son ouvrage. Son honnêteté et sa recherche constante de la justice et de l'égalité entre les hommes sont remarquables. Il se présente sans prétention, avec ses erreurs, assumant ses égarements, ses tentatives et ses échecs pour comprendre la misère et trouver un moyen adéquat d'y remédier. Il n'est qu'un homme, mais si nous avions tous ce même élan pour la justice et l'équité, le monde serait bien plus radieux, voilà qui est certain. Il prône un renoncement aux privilèges auquel j'adhère. En effet, si toutes ces riches personnes du monde acceptaient d'abandonner leur supériorité matérielle, financière, au profit du bien-être de la collectivité, la balance trouverait un équilibre pour tous. Mais comment faire cela ? L'humain est-il seulement capable d'équilibre et de bonté ?

Une pensée amusante a germé dans mon esprit : si tout le monde était riche, personne ne le serait !

C'est une réalité ! Les riches le sont parce que d'autres sont pauvres. Et plus il y a de misère, plus ils gagnent en pouvoir.

Mardi 6 décembre

Aujourd'hui Nastya est venue me visiter à la maison, et cela m'a fait tant plaisir de la revoir. Comme elles me manquent, elle et Dacha, qui habitent toutes deux à Moscou à présent. Son mariage est prévu pour le printemps prochain ! La vie change, avance. J'ai reçu une lettre d'elle, adorable, il y a une semaine. Elle confie être impatiente de se marier, et si amoureuse que son âme palpite de bonheur. Mais elle a peur, car le régiment de son fiancé a été envoyé au front. Dans quelle déchirante angoisse doit être pris son cœur, exposé aux haines déchaînées de l'humain ! Je n'ose imaginer si Sasha y était en ce moment ! C'est affreux à dire, mais je me réjouis de le savoir déjà blessé. Ainsi il n'y retournera jamais.

Jeudi 8 décembre

Comme l'exprime si bien Tolstoï, chaque homme est le même homme, avec les mêmes espoirs, les mêmes peines, les mêmes passions… mendiant ou riche. Et c'est là que nous pouvons constater toute l'étendue de notre impuissance. Il y en a peu en ce monde que l'on puisse rendre fondamentalement heureux avec de l'argent. Non, le malheur de ces individus dévastés est en eux-mêmes, et non pas à l'extérieur comme il est plus aisé de le penser. Et aucun billet ne pourra combler ce vide.

Cette situation sociale que les riches ont en vue est la même que celle après qui les pauvres soupirent : une situation où chacun pourrait moins travailler et profiter toujours davantage du travail d'autrui. La seule solution est de changer notre manière de voir et de concevoir le monde, nos rêves, nos finalités. Nous ne pouvons pas sauver les hommes d'eux-mêmes, mais nous pouvons leur montrer le chemin, s'ils parviennent à le voir…

Il me revient une phrase percutante du jeune Werther de Goethe :

« Quand nous nous manquons à nous-même, tout nous manque. »

Dimanche 11 décembre

Nous sommes allés patiner aujourd'hui. Comme prévu, Irina et Maman ont invité Sergueï Vassilitch à se joindre à nous, et même Nastya est venue ! Nous avons tant rigolé, comme quand nous étions petites. J'aime cette sensation de liberté lorsque je glisse sur la glace. Rien ne peut m'arrêter, tout est fluide et sans effort. Je tourne, je virevolte. J'ai vu dans les yeux de Nastya qu'elle était un peu envieuse, mais elle doit simplement pratiquer davantage. Je pourrais m'amuser ainsi pendant des heures. Il est vrai que j'ai du talent, mais cela est dû à de longues heures d'entraînement, et au plaisir que j'en retire.

Stepan est beaucoup tombé, j'ai essayé de lui expliquer qu'au début cela était normal, qu'il n'y avait aucune honte, mais il s'agace chaque fois. Cela me fait rire et me rappelle mes propres chutes. Je m'énervais tant ! Tomber me rendait folle et je me soupçonne d'avoir appris aussi vite dans le seul but que cela ne se reproduise plus. Ce que je préfère, c'est les pirouettes. Aujourd'hui, je suis parvenue à tourner tout en m'accroupissant : une nouvelle prouesse !

Nastya n'est pas aussi charmée par Sergueï qu'Irina et Maman. Elle le trouve trop sérieux, conforme. Il manque de vie, m'a-t-elle dit. Voilà qui est bien formulé. Je n'ai pas osé lui parler de Sasha. J'ai cru l'apercevoir, m'observant entre les arbres du parc, mais certainement n'était-ce qu'un mirage ?

Nous avons chacune reçu une lettre de Dacha qui s'épanche encore sur son merveilleux fiancé, et la douleur de le savoir si loin. Je lui souhaite qu'il revienne vite. Il jouit d'une bonne situation dans l'armée qui ira en s'améliorant. J'ai vu le regard de Maman lorsqu'elle nous a entendues en parler. Elle aimerait tant que Sergueï fasse sa demande, et pas une seconde elle n'envisage mon refus. Papa sera de son avis, mais si je parviens à lui expliquer que je ne l'aime pas, malgré toutes ses qualités évidentes, peut-être m'appuiera-t-il. Ma seule arme, la seule carte que je puisse jouer est mon absence d'inclination, mais j'ai peur que cela ne pèse pas lourd dans la balance. Ils me diront que je suis jeune, que j'ai des rêves dans le cœur, que cet homme possède tout pour me combler...

Après m'avoir vu patiner, Sergueï m'a gratifiée d'une foule de compliments et m'a proposé de me joindre à lui pour une autre après-midi de patinage plutôt particulière, car notre rôle sera d'accompagner un groupe de jeunes orphelins : une initiative de Sasha. Maman et Irina ont approuvé l'idée immédiatement, trop heureuses que je passe du temps en compagnie de Sergueï. Cela aura lieu le premier week-end de janvier...

J'ai fini l'essai de Tolstoï hier : je suis bouleversée, et perdue aussi ! Quel remède à cette misère ? Même lui, ce si grand personnage, n'a su trouver de solutions concluantes.

Lundi 12 décembre

Irina m'a affirmé que Sergueï était plus que jamais amoureux, et que je n'ai qu'à lever le petit doigt. Mais même sans faire d'effort, le moment viendra. Je n'en doute pas : je le redoute.

Il est temps que je retourne à la librairie.

Mardi 13 décembre

Nous sommes tous très inquiets, Stepan est malade depuis notre après-midi au parc. Maman est livide, elle ne dort plus et le veille, nuit et jour. Papa fume plus que d'habitude. L'atmosphère est soucieuse à la maison. Papa l'ausculte régulièrement, mais la fièvre ne chute pas, ou très peu, et revient à l'assaut si vite. Les médicaments sont rares et difficiles à se procurer, même pour Papa. Moi aussi je ressens quelques symptômes, mais je n'y prête guère attention. Si l'un de nous doit partir, je prie que ce soit moi plutôt que mon cher Stepan si jeune et empli d'avenir. Maman ne s'en remettrait pas.

Je lui chante des berceuses et lui lis les contes de Pouchkine qu'il aime tant. Sergueï est venu le voir à deux reprises et il est sincèrement inquiet. C'est un homme bon, je ne peux lui retirer cela ni toutes ses autres qualités.

Je me suis enroulée dans une couverture pour écrire, mais mes doigts sont gourds. Le bois n'est plus si facile à trouver et certaines de nos pièces ne sont plus qu'à peine chauffées. Je songe aux enfants, aux pauvres gens dans la rue, à ceux qui se battent, là-bas, pour la Russie, dans la neige et les balles bien plus mordantes que le froid, et mon âme souffre avec eux... Les jours étaient plus doux avant, lorsque tout allait bien, lorsque j'ignorais.

Je n'ai jamais voyagé, je ne sais rien. J'ai passé tant d'années entre les murs de Smolny, sans apprendre la vie. Et maintenant, voilà que je respire pour la première fois, et l'air est noir. Ce n'est pas de l'air, c'est de la fumée. Le ciel est noir, le soleil est noir, les nuages sont noirs. Les hivers de Petrograd ne m'ont jamais manqué. Il n'y a que la neige, blanche et immaculée, que j'accueille avec joie. La lumière fuit en cette période de l'année et de l'histoire, nous abandonnant aux jours opaques et sombres... Que ne donnerais-je pas pour un doux rayon sur ma peau.

Vendredi 16 décembre
Au réveil

Je ne suis pas encore retournée à la librairie. Ces derniers jours à veiller Stepan ont été durs pour nous tous, et l'instant tant redouté est arrivé : Sergueï a fait sa demande. Il s'est excusé pour son manque de délicatesse au vu de la maladie Stepan, mais il doit se rendre au plus vite au chevet de son père à Moscou et ne voulait quitter Petrograd sans m'avoir avoué ses sentiments. Si son père décède, ce qui semble être la suite probable étant donné son âge avancé, Sergueï héritera et sera à même de m'offrir tout ce que je pourrais désirer. Voilà mon sursis, la vie de son père ! Lorsqu'il reviendra, je devrai lui fournir une réponse.

Apollinariya Ivanovna Ilina… Cela pourrait être ma réalité.

J'ai appris que tous le savaient déjà, car il s'est entretenu avec Papa à ce sujet il y a une semaine ! La maladie de Stepan a retardé l'échéance, mais c'est arrivé. Il a demandé à s'entretenir seul avec moi, nous étions dans le petit salon, et il a mis son genou à terre. Tenant ma main tel un naufragé espérant, aspirant, il m'a avoué tout son amour, depuis que ses yeux se sont posés sur moi au mariage. Depuis la mort tragique de sa jeune épouse, il n'avait pas imaginé pouvoir aimer à nouveau… J'ai paniqué, bredouillé, bégayé, et ce cher Sergueï est venu à mon secours. Il m'a assuré qu'il attendrait ma réponse et que c'était une très bonne chose que de prendre le temps nécessaire pour y réfléchir. Il souhaitait exprimer enfin les sentiments qui le brûlaient, ne pouvant les retenir davantage. Le pauvre est si amoureux de moi, et je suis maudite de ne pas l'être de lui.

Le plus dur est ici, à la maison. J'ai eu une conversation avec Papa, qui était si heureux ! Il n'a pas compris mon hésitation. Personne, d'ailleurs. Comment pourrais-je les blâmer ? Sergueï ferait un gendre exemplaire, ainsi qu'un mari honnête et généreux. Maman bouillonne, elle s'imaginait que je répondrais aussitôt, que je serais transportée de joie. J'ai tant voulu dissimuler mon inclination pour Sasha que je n'ai pas démenti celle qu'ils me croyaient entretenir pour Sergueï. Ils me connaissent donc si peu qu'ils soient aveugles à ma détresse ? Ne voient-ils pas que je ne suis qu'une ombre ?

Samedi 17 décembre

Maman et Irina se font pressantes, elles m'accablent de questions et guettent mes réactions. Elles attendent ma réponse avec plus d'avidité que Sergueï lui-même. Alors je me détourne, je dis oui, laissez-moi un peu de temps pour savourer cette nouvelle, rien ne presse, n'est-ce pas ? Et je m'éclipse, tremblante de sentir le couperet se rapprocher de mon cou tendre et frêle. Aurai-je la force de mon choix ?

Amour est un diable,
L'abysse où s'épanouissent les fleurs du paradis.
C'est un jour de pluie sous la chaleur de l'été,
Le rire déviant les larmes qui me brûlent.
C'est le poison qui me nourrit,
Le poignard qui me guérit.
C'est le phare d'un port inconnu, où chavirent flammes et promesses
Le havre où nul ne se repose, car la fatigue ignore leurs proses.
C'est les bras qui enfin accueillent, lorsque le chemin s'accomplit.
L'aveu qui s'offre lorsque le cœur n'est plus secret.

J'ai peur de revoir Sasha. Je veux cesser de ressentir, cesser d'être. Ma raison et mes sentiments se scindent, ma volonté s'affole. Un possible et une impossibilité bataillent dans les champs de mon cœur.

Dimanche 18 décembre

Tante Anna est arrivée hier, épuisée de son voyage. Toujours espiègle, bavarde, sa présence rayonne d'ordinaire à la maison, mais pas cette fois-ci. La guerre et les privations ont raison des plus joyeux. Malgré tout, je la soupçonne d'avoir apporté quelques rayons de soleil avec elle : le petit Stepan se sent déjà mieux. Je pense que Maman lui a parlé de Sergueï.

— Tu as les yeux d'une femme amoureuse ! Ah, que c'est bon d'aimer ! s'est-elle exclamée en me voyant.

Et son regard s'est égaré par-delà la fenêtre. Je ne me rappelle que très peu son mari, Piotr Fedorovich, qui est mort alors que je n'avais que huit ans. Depuis elle ne s'est jamais remariée. Son héritage est fort confortable, mais il ne peut remplacer un amour perdu… Quoique je ne pense pas qu'elle aimait réellement son mari, car souvent elle se moque de lui, semble presque heureuse d'en être libérée. Cela doit être le pire des tourments de vivre aux côtés de quelqu'un que l'on n'aime pas… Auprès d'un époux tel que Sergueï Vassilitch, la vie ne serait pas une torture. Le supplice est d'être séparée de Sasha.

Mon Dieu, aide-moi !

Que faire : épouser Sasha !? Comment ? Il est pauvre, ne possède nul bien, ni famille ni héritage, pas de nom, aucune de ces choses inutiles qui régissent notre monde. Papa s'y opposera. Oh, bien sûr, je pourrais repousser Sergueï, refuser, mais ce serait gâcher un cadeau de la vie : un mari bon tel que lui. Je préférerais m'éteindre, mourir avant de prononcer ma propre sentence !

Lundi 19 décembre

Le corps de Raspoutine a été retrouvé dans la Neva, ils parlent d'un assassinat, et la première chose que Papa a dite est : bon débarras ! Il n'a pas tort, le personnage était plus qu'énigmatique et douteux. Je me rappelle les deux seules fois où je l'ai vu, la première étant au bal des Ioussoupov. Il avait bu, énormément, parlait fort, dérangeait le monde, brouillait les conversations, se montrait grossier, rustre, un phénomène inconvenant. Mais une présence, un magnétisme manifeste. Et il était si grand ! Une fois, il m'a parlé pour me dire la chose la plus étrange : « Tu partiras jeune, mais tu reviendras chez toi avant la fin et tu le retrouveras, ne t'inquiète pas. » Encore aujourd'hui, j'ignore ce qu'il a voulu dire, et cela m'effraie parfois lorsque j'y songe…

J'ai longuement réfléchi à ma situation présente, à tous ces élans dramatiques qui m'habitent, à l'avenir qui se profile devant moi, et je me trouve ridicule. Une petite sotte trop gâtée !

Il est possible que ma résolution soit dirigée par la seule ambition d'être une femme dont Sasha serait fière, qu'importe. Il est temps pour moi d'être responsable et réfléchie. Si je désire être considérée comme une adulte et non comme une enfant, je dois me comporter comme tel.

C'est un égarement, une lubie, une obsession, un caprice de petite fille : Sasha n'est pas destiné à être davantage à mes yeux que le bon ami de mon futur époux, et le mien également. Un homme sincère et droit, intelligent et perspicace, que je serais heureuse et fière de compter parmi nos proches relations. Dès à présent, c'est ainsi que je me dois de le considérer, et agir en conséquence.

21

Le rideau se leva

Le soir de Noël, Éva poussa le portillon du jardin familial, à Montpellier. Elle ne put réprimer un sourire ; voir sa mère et sa grand-mère la remplissait de joie. Les jappements enroués de la vieille Gaïa, une chienne épagneule, célébrèrent son arrivée. S'accroupissant, Éva prit plusieurs minutes pour la câliner, tout en esquivant avec adresse ses attaques salivaires. Dans un grincement, la porte d'entrée s'ouvrit sur Caroline coiffée d'une chapka blanche, trop grande pour elle.

— *S'rajdistvom, maya dotch !*

— Joyeux Noël à toi aussi, Maman ! Mais depuis quand est-ce que tu parles russe ! ?

Se levant d'un bond, Éva embrassa sa mère en riant. Celle-ci lui vissa la chapka sur la tête et répliqua :

— Depuis que j'ai choisi la Russie comme thème de Noël !

Les notes d'un cantique russe résonnaient et, s'échappant de la cuisine, un puissant parfum se faufila jusqu'aux narines d'Éva.

— Oh là là, ça sent trop bon !

Elle se précipita à l'intérieur et poussa une exclamation. De faux flocons parsemaient le sol du couloir jusque dans le salon. Les murs étaient recouverts de posters représentant paysages et monuments russes sous la neige ainsi que des affiches de publicité et de propagande soviétique. Des matriochkas et des œufs peints, de toutes tailles, étaient postés aux quatre coins de la pièce et se balançaient aux branches du sapin. Une imposante photographie encadrée montrait l'église Saint-Sauveur-sur-le-Sang-Versé de Saint-Pétersbourg, dômes enneigés. Sur la table, la nappe blanche avait été dressée et décorée aux couleurs de la Russie. Elle accueillait elle aussi figurines et flocons.

— Vous vous êtes surpassées, c'est magnifique tout ça !

— Et tu n'as pas encore vu le menu ! J'espère qu'il va te plaire, parce que ta grand-mère et moi on s'est bien appliquées.

— Je suis sûre que je vais adorer !

Le bout du nez frétillant, Éva se rendit à la cuisine où s'activait Alice. Son embonpoint arrondissait le tablier à fleurs noué autour de sa taille et de son chignon jaillissaient quelques mèches blanches. Des effluves inconnus et pourtant si familiers se mêlaient en un fumet appétissant, et le ventre d'Éva gargouilla. Elle embrassa sa grand-mère et sans perdre de temps examina, émue, la marmite de soupe qui mijotait et les plateaux d'apéritifs prêts à être picorés.

— Alors, qu'est-ce qu'on a là ? Je reconnais le *bortsch*...

En guise d'amuse-bouche, Éva croqua dans un énorme cornichon qui flottait avec ses congénères dans un bocal sur le plan de travail et poussa un gémissement de plaisir.

— Mais quel délice, ces cornichons !

— Oui, on a bien fait nos devoirs, plaisanta Alice en essuyant la buée sur ses carreaux.

— Le repas traditionnel de Noël se compose de douze plats environ, expliqua Caroline, mais tu te doutes qu'on n'en a pas fait autant !

Adoptant un ton guindé, sourire aux lèvres, elle continua :

— En hors-d'œuvre – elle désigna les plateaux –, nous pourrons savourer des blinis au saumon et à l'aneth ainsi que des *zakouski* au caviar, œufs d'esturgeon, concombre et fromage blanc aux herbes et autres surprises gustatives à découvrir. Ensuite, nous dégusterons un *bortsch*, la célèbre et délicieuse soupe de betteraves que j'espère avoir réussie, accompagné d'une farandole de délicieux *pelmeni* à la viande préparés avec amour, prêts à être trempés dans une onctueuse *smetana*. En dessert, nous nous achèverons avec un gâteau russe. Cela vous convient-il, mademoiselle ?

Éva pouffa, serra fort sa mère et sa grand-mère dans ses bras puis, en adoptant l'attitude du client snob, elle déclara :

— Ma chère Caroline, tout cela me semble parfait.

Éva rayonnait.

— Merci à vous deux, vous êtes les meilleures ! J'ai tellement hâte de goûter tout ça ! Mais où est-ce que vous avez déniché les décorations et les ingrédients ?

— À cette boutique sur le boulevard Louis-Blanc, *La Belle Russie*, je crois.

— Ah oui, j'ai déjà acheté des choses là-bas, mais il n'y avait pas tant de déco ?

— C'est ta mère qui a trouvé tout ça sur Internet, intervint Alice. D'ailleurs, tu pourras les emporter, ça ira bien dans ta librairie, non ?

— Oui, j'adore, les photographies sont superbes, vous avez vraiment bien choisi ! Merci beaucoup, *spasiba balchoï* !

Elle les serra encore une fois bien fort dans ses bras et elles emportèrent les amuse-gueules au salon afin de les déguster avec un verre de champagne.

— Et ce concert à l'église des Batignolles, demanda Alice lorsqu'elles furent installées, c'était bien ?

— Oh oui, vraiment magique, je ne regrette pas d'avoir retardé mon départ pour y aller.

En tournée en France, le chœur féminin russe Rimski-Korsakov, ainsi nommé en l'honneur du compositeur, proposait en cette période de fête un concert intitulé : « Noël à Saint-Pétersbourg. » Avisant l'affiche, Éva n'avait pas hésité et s'en félicitait. La pureté des cantiques et des voix l'avait transportée.

— J'ai même découvert que *Carol of the Bells*, le célèbre cantique anglais, est en fait un chant traditionnel ukrainien qui s'appelle *Shchedryk, shchedryk.* J'ai acheté l'album du chœur, ça vous dit qu'on l'écoute ?

Le lendemain matin, Éva émergea de bonne humeur. Se réveiller dans cette atmosphère familière l'enrobait d'une chaleur moelleuse. Le fumet du café se faufilait sous la porte et lui chatouillait les narines. Elle roula entre les draps, s'étira avec un miaulement félin, et se leva. Elle enfila ses vieux chaussons poilus, sa robe de chambre, et descendit à la cuisine.

Caroline, penchée sur le plan de travail, préparait une recette typiquement russe : les *syrniki*, sortes de crêpes à base de fromage frais, de farine et d'œufs. La table avait été joliment disposée pour le petit déjeuner et dans chacun des bols un petit cadeau attendait son heureux destinataire. S'asseyant, Éva ne se fit pas prier pour ouvrir le sien ; une matriochka porte-clés aux couleurs vives. Elle en fut enchantée.

La journée continua en déballage de présents, rires et bavardages. En plus du violoncelle en cadeau anticipé, Éva reçut un billet pour *Casse-noisette* le 8 janvier au Corum, interprété par le ballet et l'orchestre de l'Opéra national de Saint-Pétersbourg. Elle ne comptait plus le nombre de fois où elle y avait assisté, mais ne s'en lassait pas.

Au détour d'une conversation, le sujet de Vitya fit son apparition.

— On va se revoir à mon retour à Paris, il va m'apprendre un peu de russe et m'aider à finir de trier la librairie, il y a des ouvrages en russe…

Les yeux de Caroline et d'Alice s'arrondirent d'un même espoir.

— Ne vous emballez pas trop, je ne sais pas encore s'il me plaît vraiment.

— Mais, de ce que tu m'as dit, tenta Caroline, il a l'air très bien ce jeune homme.

— Oui, c'est vrai, il est très bien.

— Alors, qu'est-ce qui te retient ?

— Je sais pas, j'ai pas envie, pas tout de suite...

Alice ajusta ses lunettes.

— Comment tu te sens quand tu es avec lui ?

— Bien, à l'aise... Enfin, sauf quand il me fixe avec ses yeux bizarres...

— Comment ça ?

— Des fois, il me dévore littéralement du regard, et sans raison. Il a un genre de sourire en coin aussi, on dirait que je le fascine, comme si j'étais une sorte d'apparition, c'est vraiment étrange...

Sa mère et sa grand-mère pouffèrent, les yeux attendris.

— Ça s'appelle être amoureux, ma chérie. Vu ce que tu décris, ça en a tout l'air.

— Ta mère a raison, et il n'y a rien de mal à être amoureux. Pourquoi tu fais cette tête ?

— Mais ce n'est pas seulement ça, c'est... je sais pas comment l'expliquer. Il dégage un truc étrange que j'arrive pas à cerner et qui me met mal à l'aise...

— Il semble menaçant ? S'il ne t'inspire pas confiance, écoute ton intuition avant tout.

Alice acquiesça aux paroles de sa fille et renchérit :

— Bien entendu, si tu trouves que ce garçon est louche ne l'invite plus chez toi...

— Non, non, pas du tout, il n'est pas méchant, j'en suis sûre. Il m'oppresse parfois, mais c'est à cause de mes blocages à moi. C'est un mec gentil, pas de doutes là-dessus.

— Alors, où est le problème ?

— Oh, mais laissez-moi un peu ! Si j'ai envie d'attendre, c'est mon droit, non ?

Caroline posa sa main sur celle d'Éva.

— Bien sûr, ma chérie, tu dois t'écouter. Aucune raison de te précipiter, ta grand-mère et moi sommes bien d'accord sur ce point, mais nous avons peur qu'à force d'avoir attendu et refusé toutes les avances, tu ne saches plus comment dire oui… Les habitudes ancrées sont parfois dures à déloger.

— Et moi, je suis persuadée que quand ce sera le bon, je n'aurai même pas un doute à l'horizon. D'ailleurs ça rime, voilà, c'est un signe ! Ça paraît peut-être niais et naïf, mais c'est ce que je ressens.

Éva croisa les bras sur sa poitrine et détesta se voir ainsi, réagissant comme une gamine boudeuse. À croire que Polina déteignait un peu trop sur elle.

— Mais, essaya à son tour Alice, si tu ne lui donnes pas sa chance, ne serait-ce que l'embrasser au moins, tu ne pourras jamais savoir si c'est le bon…

— Si, contra Éva, je le saurai parce que, lui, j'aurai envie de l'embrasser dès le premier instant où je le verrai.

Éva passa les jours suivants et le Nouvel An avec son amie Emma qui habitait un petit studio au cœur de l'Écusson. Les journées couette s'alignèrent et les papotages allèrent bon train, tout comme les fous rires. Elles ne sortirent pas beaucoup, si ce n'est pour flâner en ville et au marché de Noël. Le réveillon également se déroula en toute tranquillité, puisque ni Éva ni Emma n'étaient friandes des débordements de la fin d'année.

Enfin, le soir du ballet arriva. Éva sautillait de joie en se préparant, devant le regard attendri de sa mère et de sa grand-mère. À la seule pensée que dans moins de deux mois elle savourerait un ballet entre les murs du prestigieux théâtre Mariinsky, son corps devenait guimauve et son cœur se gonflait d'impatience.

Lorsque les lumières s'éteignirent et que le rideau se leva sur la scène, Éva fut emportée. Polina, discrète, se pencha sur son épaule et contempla avec elle les décors féeriques et les gracieuses arabesques, sourire aux lèvres.

Journal intime d'Apollinariya

Petrograd, lundi 2 janvier 1917

Je n'ai pas écrit depuis plus de dix jours, j'ignorais quoi dire. Les festivités n'ont guère été joyeuses tant nous nous inquiétions pour Stepan, et puis avec les rationnements... Le sucre se fait de plus en plus rare, sans parler du lait.

Grâce au ciel, depuis le Nouvel An, Stepan va beaucoup mieux et Papa affirme qu'il est hors de danger. Nous sommes tous profondément soulagés. Il est encore convalescent, mais il se remettra et c'est là le plus important. « Ce garçon est fort, il ne se laissera pas faire comme ça ! » a dit Papa. Tante Anna est repartie à Moscou hier. J'ai reçu deux lettres de Sergueï Vassilitch, auquel j'ai répondu aimablement, mais il ne doit pas être dupe : je ne peux simuler des sentiments que je ne ressens pas.

Dans six jours, aura lieu la journée de patinage avec les enfants et je suis terriblement anxieuse. Sergueï ne pourra être là, ce sera donc Sasha et moi, et Ira nous accompagnera aussi. D'après Sergueï, il n'y aura que six ou sept enfants. J'ai peur qu'Irina désapprouve, je ne sais pas...

Comment Sasha peut-il être un homme ordinaire à mes yeux, quand il ne l'a jamais été ?

Jeudi 5 janvier

Je commence à croire que le destin se plaît à mettre Sasha sur ma route, au moment précis où je tente de reprendre mes esprits. Aujourd'hui, nous nous sommes rencontrés au jardin de Tauride. En apparence, nous étions discrets et courtois l'un envers l'autre, mais nos âmes se chuchotaient et nos corps se répondaient. Il est ardu d'exprimer l'intensité, l'évidence que j'ai ressentie alors : je suis lui, il est moi, et ensemble nous ne formons qu'un seul et même être, un seul mouvement, un seul espace où toute violence disparaît, où toute haine et toute peine s'évaporent…

Comment pouvait-il lire, immobile, sur ce banc glacé ? Son manteau ne m'a pas semblé de très bonne facture, mais je suppose que Sasha est endurci au froid bien plus que moi. Je me suis approchée de lui et je l'ai salué. Il souriait.

— Vous êtes seule ?

— Oui.

Il s'est redressé, et, sans dire un mot de plus, m'a offert son bras. Nous marchions en silence lorsqu'il m'a soudain demandé :

— Polina, êtes-vous heureuse ?

Sa propre question a semblé le surprendre autant que moi. Faisait-il référence à la demande de Sergueï ? Confuse, j'ai baissé les yeux et j'ai rougi.

— Bien entendu, pourquoi en serait-il autrement ?

— En êtes-vous certaine ?

Ce n'était pas provocateur comme autrefois, mais attentionné et bienveillant. J'ai eu alors l'envie subite de tout lui avouer, de me jeter à son cou, et ce n'est qu'avec peine que je suis parvenue à retenir le flot de paroles qui menaçait de jaillir de mon cœur. J'ai continué à fixer mes souliers neigeux et, la gorge nouée, j'ai murmuré :

— Depuis que je vous connais, rien n'est plus pareil…

Il n'a pas répondu de suite et son mutisme a figé mes os et mon sang.

— Qu'est-ce donc, qui a changé ?

— Tout. Tout ce que je croyais, tout ce que je prenais pour acquis, sûr, réel, tout a été chamboulé…

— Est-ce un problème ?

— Oh, non ! me suis-je alors écriée, levant les yeux vers lui. Au contraire, une étendue de connaissance et de possibilités s'ouvre devant moi. Cela est merveilleux, mais je… Il n'y a aucun chemin, seulement cette immensité immaculée, et je ne sais où aller… Tout semble se dérober sous mes pas sans que je puisse rien contrôler !

Ma panique intérieure s'éveillait, tout cet amour emprisonné… Je me suis arrêtée, contenant mon élan. Il s'est immobilisé face à moi et m'a considérée un moment d'un air grave, sérieux.

— Le seul chemin à emprunter est celui que vous tracerez vous-même, Polina.

— Je souhaiterais tant avoir la force de Vera… Vous souvenez-vous, dans *Que faire ?* : « Je ne veux rien de ce que je ne veux pas, je ne veux dépendre de personne, et vivre à ma façon ! Je veux être libre, et ne rien devoir à personne… »

Son sourire réapparu, léger, mais bien présent, le sourire de mon Sasha. Et il m'a tutoyée. Moi, qui avant m'en offusquais, je savoure sa familiarité revenue. Et quelle allégresse de le sentir fier de moi, de mon esprit…

— Si tu le désires, je te l'apporterai dimanche, lors de notre sortie.

— Oh, il est donc arrivé ! J'en suis heureuse, il me tarde de continuer ma lecture… Tu sais, il y a un sonnet de Pouchkine qui me fait grandement penser à toi…

J'ai osé le tutoyer, le cœur battant, et son sourire s'est élargi.

— Ah oui ?

— Souhaites-tu que je te le récite ?

Il a acquiescé, l'œil amusé et agréablement surpris. Je lui ai donc déclamé le sonnet, appris par cœur, avec mon cœur, dans l'espoir de pouvoir un jour lui montrer ce roi que je vois en lui. Il a paru ému, troublé, et j'ai senti que sa retenue et son calme apparents vacillaient. Durant un court instant, nous avons été proches au point que j'ai pu percevoir son souffle chaud onduler vers moi. Mais il s'est vite détourné pour dissimuler son émoi sous un masque affable et assuré. Comme nous arrivions près de l'une des sorties du parc, il s'est tourné vers moi :

— Eh bien, c'est ici que je te quitte, chère Polina.

Il a baisé ma main, m'a lancé un regard grave en se redressant, puis est parti sans se retourner.

Dieu, comme je l'aime !

Dimanche 8 janvier

Je n'avais jamais côtoyé de tels enfants. Tout d'abord, ils ne craignent ni les chutes ni le froid ! Ils sont francs, ne s'embarrassent pas de manières, et leur langage… Enfin, j'ai passé un agréable moment avec eux. Ils étaient joyeux, espiègles, cela était plaisant à voir. Irina, en revanche, les rabrouait sans cesse en raison de leur mauvaise éducation et lançait des regards désapprobateurs à leurs habits dépenaillés. Elle pensait que nous accompagnerions des enfants venus d'un orphelinat, mais de toute évidence ceux-ci vivent dans la rue et mendient leur nourriture.

Sasha était déjà avec eux lorsque nous sommes arrivées. Il y avait foule, comme tous les dimanches, et Ira s'est installée avec deux amies, nous observant de loin. Je sais qu'elle n'apprécie pas Sasha. Elle a remarqué, j'en suis certaine, que sa présence tourbillonne mon esprit et mes sens. J'essaie d'être discrète, tout comme Sasha, mais notre dernière entrevue a été si intense. Comment oublier ? Comment faire semblant ? Ma résolution de renoncer à lui s'est transformée en un désir encore plus ardent de *devenir sa femme.* Mais de quoi vivrons-nous ? Et ma famille ? Ah ! Ces questions me hantent et ne me laissent jamais en repos.

Au regard des personnes présentes, je pense que notre équipée apparaissait bien incongrue, malgré le fait qu'ici se mêlent des gens de classes sociales différentes. Cependant, la seule vision du visage épanoui des enfants me suffit pour faire fi de toute opinion extérieure. Nous avons beaucoup ri, et Sasha nous observait d'un œil amusé et attendri depuis le banc où il était assis, près de la piste. Je perçois sa peine face à toutes ces choses qu'il ne pourra plus faire à cause de son infirmité. Néanmoins, il ne s'en apitoie pas.

J'étais détendue, flottant sur un doux nuage de coton. Le savoir tout près m'emplissait d'allégresse.

Souhaitant me reposer un peu, je l'ai rejoint. M'approchant, j'ai vu qu'il souriait. Il était rayonnant, et Dieu qu'il était beau. Je retrouve dans ses yeux et au coin de ses lèvres cette malice qui aujourd'hui me comble de joie, quand autrefois elle me mettait en rage. Ah, je rigole à ces souvenirs !

Il a pris le paquet posé à côté de lui et me l'a tendu.

— J'espère que vous y trouverez ce que vous recherchez… Mais, sachez que l'histoire d'amour présente dans ce roman n'est qu'un prétexte au reste, n'y accordez donc pas trop d'importance…

Il a dit cela avec une étrange expression sur le visage, ayant pour effet de n'attiser que davantage ma curiosité. Changeant de sujet, il a souhaité connaître mon opinion sur l'ouvrage de Tolstoï. Il a semblé apprécier mes remarques, en relevant parfois la pertinence ou l'inexactitude, m'apportant des lumières auxquelles je n'aurais pas songé. Cet homme est passionnant, si cultivé, vif et intelligent. Irina nous regardait d'un œil réprobateur et suspicieux et à plusieurs reprises nous avons dû calmer la flamme de notre échange. Quel bonheur de pouvoir converser avec autant d'aisance et de familiarité.

Depuis la demande de Sergueï, Irina est dure avec moi. Elle est agacée, consternée que je n'accepte pas immédiatement, et m'en veut pour cela. Je suis certaine qu'elle me considère comme une coquette capricieuse… Elle ne comprend pas que cela n'a rien d'une sotte prétention, et encore moins d'une quelconque superficialité ! Car c'est l'authenticité nouvelle de mon être qui m'empêche de me mentir, et de me conformer à la vie que l'on trace pour moi. Notre amour est-il condamné à ne jamais voir le jour, ou seulement un furtif éclat de lumière, quand les nuages prendront pitié de nos cœurs aimants ?

Mais ici, dans notre chère Russie, le ciel est charbon, le froid est glace, l'air est poussière, et les rêves trop éphémères.

Lundi 9 janvier

Cette nuit, j'ai rêvé de Sasha. Le rêve le plus doux et le plus merveilleux. Mais quelle torture, lorsque, au réveil je prends conscience de la réalité.

L'air transportait mille senteurs enivrantes, et les hautes herbes d'été caressaient mes jambes à travers le léger voile de ma robe. Les coquelicots vermeils étaient là, fiers et éclatants, et tout le reste de la prairie, fleurie et colorée, s'étendait devant moi. Et, tandis que je marchais, le soleil chauffant tendrement mon visage, je l'ai vu assis contre le tronc de l'acacia, et je savais qu'il m'attendait. J'ai flotté jusqu'à lui et il a ouvert les bras pour m'accueillir. Je me souviens qu'ensuite nous nous tenions debout face à face, au bord de l'étang. Tout était si parfait, si serein, nous avions l'éternité devant nous pour savourer notre union. Il effleurait ma main, mes doigts, mes épaules, mon cou, mes joues, ma bouche... Cette douceur infinie qui imprégnait chacun de ses gestes, ce recueillement divin qui nous habitait. Il m'a embrassée, ses lèvres souples m'étaient destinées... Quelle puissante magie les rêves possèdent-ils ? Je n'ai qu'une hâte, celle de m'endormir à nouveau afin de pouvoir goûter encore une nuit à ce paradis.

Mardi 10 janvier

Nous venons de recevoir une lettre de Sergueï : son père a rendu l'âme. Il dit être heureux pour lui, car il souffrait atrocement. Sa mère, en revanche, est submergée de douleur et il l'a envoyée vivre chez sa sœur qui prendra soin d'elle. À présent, il doit s'occuper de mille formalités, non seulement pour les funérailles, mais aussi pour tous les biens que possédait son père et qui lui reviennent. Maman affichait un air affecté, mais je sais que l'idée du mariage l'obsède d'autant plus, maintenant que Sergueï a adopté le titre de comte Iline. Mais n'a-t-elle donc aucune considération pour l'amour ? Pour mes sentiments ? Elle ne cesse de dire que j'y gagnerais une belle vie, une grande maison, un mari aimant. Elle parle de toutes ces propriétés, des voyages à venir, elle s'enthousiasme, et je retiens mes larmes. Ma raison se divise, s'écartèle…

Pourquoi suis-je si dépendante de Sasha ? Je n'ai besoin de personne ! Mais avant lui, je ne savais rien… Est-ce une raison pour en faire un messie ? Non, certainement pas, et il ne le voudrait surtout pas, mais je ne peux m'empêcher de l'admirer. J'ai l'impression d'être une sotte petite fille et pourtant, à l'intérieur de moi, je vois et je sens tant de subtilités et de profondeurs. La torture est de ne jamais parvenir à les mettre en mots et les exprimer. J'aimerais avoir un esprit vif, logique, construit, organisé et pointu, mais tout ce que je distingue est un enchevêtrement inintelligible de fils, une pelote épaisse où (je le sens !) ma sagesse et ma force se dissimulent…

Comment font ces femmes fortes et indépendantes ? Quel chemin empruntent-elles ? Je ne le vois pas ! La seule issue que j'aperçois est Sasha… et il est bien plus que cela. Il est un monde nouveau que je ne peux et ne veux découvrir sans lui. Et je me reproche cette pensée. Ce n'est pas lui qui détient ma liberté et mon bonheur, c'est moi ! Moi, et personne d'autre ! Mais, je l'aime. Ni mon indépendance ni mon intégrité ne sont en danger à ses côtés. Nous ne nous sommes pas tant parlé, nous n'avons jamais passé de longues soirées à discuter, et pourtant je me sens plus proche de lui que de n'importe qui en ce monde. Ensemble, nous sommes vivants.

Je suis furieuse contre Maman et Ira, elles ne me laissent pas ! J'ai répliqué que c'était la décision la plus importante de ma vie et que je n'avais nullement l'intention de m'y précipiter, au contraire. N'est-il pas louable que je prenne le temps de réfléchir, n'est-ce pas tout à mon honneur ? Irina m'a lancé :

— Crois-tu que parce que tu es jeune et belle, tu peux te permettre de repousser un homme comme lui ?

Je lui ai dit qu'elle n'avait qu'à l'épouser, si elle l'aimait tant, puis je me suis enfermée furieuse dans ma chambre. Seul Papa ne me pousse pas à prendre une décision. Il est le plus compréhensif, et m'a confié être agréablement surpris et fier de mon attitude si réfléchie. Cependant, il m'a lui aussi soutenu que des hommes tels que Sergueï Vassilitch étaient rares, et il pouvait l'affirmer pour en avoir connu bon nombre. De tout son amour de père, il ne rêvait que de me voir épouser un tel homme, afin d'être assuré que je ne manquerais ni de confort ni d'affection. Je vais devoir abdiquer, je n'ai pas d'autre choix. Sergueï ignore quand il pourra rentrer à Petrograd, il pense vers le début du mois de février. Cela rallonge mon sursis, mais à quoi bon ?

Sasha et moi, ensemble, ne sommes qu'un songe vivant au creux de mes nuits. Une chimère.

Ma raison me dit que je ne serais pas malheureuse mariée à Sergueï Vassilitch. Et mon cœur répond oui, si je n'avais jamais connu Sasha… Je suis folle ! Est-ce un caprice, une lubie de jeune fille ? Dois-je me méfier de mes propres élans ? L'amour peut-il seulement être un caprice ?

Mes sentiments à son égard sont pourtant la seule chose dont je sois certaine. Alexandre Dumas n'a-t-il pas dit que c'est en voulant se souvenir que l'on oublie? Suivant sa logique, le projet même « d'oublier » Sasha est donc voué à l'échec. Cela pourrait-il être l'unique raison pour laquelle il occupe tant mon esprit, car je m'efforce de l'oublier ? En y songeant, cela ne se peut, puisque je n'essaie plus depuis un moment déjà, et pourtant il est toujours présent !

22

Veux-tu que je te demande ton nom ?

De retour à Paris, Éva reçut la visite de Vitya. Dès la porte franchie, il s'amusa à lui parler en russe avant de traduire ses phrases. Éva en fut déstabilisée, mais ne put qu'approuver la démarche. Elle osa même lui demander de lui lire quelques-uns de ses poèmes russes favoris et elle se délecta de les entendre enfin prononcés dans leur langue originelle.

Vitya fut exemplaire et d'une compagnie charmante. Néanmoins, elle demeurait tiraillée entre le plaisir qu'elle ressentait de sa présence et la peur que celui-ci ne soit gâché par un débordement intempestif.

Concernant les projets d'Éva pour la librairie, il se révéla de bon conseil et lui offrit son assistance pour continuer à trier et référencer, tâche qui était à présent presque achevée. Cette proposition n'était pas désintéressée, Éva s'en doutait bien. Toutefois, il semblait sincère et son attitude était irréprochable. Il savait garder ses distances et lui laisser l'espace dont elle avait besoin. De plus, il avait un don manifeste pour la faire parler et elle ne s'en plaignait pas. D'ailleurs, tout naturellement, le sujet du journal réapparut. Cette fois-ci, Éva ne se montra pas avare en détails et lui conta toute l'histoire.

— Je trouve ton projet fascinant, et quelle imagination pour inventer tout ça ! Tu sais, si tu as des questions ou si tu cherches des informations précises, je peux t'aider. Par exemple, pour un site en russe, un article, n'hésite pas, je peux te traduire des textes si tu as besoin.

— Merci, Vitya, c'est très gentil, je vais y réfléchir…

— Et cette Polina, elle me plaît beaucoup, tu dois te sentir proche d'elle, non, même si ce n'est qu'un personnage ?

— Oui, et non. On a une sensibilité très semblable, mais elle est trop, je ne sais pas, naïve ? Ça me gêne parfois… J'aimerais qu'elle ait plus de répondant, qu'elle soit plus cultivée, indépendante, provocatrice même, j'aimerais la voir tout renverser, toutes les conventions et ce qu'on attend d'elle, mais je ne suis pas sûre qu'elle soit prête. Ça peut paraître bête, mais je pense à Rose dans *Titanic*, et j'aurais aimé que Polina soit plus comme elle, aussi forte…

— Peut-être qu'elle le deviendra, laisse-lui du temps…

Au fil des jours, car il revint plusieurs fois, Éva se surprit à attendre sa venue et à déplorer ses départs. Ses progrès fulgurants en russe l'étonnaient et la stimulaient d'autant plus. Vitya était un bon professeur, patient et pédagogue, et pour ce qui était du rangement il se montrait d'une efficacité stupéfiante. Son amour pour cette librairie était flagrant, et Éva devait reconnaître qu'elle avait peut-être mal jugé ses motivations. Il en parlait avec passion, imaginait les multiples possibilités pour rendre une vie à ce lieu, et ne cessait de s'extasier sur le plaisir certain de posséder un tel endroit.

Ce soir-là, installés sur le canapé, ils regardaient *Amélie Poulain*, l'un des films fétiches d'Éva. Étant donné qu'elle connaissait tous les dialogues par cœur, et afin qu'elle pratique, se familiarise avec la musique de la langue et enrichisse son vocabulaire, ils avaient opté pour la version russe. Les yeux braqués sur l'écran, Éva avait un mal fou à se concentrer. Elle devinait, toute proche, la carrure de Vitya, sa chaleur presque palpable, et son souffle. Leurs bras s'effleuraient presque. Instinctivement, elle frissonna et se déporta vers la gauche.

Lorsque le film fut fini, avisant l'heure tardive, Vitya demanda s'il pouvait dormir sur le canapé.

Avoir un homme qui dort sur mon canapé, c'est déjà un bon début, si je veux un jour aller plus loin…

Éva accepta, mais, l'heure du coucher arrivée, elle ne parvint ni à s'endormir ni à se détendre. Son cœur tambourina dans sa poitrine jusqu'à ce qu'épuisée, elle succombe enfin au sommeil.

Le lendemain, Vitya se leva le premier, alla chercher des croissants, une tartelette aux fraises, puis prépara le petit déjeuner. Éva, quant à elle, fut réveillée par l'arôme délicat du café. Elle s'habilla, noua son chignon, et, nerveuse, elle sortit de la chambre. Il l'attendait, rayonnant. Faisant mine de ne pas voir son habituel regard insistant, Éva le salua d'un sourire et s'installa en face de lui. Lorsqu'il se pencha pour la servir, elle remarqua la tartelette, et poussa une exclamation de joie.

— Oh, quelle bonne idée d'avoir acheté une tartelette, c'est mon dessert préféré !

— Ah, tant mieux, j'ai suivi mon intuition… Au fait, je ne travaille pas jusqu'à quinze heures, donc on peut continuer à ranger si tu veux.

Au début, Éva avait craint que Vitya ne s'emmêle les crayons et commette des erreurs de référencement, mais il se débrouillait à merveille, à l'aise, poussant parfois des exclamations lorsqu'il dénichait un livre qu'il appréciait ou une vieille édition encore en bon état. L'endroit avait bien changé depuis l'emménagement d'Éva. Durant les deux mois où elle n'avait pas écrit, elle s'était concentrée sur la librairie. D'abord, regrouper par genres ; roman, essais, poésie, théâtre, puis par nationalité et par siècle. Ensuite, il restait à tout organiser dans ce dédale d'étagères et décider quoi faire avec. Petit déjeuner fini, ils ne tardèrent pas à se mettre au travail.

— Tu as des livres en russe ici, lança Vitya. Tout en haut de l'étagère du fond.

— Ça doit dater de l'ancien propriétaire, avant Ernest.

Éva abandonna immédiatement son rayon et s'empressa de le rejoindre. Il sortait les livres au fur et à mesure pour en déchiffrer le titre.

— *L'Idiot*, de Dostoïevski, *La Fille du capitaine* et *Eugène Onegin*, de Pouchkine, Gogol, Tolstoï, Tchekhov, Kouprine, que des classiques… Et la plupart des éditions datent d'avant 1900.

— Tu as bien dit Kouprine ?

— Oui, celui-là, c'est *Le Bracelet de grenats*.

— Et il n'y en a pas d'autres de lui ?

— Je ne sais pas, il y en a beaucoup et le nom n'est pas écrit dessus, seulement dedans.

— Si tu veux bien descendre, j'aimerais jeter un coup d'œil.

Gravissant l'échelle, un peu trop branlante à son goût, Éva examina à son tour les ouvrages. Un, particulièrement abîmé, attira aussitôt son attention. S'en saisissant, elle caressa la couverture.

Lui, il m'inspire…

Elle l'ouvrit à la première page, et poussa un cri. Blême, elle fixa l'écriture fine et penchée.

— Qu'est-ce qu'il y a ? Pourquoi tu as crié ?

— Parce que… Attends, est-ce que tu peux me traduire ça ? Le nom, c'est bien *Clair-obscur*, de Kouprine ?

Vitya lui prit le livre des mains et l'examina.

— C'est ça, *Clair-obscur*. Tu l'as déjà lu ?

— Oui, je le cite même dans mon journal… Dis-moi, ce qu'il y a écrit, là, en dessous, tu peux me le traduire ?

Fébrile, se mordant les doigts, Éva attendit.

C'est impossible, ça ne peut pas être ça…

— C'est quelque chose comme « Veux-tu que je te demande ton nom ? »

— Oh, mon Dieu…

Le souffle coupé, Éva descendit les barreaux et se laissa tomber dans son fauteuil de lecture.

— Et, si c'est bien un poème qu'il y a ensuite, est-ce que les initiales de chaque vers forment le prénom Polina ?

Vitya étudia le texte, puis releva la tête et regarda Éva d'un air interloqué.

— Oui, c'est ça, mais je ne comprends pas. Comment le sais-tu ? Qu'est-ce qu'il se passe ?

— C'est un peu compliqué à expliquer, commença Éva. Dans le journal, le personnage de Sasha donne ce livre à mon héroïne, et il écrit cette question dedans. Le poème, c'est la réponse qu'elle lui rend. Mais, c'est impossible…

Vitya s'assit à son tour sur un tabouret qui traînait et garda le silence. Enfin, il se racla la gorge :

— Tu as écrit quelque chose qui s'est déjà passé pour de vrai ? Comme si tes personnages avaient existé, et que l'un d'eux avait ramené ici le tableau et le livre ? Mais comment pourrais-tu inventer ça ? Je ne comprends pas…

Éva se massa les tempes et soupira.

— Il doit y avoir une explication logique à tout ça…

Vitya, perplexe, considéra l'ouvrage.

— Et tu n'as aucun document avec le nom de cet ancien propriétaire ?

— Non, rien. Quoique…

Éva se leva d'un bond, une lueur dans les yeux, et grimpa les marches quatre à quatre vers le débarras au fond du couloir. Se plantant à l'entrée, elle jaugea la montagne d'affaires. Lorsque Vitya l'eut rejointe, elle déclara :

— Il faut que je fouille dans les cartons qui sont là-dessous. Il y en a beaucoup que je n'ai jamais ouvert, son nom est forcément là, quelque part.

— On s'y met ? Je dois être au bureau pour quinze heures et demain très tôt je prends l'avion, alors j'aimerais connaître le fin mot de l'histoire avant de partir.

— Le fin mot de l'histoire ? Je doute qu'il arrive si vite que ça…

Éva laissa échapper un rire bref, nerveux et entortilla une de ses mèches entre ses doigts. Elle tremblotait, transpirait, et une migraine aiguë pointait à l'horizon.

Je dois comprendre ce qu'il se passe…

D'un bond, elle enjamba boîtes, caisses, cartons, et s'avança dans le débarras. La chasse au trésor était ouverte. Retroussant leurs manches, ils plongèrent tous les deux parmi l'incroyable fouillis, l'espoir au bout des yeux. Celui-ci fut récompensé après une heure de recherches effrénées.

— Vitya ! J'ai trouvé !

Elle brandissait entre ses mains un papier épais et jauni, taché d'humidité, mais bien entier.

— C'est Sergueï ! Son nom est écrit là, noir sur blanc ! Écoute : Je soussigné, Serge Iline, né Sergueï Vassiliévich Iline, lègue l'ensemble de mes biens à Ernest Victor Leroy. Ces biens consistant en mon livret d'épargne, ma librairie…

Éva releva la tête et regarda Vitya, les yeux brillants.

— C'était la librairie de Sergueï !

Elle sauta sur ses pieds, atteignit la porte en quelques enjambées et se précipita dans sa chambre, où il la trouva assise sur son lit, face au tableau.

— Qui l'a peint, à ton avis ?

Éva posait cette question autant à elle-même qu'à Vitya, et elle y répondit sans son aide.

— Ça pourrait être Sasha. C'est lui qui connaissait vraiment Polina, et surtout cet acacia dans la prairie… Mais, dans ce cas, pourquoi c'est Sergueï qui l'a gardé ?

— Peut-être en mémoire de Polina, je ne sais pas… Excuse-moi, je ne me sens pas bien, je crois que je vais aller m'allonger un peu, si ça ne te dérange pas…

Surprise, Éva se tourna vers lui. Vitya était livide et affichait une moue nauséeuse.

— Bien sûr, vas-y, je vais t'apporter un verre d'eau.

Remis de son malaise, Vitya se prépara à partir. Éva devait reconnaître qu'elle était déçue qu'il se trouve à Paris lorsqu'elle serait à Saint-Pétersbourg. Elle aurait aimé visiter des endroits insolites avec lui, marcher dans les rues enneigées, arpenter les musées. Il avait pu se libérer, certes, mais seulement quelques jours pour l'exposition de peinture de son ami Dimitri.

Soudain, Éva eut une idée. Elle pouvait proposer à Vitya de loger à la librairie pendant son absence. Cela ne leur permettrait pas de se voir davantage, mais ce serait plus agréable pour lui.

Comme ça, il pourra arroser les plantes !

Ainsi qu'Éva s'y attendait, Vitya accepta avec gratitude et l'échange fut conclu ; elle lui donnerait les clés lorsqu'il reviendrait à Paris le 15 février, juste avant son départ à elle pour Saint-Pétersbourg. D'ici là, elle disposait de deux semaines pour continuer son enquête et finir de préparer son séjour.

— Bon, insista Vitya. S'il y a du nouveau, ou si tu as envie de m'en parler, n'hésite pas à m'écrire ou à m'appeler...

Éva passa le plus clair de son temps à soliloquer sur son énigme, l'abordant de toutes les manières possibles, et ne parvenant jamais à une explication convenable. La première chose qu'elle s'empressa de vérifier fut si le nom complet de Sergueï apparaissait quelque part sur Internet, en russe ou en français, sans succès. Ensuite, elle se plongea dans l'histoire de la famille Iline, une vieille famille aristocratique, dont l'un des membres était le filleul de l'empereur Alexandre II, mais elle ne trouva rien non plus. De son côté, Vitya aussi effectua des recherches, mais le seul semblant d'indice qu'il dénicha fut un nom, celui du frère d'un certain Ivan Iline. Ce frère s'appelait Igor Iline et aurait pu être le cousin de Sergueï et le mari d'Irina, sauf que les dates de naissance ne correspondaient pas vraiment ni la carrière professionnelle. Pour ce qui est de Sasha, rien n'apparut, de même pour Polina.

Souvent, en s'endormant, Éva songeait à eux. Non plus comme de simples personnages de romans, mais comme les vraies personnes qu'ils avaient été.

Sergueï a dû tout perdre à la Révolution, tous ses biens, toutes ses propriétés... Et Sasha, je suis sûre qu'il a brandi le poing de la révolte. Et Polina ? J'aimerais tellement me dire qu'ils ont fui ensemble, mais j'en doute. Pourquoi Sergueï garderait-il tous ces souvenirs de Polina, si étroitement reliés à son histoire avec Sasha ? C'est insensé... Et sans parler du fait que j'ai inventé tout ça !

Tout en contemplant le tableau, elle lança :

— Et moi, comment je continue à écrire, hein ?

Polina demeura muette et Éva soupira.

— Après tout, maintenant que j'ai commencé, autant continuer jusqu'au bout et ne pas trop se poser de questions...

Résolue, Éva attrapa *Que faire ?* et se replongea dans sa lecture. Durant l'arrêt du journal, elle ne l'avait pas continué et le découvrait simultanément avec Polina. De ce fait, elle ne réalisait qu'à présent à quel point le triangle amoureux Vera-Lopoukhov-Kirsanov faisait écho à celui entre Polina, Sergueï et Sasha.

Journal intime d'Apollinariya

Petrograd, mercredi 18 janvier 1917

HIER, EN LE VISITANT À LA LIBRAIRIE, j'ai émis le souhait de me joindre à lui lors de son prochain déplacement à Vyborg, où il donne des leçons pour des ouvriers analphabètes. Il a été surpris par ma requête et m'en a demandé la raison, doutant que mes parents me l'autorisent. J'ai expliqué qu'il était temps pour moi de me frotter au monde réel, et que je n'attendais l'autorisation de personne pour cela. Je l'ai senti si fier ! Nous irons ce dimanche, jour où il donne ses cours, et je pourrai ainsi le voir enseigner. Dieu que j'ai hâte, j'ai hâte !

Je vais devoir raconter que je passe la journée chez mon amie Lena. J'essaie de me rassurer en me disant que ses parents n'entretiennent pas de contacts avec les miens, et que mon mensonge ne sera pas découvert. C'est la première fois que je mens de la sorte, mais je suis sûre de mon choix.

Dimanche 22 janvier

Notre après-midi à Vyborg a été grandement instructive, bouleversante. Sasha y habitait et travaillait dans une usine de papier avant de partir à la guerre. Cet endroit a le parfum et le goût de la misère. Toutes ces usines et ces bâtiments sordides, bordés de rues boueuses et de maisons en bois délabrées… L'air est saturé de fumée, d'odeurs nauséabondes et de voix éraillées. Le grondement infernal des machines d'acier vibre depuis les usines, ride les flaques de la chaussée. Sans fin elles broient le fer, et la chair. Tant d'hommes meurent sous les morsures de ces monstres mécaniques, perdent une main, un bras, et sont condamnés à errer, à mourir de faim sans pouvoir travailler. J'en ai vu quelques-uns, et Sasha m'a expliqué. Les patrons n'en ont cure ! Ils se fichent bien du bétail qui ploie sous leurs coups de fouet, avalé par les rouages de l'industrie, tant qu'ils sont certains de les avoir tous trait jusqu'au dernier kopeck de profit ! La haine de Sasha me devient palpable, elle grandit en moi. Comment l'humain peut-il répandre autant de souffrance à ses semblables, à la nature, aux animaux, à tout ce qui l'entoure ! L'humanité est une atrocité que nous refusons de voir, mais qui est présente partout autour de nous. Nous la créons, nous y participons ! Nous nous cachons derrière des mots, des idées, des conventions : nous sommes tous des monstres. La race humaine est viciée, gangrenée par sa propre maladie, Sasha a raison ! Que faire, quand les gens mêmes que nous voulons aider s'autodétruisent sans avoir l'idée de changer ? Je hurle à l'intérieur de moi, je pleure et je saigne de regarder tout cela. Que vaut la vie, que vaut la mort ? Que vaut l'absolu ?

Mon Dieu, qui es-tu ! ? N'es-tu qu'un mirage fallacieux ? Un menteur et un voleur ? Toi, Dieu, au nom si sacré, le diable, l'enfer, le paradis, et toutes les âmes saintes et damnées : l'homme vous a-t-il créés pour mieux contrôler ses semblables ? Est-il perdu et fou à ce point ?

J'ai arrêté d'écrire quelques minutes, je suis secouée de sanglots silencieux, ma poitrine souffre, tout souffre.

Le monde et l'avenir me paraissent infranchissables, insolubles, noirs et sans fond.

J'ai prié Sasha de m'entretenir encore de sa vie, de son enfance, de ses nuits froides à dormir sous les machines de l'imprimerie, de toutes ses années d'apprentissage et de voyages sur les routes. Il a évoqué la guerre, les tranchées. Il n'avait pas besoin de parler, je comprenais ses souffles courts, ses yeux vagues, le rictus de sa bouche, la sueur froide qui perlait de sa nuque.

Il n'adhère à aucun parti, il trouve du bon en chacun, certains plus que d'autres, mais il refuse le dogme et l'idéologie sectaire qui limite au lieu d'élever, d'étendre, et il considère l'orientation politique comme un piège. Une autre case, une autre étiquette, mais toujours le même besoin de cataloguer, d'enfermer les idées dans des boîtes et des noms qui les vident de leur substance. Il croit en une révolution, *la Révolution.* Celle des esprits, des cœurs, des mœurs, contre l'hypocrisie des gouvernements, pour le peuple et sa liberté. Je l'ai retrouvé comme autrefois, fervent et passionné, et c'est avec soif que je me suis abreuvée de ses paroles.

Tout en étant exalté, il était doux et patient, m'expliquant, répondant à mes questions sans détour, avec sérieux et simplicité. Il n'était plus ni moqueur ni provocateur comme avant. Et quel merveilleux enseignant! Tous le respectent et l'estiment, cela saute aux yeux. Je n'imaginais pas la quantité de personnes n'ayant jamais reçu d'instruction, et je n'ai eu qu'un aperçu.

Pourquoi permet-on que des gens vivent ainsi ? Personne ne devrait endurer cela. Et ces pauvres enfants, si nombreux dans les rues, maigres et sales, portant des charges plus grosses qu'eux !

Sasha m'a expliqué que la population ouvrière s'agite, le sang et les esprits s'échauffent, mais surtout les ventres se creusent. Moi qui me figurais que nous souffrions du rationnement, il n'en est rien. Comparés à eux, nous vivons comme des rois. La leçon s'est déroulée dans un étroit local garni de bancs et de tables en bois grossier, faisant office de bar clandestin, de lieu de rencontre et de quartier général pour les réunions des ouvriers. Sasha est bien plus engagé que je ne le croyais. J'ai prêté une attention aiguë à toutes les conversations, bien que certains semblaient réticents à s'exprimer en ma présence. J'avais pris soin de revêtir mes habits les plus simples, mais ceux-ci étaient encore trop distingués pour que je puisse me mouvoir sans être remarquée parmi cette compagnie.

J'ai longuement conversé avec une jeune femme d'environ mon âge qui travaille comme couturière. Ni manières ni faux-semblants, mais au contraire une bonté et une simplicité admirables dans ses paroles emplies de dureté. Elle aurait mérité sa place à l'atelier de Vera Pavlovna. J'aimerais avoir une amie comme elle, et je le pourrais si je me libérais des carcans imposés par mon rang…

Dieu, comme j'aime Sasha ! Néanmoins, je me sens sotte de mourir d'amour tandis que d'autres meurent de faim, de froid, d'horreur. Ils n'ont même pas de pain ! Pourquoi ? Pourquoi certains possèdent-ils autant, quand d'autres se tuent pour survivre ? Jamais plus je ne pourrai me plaindre sans voir leurs visages émaciés, leurs barbes hirsutes et leurs yeux vitreux. Ces images resteront gravées en moi. Ces visions de désarroi et de suie, ces bouches tordues d'appétit et d'épuisement, ces corps maigres, pourtant bien plus forts que moi, portant un monde sombre sur leurs épaules.

La misère ne m'effraie plus, je suis prête. Nous trouverons les moyens de nous créer une vie, notre vie. Peu m'importent les richesses et les fastes inconséquents ! Ses yeux me le confirment, il m'aime. Nous n'avons qu'à nous enfuir, et nous marier comme Vera Pavlovna et Lopoukhov. Je travaillerai, tout comme lui. Je donnerai des leçons, serai gouvernante, couturière ou même femme de chambre. Nous pourrions partir à Paris, ou ailleurs. Au bout du monde, s'il le souhaite ! Ouvrir une librairie, ou encore un atelier comme Vera. Oui, tant de choses sont possibles ! Une lueur apparaît et je ne demande qu'à la saisir, à courir vers elle afin qu'elle me dévoile toute sa lumière...

Au retour, alors que nous parvenions au pont Liteyny, il a soudain décidé de traverser sur la glace et m'a invitée à le suivre. J'ai plaisanté, disant : « Je croyais qu'étant malade, tu aurais la délicatesse de me ménager. » Je ne suis pas encore habituée à le tutoyer, cela me procure toujours une étrange, mais délicieuse, chaleur au creux du ventre... Il m'a souri, et m'a simplement tendu la main pour m'aider à descendre. Je ressens son étreinte, si brève, enserrant ma taille. Ses paumes sont imprimées en moi et la légère pression, lorsque je ferme les yeux, me renverse encore. Même en sortant mes mains de mon manchon, je ne sentais pas la morsure hivernale tant mon être irradiait de bonheur. La neige fraîche, car une épaisse couche était tombée la nuit dernière, gémissait sous nos pieds. Il m'a offert son bras et, arrivé au centre, il s'est immobilisé face à l'étendue gelée de la Neva. Je pouvais voir certains passants nous observer et trois moujiks, plus loin devant, nous considéraient d'un œil placide en tirant un traîneau où s'amoncelaient de gros blocs de glace.

Tout autour de nous était si parfaitement symétrique, grandiose, monumental. Je me suis avancée, happée par l'horizon et la beauté de ma chère Petrograd, et il me semblait pouvoir embrasser la ville tout entière entre mes bras ouverts.

Avant de nous séparer, il m'a donné un paquet contenant *De la servitude volontaire* et *Ainsi parlait Zarathoustra*, et j'hésite entre commencer l'un des deux maintenant ou attendre d'avoir fini *Que faire ?*...

Mardi 24 janvier

Au dîner chez Irina, j'ai davantage prêté attention à la conversation entre Igor et quelques autres (il serait temps de m'intéresser aux choses de ce monde). Cet essai de La

Boétie (il me faudrait citer tout le livre !) couplé avec le roman de Tchernychevski révolutionne mon esprit et ma manière de penser. Je ne suis plus la même Polina qu'il y a six mois, et j'en suis fière. Seulement, je suis toujours derrière mes barreaux…

Je posais de temps à autre une question discrète à Ira, Igor, ou ce cher Lobrov toujours aussi attentionné. Lorsque le sujet a glissé de politique en philosophie, la chose est devenue plus plaisante. Je ne connais que très peu de références, mais les connaissances théoriques ne sont pas si indispensables et j'ai pris plaisir à exprimer mon sentiment et mon opinion personnelle. Parfois, le débat s'échauffait, chacun y allant de son argument, mais il m'apparaissait qu'ils partageaient tous le même avis, le présentant simplement de manières différentes. Et aucun d'eux ne semblait se rendre compte des points sur lesquels ils se rejoignaient. Un dialogue de sourds ! Bien sûr, plusieurs avis divergeaient, mais le fond restait commun, je crois. À mon avis, si l'on prenait le meilleur de leurs discours et qu'on les mélangeait, le monde serait un paradis.

Je me soupçonne d'être bien naïve avec mes réflexions, qu'importe ! À mon avis, que l'on soit dans une monarchie, une démocratie, ou je ne sais quel autre forme de gouvernement, on ne devrait jamais négliger son peuple, car c'est lui le pays et le dirigeant. Le paysan est moins instruit (et cela peut d'ailleurs être arrangé !), mais, en revanche, qui mieux que lui connaît la terre et sait comment la travailler pour l'amener à produire son meilleur ? Tandis que le riche propriétaire, qui sait fort bien traiter les affaires, comment peut-il être proche de sa terre s'il n'est proche de ceux qui la cultivent ? Cela me fait songer aux passages d'*Anna Karénine* où Lévine moissonne avec ses paysans…

J'ai le sentiment que deux forces en moi s'affrontent. L'une, ancienne, craint l'inconnu et veut rester confortable, tranquille, rêveuse, ignorante, tandis que l'autre, neuve et fraîche, cherche à trouver la sortie vers ce monde nouveau.

Est-ce donc vraiment cela l'Amour ? Cupidon a entendu mes appels, mais mon cœur pourtant se disloque, écrasé sur les pavés de la réalité. Comment l'amour peut-il me rendre si vulnérable, désarmée ? Je le hais de ne pas pouvoir le haïr. Je le hais, comme je l'aime ! N'est-ce pas de cela que tous les romans font foi à travers leurs récits ? N'est-ce pas justement cette passion de vivre et de mourir qui habite ces héros de tout temps, dévorés par l'amour qui envole, émeut et torture celui qui le découvre ?

Pourquoi, comment lui seul est-il parvenu à me voir, à entendre mes soupirs, à percer mon âme comme personne ? Tous sont subjugués, renversés par ma beauté, ma prétendue pureté, mais ce n'est pas cela qu'il aime en moi, ce n'est pas cela qu'il perçoit. Il lit mes pensées, devance mes pas, mes écarts, mes mots silencieux. Il devine tout, sait de moi ce que j'ignore moi-même.

Cela est si merveilleusement cruel de connaître un homme qui à lui seul emporte tout le reste. Un homme qui évapore les peurs, les doutes et les incompréhensions, ne me laissant que cette vision du bonheur, et son impossibilité.

Dimanche 29 janvier

Chez les Ioussoupov, je les regardais tous, rigolant, bavardant, tous si bien mis, ornés de leurs beaux vêtements et de leurs bijoux. Je n'ai vu que des masques sur des sourires artificiels. Autrefois, j'aimais ces soirées, mais à présent je les exècre. Tout ceci n'est que mascarade. Le palais Ioussoupov est toujours aussi majestueux, toutes ces galeries d'art emplies de tableaux, de sculptures, de tapisseries. Le parquet brillant, les meubles éclatants, tout ce charme pompeux et ronflant, quel besoin d'amasser autant de choses inutiles ? Donnez-les donc !

Je veux expier cette opulence qui me rend malade. Ces bals, ce besoin constant de richesse et de pouvoir, toujours plus, au détriment et au prix d'une population entière.

Là est la cause du mal qui gangrène notre Russie et notre monde. Si ces riches aristocrates daignaient se lever de leurs coussins de brocart pour se pencher une petite seconde sur le sort de leur prochain, ouvrant leur porte à l'orphelin, partageant leur pain… Tolstoï, comme Sasha, avance que le seul moyen est de modifier radicalement les mentalités, mais comment s'y prendre ?

Je suis en colère, je gronde, je hais ce monde et ses mensonges. Je les hais, eux et leur bienveillance corrompue ! Un gala de charité en l'honneur des blessés et de ceux qui se battent sur le front, mais quelle farce sordide ! Comment osent-ils fêter le sacrifice et la douleur que coûtent leurs privilèges ?

Oh, je ne suis pas fière de moi non plus, car je reste là telle une égoïste, à constater sans agir, encore plus coupable que les ignorants.

Lundi 30 janvier

Me donner ce livre était le moyen pour Sasha de me faire comprendre…

Sasha *est* Kirsanov : tout comme lui avec Vera, il m'aime en secret. Kirsanov ne peut dévoiler son amour, car Vera est mariée à son meilleur ami de longue date Lopoukhov, et Sasha ne peut m'avouer ses sentiments en raison de son amitié avec Sergueï Vassilitch. Cela est si évident ! Voici la raison pour laquelle il était réticent à me prêter ce livre : il craignait que celui-ci ne m'influence, pourtant à son avantage… Sergueï a bien de la chance de compter un ami tel que lui. Seulement, je ne suis pas Vera, et je n'ai nul besoin de songes et d'années pour réaliser mon amour. Je l'ai toujours su.

Une pensée affreuse vient de m'effleurer. Ne pourrais-je pas, si j'épousais Sergueï, être assurée de côtoyer Sasha, et ainsi jouir de sa présence malgré tout? Non, en aucun cas. Je suis sûre que, tel Kirsanov, il fuirait notre compagnie, pour notre bien à tous. Mais, pour moi, ce ne serait que douleur et tourments. De cette absence, je ne pourrais me remettre. Et c'est pour cela que Sasha n'a pas disparu de ma vie, tenant certainement le même raisonnement que Kirsanov :

« Nul ne sait quand – tôt ou tard – ce sentiment se révélera à elle sans aucune incitation de ta part. Mais ta disparition lui sera un prétexte pour se manifester. Donc, si tu disparaissais, ce ne pourrait que hâter ce que précisément tu cherches à éviter. »

Il m'est impossible de regarder Sergueï dans les yeux et devant Dieu lui jurer un amour fidèle et sincère, sachant que mon cœur et mon âme ne lui appartiendront jamais.

Ce passage, où Nastenka parle de son amour pour Kirsanov (qui d'ailleurs se prénomme lui aussi Sasha !), n'est-ce pas un signe ?

« Et quand on sent un si grand amour, est-il possible de porter les yeux sur quelqu'un d'autre que l'objet de ton amour ? C'est impossible, vous ne pouvez l'ignorer. Rien n'existe plus au monde en dehors de l'être aimé. Alors donc, je suis là à pleurer : que vais-je devenir, comment vais-je pouvoir vivre ? J'en venais à penser que j'irais le voir une dernière fois pour me jeter à l'eau ensuite. Toute la matinée se passa en pleurs. Soudain le voilà qui entre, se jette à mon cou, me couvre de baisers et me dit : "Veux-tu vivre avec moi Nastenka ?" Alors je lui ai dit tout ce que je pensais, et nous avons vécu ensemble. »

Dieu, si cela pouvait être aussi simple pour Sasha et moi…

L'embrasser, me serrer contre lui et disparaître entre ses bras. Voilà tout ce à quoi j'aspire.

« Le sang bout, une sorte d'angoisse vous étreint, dans cette douceur infinie il y a un vague tourment, quoique, bien sûr, ce soit une félicité si grande que pour un instant pareil on peut donner sa vie, et on la donne vraiment […]. Quelle puissance dans le regard, Vera Pavlovna ! Aucune caresse ne procure autant de volupté et de tendresse que le regard. Tout le reste, tout ce qu'il y a dans l'amour ne peut se comparer au regard. »

Et celui de Sasha me renvoie son amour même lorsqu'il tente de le cacher.

Mais pourquoi m'aime-t-il ? Je ne suis pas forte et indépendante comme Vera. Je ne suis qu'une jeune fille ignorante…

C'est faux, et je ne dois pas me dénigrer ainsi. Sasha sait quelle femme exceptionnelle je suis capable de devenir, et j'y compte bien !

Je rêve tant, est-ce ma perte qui m'attend ?

Vendredi 3 février

J'ai été alitée toute la semaine, trop faible pour écrire. Mon état s'aggrave, et même Papa est impuissant. Cependant, ma maladie n'est en rien comparable à l'hiver précédent. Je souffre d'un désespoir dévorant, et aucun remède ne pourra me guérir, si ce n'est l'assurance de son amour et notre futur ensemble.

Dans sa dernière lettre, Sergueï me prie de prendre grand soin de ma personne et me souhaite de me rétablir au plus vite. Il répète n'aspirer qu'à être auprès de moi… Ses paroles, pourtant emplies de bonté, sont comme des coups de poignard portés droit au cœur.

Mon seul réconfort est de pouvoir me recueillir dans mon lit sans personne pour me tourmenter.

Oublier, l'oublier. Me convaincre.

Que faire ? Sergueï rentrera d'ici deux semaines à Petrograd. Le moment arrive, et je voudrais disparaître. J'ai dit à tout le monde que Sergueï serait le premier à connaître ma réponse, ce qui me laisse du répit, mais pour si peu de temps.

Sans Sasha, je n'aurais pas hésité à épouser Sergueï, et je suis certaine que j'aurais nourri à son égard de forts sentiments. Mais Sasha existe, et je crains que la vie ne soit pas le conte de fées auquel j'aspirais…

23

Tous les passagers du vol Aéroflot

Éva entendit l'annonce et pressa le pas. Il lui restait peu de temps avant la fermeture de l'enregistrement. Dans ses bottes fourrées, bien trop chaudes pour l'hiver parisien, ses pieds suintaient. Ses épaules, écrasées par le poids du sac à dos, la faisaient déjà souffrir. Les joues en feu, elle se présenta au comptoir. Elle montra son passeport, son billet, puis son sac s'éloigna sur le tapis roulant. Elle passa ensuite la sécurité, le ventre noué, et s'installa sur une banquette après avoir souffert les effluves entêtants s'exhalant des parfumeries. Elle ne réalisa pleinement l'imminence de son départ que lorsque la voix métallique annonça :

— Tous les passagers du vol Aéroflot à destination de Saint-Pétersbourg sont priés de se présenter porte huit pour un embarquement immédiat.

Ça y est, j'y suis…

Tandis que l'appareil cheminait jusqu'à la piste, Éva cherchait la chanson idéale pour accompagner le décollage. Laissant de côté le classique, elle opta pour *I'm Gonna Be* de The Proclaimers et colla son nez au hublot.

L'avion était en place. Après quelques instants, les turbines se mirent en route. Il accéléra crescendo jusqu'à ce que les roues se détachent du tarmac et que l'apesanteur s'installe. Le ventre parcouru de chatouillements grisants, Éva contempla Paris s'effaçant derrière l'épaisse couche de nuages. Lorsque toute trace de la terre eut disparu, Elle ferma les yeux et se laissa bercer par sa musique.

Après six heures de vol, l'avion se posa sur le sol russe. Vitya avait proposé que sa sœur vienne chercher Éva à l'aéroport, mais elle avait décliné l'offre, souhaitant vivre seule ses premiers instants en ville. Ce fut donc sans escorte qu'elle sortit et que, pour la première fois, elle huma l'air de Saint-Pétersbourg.

Le ciel était sombre, gris, et bas, mais vide de flocons, même égarés. À bord du minibus poussiéreux menant au centre-ville, elle fut frustrée de ne pas pouvoir observer le paysage. Ce, non pas parce qu'elle était assise loin d'une fenêtre, mais parce que celles-ci étaient toutes couvertes d'une épaisse couche de saleté, noire et grasse. Elle reporta son attention sur les passagers assis autour d'elle. À quelques sièges devant, deux amies semblaient s'être retrouvées et bavardaient avec entrain, agitant leurs ongles peints et leurs longues chevelures brunes et soyeuses. En face, sur la gauche, un vieil homme, le nez plongeant sur sa poitrine, affichait un teint bilieux, cireux, comme dans ces descriptions qu'elle avait lu tant de fois chez les auteurs russes. Elle resta hypnotisée par cette peau jaune et luisante jusqu'à ressentir un haut-le-cœur et détourna la tête.

Un peu plus tard, accoudée à la balustrade du balcon de son auberge, Éva ne pouvait s'empêcher de déplorer l'absence totale de neige. Les rues, loin d'être blanches, étaient brunes de poussière. Les voitures souillées allaient et venaient, leurs pneus crissant parfois sur le verglas de la chaussée. Celui-ci recouvrait d'ailleurs les trottoirs, pelouses et recoins humides d'une couche épaisse, bosselée et glissante, que seuls les habitués savaient dompter. Ce qui frappa le plus Éva fut de voir des femmes en talons aiguilles progresser sur cette patinoire avec un naturel et une agilité dignes d'équilibristes professionnelles.

Ses espoirs de voir Saint-Pétersbourg sous son manteau blanc s'étaient évaporés aussi vite que les quelques flocons fondus sur les toits. Le balcon, bien qu'accroché au quatrième étage d'un immeuble imposant, n'était pas assez élevé pour qu'elle puisse jouir d'une vue étendue de la ville. Suvorovsky prospekt, le large boulevard où était située son auberge, était perpendiculaire à la perspective Nevski et s'étirait jusqu'à Smolny et ses coupoles d'ivoire et d'or dissimulées dans la brume. C'était dans ce quartier qu'Éva avait imaginé l'appartement de Sergueï et de Sasha. Non loin, aussi, en direction de Liteyny, celui de Polina. En fait, le point de repère était le jardin de Tauride. Elle ne s'y était pas encore promenée, mais espérait que lui au moins arbore quelques vestiges de l'hiver.

Le froid, à défaut de la neige, était au rendez-vous, et elle sentait ses joues se tendre sous sa morsure. La Neva était gelée, de cela elle était sûre, et elle comptait s'y balader prochainement si seulement elle osait y poser le pied. La couche de glace pouvait être épaisse, l'eau n'en demeurait pas moins en dessous.

Les yeux brûlant de fatigue, transie de froid, Éva se résigna à rentrer au chaud. Elle referma la porte vitrée, puis la deuxième, séparée de la première par une cinquantaine de centimètres.

Voilà ce que j'appelle des doubles-vitrages authentiques…

L'auberge correspondait à ce qu'Éva avait imaginé et comblait ses attentes. Les hauts plafonds étaient ornés de moulures enluminées et des cheminées hors d'usage, longs conduits recouverts de carreaux blancs, occupaient les angles de chacune des pièces. Éva n'en avait jamais vu de semblables, avec pour seule ouverture une trappe pour rajouter du bois et deux lucarnes pour laisser s'échapper la chaleur. Comme tous les appartements autrefois réservés à la bourgeoisie et à l'aristocratie, celui-ci avait été récupéré et partagé entre plusieurs familles après la Révolution, devenant une *kommounalka.* Les propriétaires actuels étaient un jeune couple d'artistes d'une trentaine d'années qui avaient décidé de rénover eux-mêmes ce lieu, allant jusqu'à créer certaines pièces du mobilier comme les lits superposés en bois, garnis de rideaux, qui peuplaient chacune des chambres. Les murs, repeints avec goût, s'ornaient d'arabesques aux couleurs chatoyantes. Dans les couloirs et la cuisine, le revêtement retiré laissait apparaître la brique, brute et rouge. La salle commune était riche d'objets anciens, de deux sofas, l'un carmin et l'autre bleu criard, d'une table basse, de confortables fauteuils, et d'une petite bibliothèque vitrée occupant un pan de mur. Partout dans l'appartement, des plantes vertes et de larges tapis, ou un parquet ciré tantôt brun ou couleur miel. En face des cabines de douches en pin, disposées dans le couloir, de vieilles cartes de Saint-Pétersbourg étaient accrochées et Éva les examina avec intérêt. Au fond, la cuisine, ouverte à tous, n'était pas très grande, mais fonctionnelle et joliment décorée aussi. Thé et café y étaient en libre-service et un samovar gargouillait jour et nuit sur la table près de la fenêtre. Le parquet, aux planches larges et patinées, s'accordait admirablement avec le mobilier en bois.

Le décor, en résumé, correspondait parfaitement aux goûts d'Éva.

Dans sa chambre, il y avait six lits superposés robustes, véritables cocons douillets avec leurs rideaux blancs aux fines rayures bleues préservant l'intimité. Un vieux bureau était posté contre l'un des murs, sous la fenêtre, et une imposante armoire en chêne abritait déjà ses affaires. En raison de la saison creuse, l'auberge accueillait peu de clients, et encore moins des étrangers. En ce moment, Éva était la seule. Les prix de ces dortoirs étant bon marché, de nombreux Russes, au lieu de louer une chambre ou un appartement au loyer exorbitant, vivaient là pour plusieurs mois en profitant de la vie commune et des rencontres. À l'aise et familiers avec l'endroit, ayant pour habitude de voir de nouveaux visages régulièrement, les résidents ne prêtaient pas attention à Éva, intimidée par leur froideur, avec la désagréable impression d'être de trop. Seul Lev, le jeune homme qui travaillait là et qui l'avait accueillie, s'était montré ouvert, souriant et sympathique à son égard.

La réalité était qu'elle n'avait pas encore eu le temps de se familiariser avec le caractère rude des habitants de son cher pays, pouvant paraître bien étrange aux coutumes européennes. Elle se rappelait que Vitya l'avait prévenue et lui avait expliqué, de façon résumée, quelques particularités du tempérament russe :

— Les sourires rares et l'attitude, généralement froide, voire glaciale au premier abord, ne sont qu'une simple façade, une protection, une habitude, une coutume, disons, très ancrée. Il faut de la patience et de la chaleur pour faire fondre la glace, mais au moins tu sais à quoi t'en tenir. Si un Russe ne t'aime pas, il y a des grandes chances pour que tu le comprennes vite. En tout cas, sache que ce n'est ni un manque de politesse ni de l'irrespect, et il ne faut pas le prendre personnellement. C'est certainement en réponse à notre passé dur et répressif, mais on ne s'embarrasse ni de manières ni de choses inutiles susceptibles de faire perdre du temps, comme un zèle de politesse ou une sympathie simulée. Une personne qui sourit sans arrêt, qui plus est à un inconnu, est perçue comme simplette, voire hypocrite. Et, là où ce sera je pense le plus marquant pour toi, c'est au restaurant. Le serveur doit être efficace avant tout, être avenant ne fait pas partie de ses fonctions. C'est une chose qui choque beaucoup les touristes et visiteurs, peu accoutumés à ça. Un vendeur trop entreprenant, trop souriant, trop joyeux, fera vite fuir son client, contrairement à ici en Europe. J'entends souvent les gens s'en plaindre, dire que les Russes sont hautains, prétentieux, imbus d'eux-mêmes, austères, froids, j'en passe. Oui, certains sont comme ça, comme partout, mais c'est surtout si on regarde la surface sans comprendre que c'est juste une manière différente de faire, quelque chose de bien plus profond et ancré dans notre manière d'aborder et de voir la vie. Dans un monde qui te rabaisse et t'éprouve, te traite comme du bétail, comme une pièce d'un rouage identique à mille autres, ta dignité est la seule chose qui reste, et il faut la conserver à tout prix…

Vitya avait alors rigolé, se moquant de sa ressemblance avec un ami à lui adepte des longs monologues philosophiques. Éva appréciait cette vision des choses plus authentique. Que chaque sourire soit vécu et pleinement ressenti avant d'éclore, voilà qui manquait cruellement à la société actuelle.

Épuisée et à fleur de peau, elle retourna dans le calme rassurant de sa chambre avec une tasse de thé noir lacté. Trois heures plus tard, allongée dans son lit, les yeux ouverts sur le plafond, elle peinait à se rendormir après que la vague de son cauchemar l'avait réveillée en sursaut, encore. Se tournant sur le ventre, elle dégagea une partie de son corps hors de la couette et enfouit son visage dans l'oreiller. Il sentait la lessive, l'aventure, les lits inconnus, et l'esprit d'Éva vagabonda, revenant toujours au même point : le journal.

Depuis la découverte de l'original de *Clair-obscur* et du testament, elle avait littéralement ratissé la librairie en quête d'indices supplémentaires, en vain. Bien sûr, Internet avait lui aussi été passé au crible, en français et en russe – merci à Vitya et Google traduction –, mais ils n'avaient rien trouvé. Zéro, rien, *nietchevo.* Ni sur Polina ni sur sa famille, et encore moins sur Sasha et Sergueï.

Si seulement j'étais l'héroïne d'un film, ça aurait été plus facile ! Un petit enchaînement de scènes, quelques recherches en accéléré avec une musique sympa en fond, et hop je trouve les indices et les clés de mon énigme en un rien de temps ! Et même si ça a l'air trop facile pour le spectateur sceptique, on s'en fiche ! Sauf que là, je dois jouer avec la réalité. Et dans la réalité, après une révolution, c'est une galère monstrueuse pour retrouver la trace de quelqu'un. Mes personnages sont seulement des humains, parmi d'autres humains, noyés dans la masse du passé…

Éva se retourna, une fois, deux fois, étira sa nuque, bourra son oreiller dans l'espoir de lui donner une forme propice au sommeil, y enfonça la tête, se redressa, dégagea la couette, soupira encore et couina de fatigue. Ses tergiversations incessantes l'emportèrent finalement, dix minutes plus tard, dans les bras apaisants de Morphée.

Journal intime d'Apollinariya

Petrograd, mercredi 8 février 1917

JE SUIS ROMANTIQUE, J'AIME L'AMOUR, je ne vois là aucune tare, même si cela me perdra certainement. Qu'y a-t-il de mal, surtout dans un monde si violent, à désirer vivre heureux ? N'ai-je point le droit d'aspirer au bonheur et à l'union de deux êtres ? Ne puis-je y croire ? Si cela n'est qu'un doux rêve, alors je ne veux pas me réveiller ! Je n'aspire qu'à une vie calme et ensoleillée, un bonheur simple et partagé. Je veux aimer, toujours, mais comprendre aussi, voir, sentir, toucher, apprendre.

Mon esprit divague de fièvre... J'entends sa voix toujours, si fort, résonner en moi. Je pourrais passer mes journées à lui parler sans même prononcer un mot.

Il n'y a pas au monde de cœur plus ardent,
Que le mien désirant
Contempler encore la vision d'argent,
Que m'offre ton regard blanc.

Mon nom, qu'importe,
Si c'est le tien que je porte.

Ma chair est tienne, mon âme aussi.
Si tu t'en vas, je pars aussi.

Jeudi 9 février

Je reconnais tant Sasha dans le caractère emblématique de Rakhmétov ! Et je le soupçonne d'avoir fait de Rakhmétov son idéal à atteindre, ce qui n'est pas une mauvaise chose, bien au contraire, si ce n'est qu'il s'interdit les passions, et l'amour… J'ai l'impression, en lisant cela, d'entendre Sasha me conter sa vie. Tout comme ce Rakhmétov, il a vagabondé, se faisant homme de peine pour des travaux physiques, sciant, taillant, charriant, hâlant…

Comme lui, Sasha s'est formé physiquement, mais aussi intellectuellement. Tous deux sont autodidactes, ont tout appris par eux-mêmes, en lisant et en expérimentant au plus proche de la vie. Cependant, je crains fort que Sasha n'adopte la même position que Rakhmétov, et que tout comme lui il se refuse à l'amour.

« […] Je dois réprimer cet amour : il me lierait les mains, je les ai déjà attachées, et ne les délierait pas de sitôt. Mais j'y arriverai. Je ne dois pas aimer. »

Sinistre déclaration que je crains d'entendre un jour de la bouche de Sasha… Tchernychevski a fait de Rakhmétov un modèle « d'homme nouveau », un idéal à atteindre, une race d'homme exceptionnel qui défie les lois et les convenances et qui, par le travail et l'apprentissage, s'enrichit intérieurement et développe tant son corps que son esprit. Si ce n'est la question de l'amour, qui selon moi est indispensable, car il nourrit et élève le cœur, je rejoins Tchernychevski dans sa vision de cet homme idéal :

« Ils ne sont guère nombreux, mais ils font s'épanouir la vie de tous, sans eux elle dépérirait et pourrirait […] Grande est la masse des bonnes et honnêtes gens, et ces hommes-là sont rares, mais dans cette masse, ils sont comme la théine dans le thé, comme le bouquet dans un vin généreux, c'est d'eux qu'elle tient sa force et son parfum, c'est la fleur des meilleurs, ce sont eux les moteurs des moteurs, c'est le sel du sel de la terre. »

En lisant l'entretien, entre Vera Pavlovna et Rakhmétov, et au vu du déroulement de l'histoire, il m'apparaît évident que si j'épousais Sergueï Vassilitch, notre relation évoluerait de la même manière que celle de Lopoukhov et Vera. Une relation paisible, mais dénuée d'un réel et puissant sentiment, qui avec le temps s'effilocherait et me laisserait vide et insatisfaite. Un malheur invisible, impalpable…

Toute l'attitude de ce Rakhmétov, si énigmatique, me rappelle Sasha. De ses paroles à ses actes, son empreinte est partout et, tout comme lui, il parle avec « simplicité, aisance, vivacité, concision et flamme ».

Que dirait Rakhmétov de notre situation ? Il reprocherait certainement à Sasha de me laisser dans l'ignorance de ses sentiments et de l'attitude à adopter, tout en saluant sa droiture et son intégrité…

Samedi 11 février

Tchernychevski s'exprime merveilleusement sur tous les sujets, mais j'en venais à penser que la seule exception était l'amour ; je me trompais !

J'admire, mais trouve déconcertante la manière dont Tchernychevski parle des femmes. Je n'avais jamais entendu personne tenir de tels propos, bien que Sasha le pourrait…

Ce passage, par exemple, est fascinant. Lors de son quatrième songe, Vera Pavlovna s'entretient avec une déesse (qui se révèle n'être qu'un reflet d'elle-même, mais cela, elle ne le comprend qu'après), et celle-ci lui raconte l'histoire des différentes déesses qui l'ont précédée, reflet de la condition de la femme à travers les âges.

« Les humains étaient comme des bêtes. Ils ont cessé d'être des bêtes lorsque l'homme a commencé à goûter la beauté de la femme. Mais la femme était physiquement plus faible que l'homme, et celui-ci était brutal. Tout, alors, se décidait par la force. L'homme s'appropriait la femme dont la beauté le séduisait. Elle est devenue son bien, sa propriété. C'est le règne d'Astarté. »

Ensuite, raconte la déesse, une nouvelle est sortie de l'océan, nue et sans artifices, si belle qu'elle n'en avait point besoin. Rien ne devait cacher ses courbes merveilleuses et elle enseignait alors aux femmes humaines :

« — Sois pour l'homme une source de voluptés, il est ton maître. Ce n'est pas pour toi que tu vis, mais pour lui. »

Sauf que cette déesse ne tirait orgueil que de sa beauté physique. Elle se disait libre, mais elle marchandait cette fausse liberté contre les délices de son corps (comme le personnage de Julie). Elle ne se croyait pas encore humaine, seulement un bel objet de prix. C'est le règne d'Aphrodite. Sauf que l'homme voulait faire de la femme son esclave, et celle-ci refusa. Alors, il se mit à supplier et ne désirais plus que posséder cette vierge inaccessible et immaculée. Mais (et cela est si vrai et dramatique!), lorsqu'elle fléchissait et le laissait la conquérir, ne serait-ce qu'une seule fois, l'homme avide se désintéressait ! C'était alors, comme le dit Tchernychevski, le règne douloureux de la vierge.

Cette merveilleuse déesse, la dernière, qui parle à Vera affirme que ce qui distingue son règne des autres est l'égalité des droits entre les amants en tant qu'êtres humains. Dans ce cas uniquement, l'amour peut être véritable et réciproque, car alors chacun est libre d'aimer ou non, et en particulier la femme. Elle n'a pas à se soumettre à une volonté et par conséquent son amour est un pur élan du cœur. Elle aime cet homme parce qu'elle veut l'aimer. Aucun des deux ne peut avoir de droits sur l'autre. Mais, pour cela, l'homme doit reconnaître l'égalité de la femme (concernant Sasha, je n'ai aucune crainte).

« Le maître est contraint en présence du serviteur, et le serviteur en présence du maître ; l'homme n'est parfaitement libre qu'en présence de son égal. [...] Voilà pourquoi, s'il faut exprimer ce que je suis, c'est l'égalité en droits. Sans elle, la jouissance du corps, l'admiration de la beauté sont ennuyeuses, fastidieuses, odieuses ; sans elle, point de pureté du cœur, rien que la fallacieuse pureté du corps. De cette égalité provient aussi la liberté sans laquelle je n'existais. »

Je suis dans une agitation extrême à chacune de mes lectures. Je n'ai pas de mots pour exprimer la justesse que je ressens en lisant ces propos. Je dévore ce livre avec une avidité nouvelle. Il renverse mes certitudes, bouleverse mes connaissances, et pourtant confirme des opinions que j'ignorais moi-même nourrir. Lorsque je lis, il me semble que Sasha se tient près de moi, entre chaque ligne, soulignant les mots de son sourire et de ses yeux intelligents.

Cette présence imaginaire ne saurait pourtant combler la douleur d'être enfermée entre ces murs, sans pouvoir le visiter... Il est tristement amusant de constater que l'affection qui m'empêche de sortir pour profiter de quelques instants avec lui est causée par le désespoir, plus grand, face à l'impossibilité de notre futur.

24

Le souffle court, saccadé, elle tomba à genoux

La nuit recouvrait la ville lorsque Éva se réveilla en sursaut. Depuis son arrivée à Saint-Pétersbourg, huit jours plus tôt, ses rêves s'étaient intensifiés et complexifiés. Elle s'éveillait le visage mouillé de larmes amères et salées, et les sanglots la secouaient parfois si fort qu'elle devait sortir sur le petit balcon afin de pleurer tout son saoul sans risquer de déranger l'auberge endormie. Cette fois-ci encore, sa bouche était pâteuse et ses draps moites d'une sueur aigre. Éva ne savait plus quoi faire pour tenter de retrouver un semblant de joie de vivre. Son moral était au plus bas, et rien n'améliorait son humeur. Ni les musées, ni les rues tant rêvées, rien. Au contraire même, tout cela la plongeait dans un désespoir d'autant plus grand. Quel comble d'être si déprimée alors qu'elle était enfin là où elle avait toujours rêvé d'aller ! Le cœur lourd, elle se tourna vers la fenêtre et fixa d'un air morne les lueurs orangées se reflétant sur l'immeuble en face. Soudain, ses yeux distinguèrent, scintillantes et virevoltantes, quelques paillettes miraculeuses dans le ciel orageux.

Alléluia, il neige !

Elle sauta du lit tel un félin, prenant garde à ne pas réveiller son voisin de chambre qui dormait à poings fermés, ses affaires gisant éparses au sol. Il partait demain et d'après Lev, personne ne le remplacerait d'ici la fin du séjour d'Éva, ce qui n'était pas pour lui déplaire. Pour rencontrer les gens, la cuisine commune et le salon lui suffisaient amplement. Se collant au carreau, faisant de sa main une visière et plissant les yeux, elle constata qu'une meringue fraîche recouvrait déjà les toits et les cheminées. Les flocons, lourds et épais, tombaient de plus en plus dru vers le bitume de la cour. Retenant un gémissement de plaisir, Éva sentit toute sa fatigue et ses soucis s'évaporer dans l'ivoire du ciel, et une furieuse envie de bondir et de crier de joie la submergea. Telle une enfant, fascinée, elle goûtait le ballet des flocons la bouche arrondie, sa respiration formant un nuage de buée sur le carreau. Émergeant de sa stupeur, Éva enfila des habits chauds, fourra sa chevelure sous un bonnet et se rendit sur le balcon du salon. Le boulevard était blanc. En l'espace de quelques heures, la neige avait transformé l'aspect morose de la ville en un tableau féerique. Cette ville aux proportions titanesques contrastait avec les ruelles pittoresques de Paris, comme construite par des géants, pour des géants.

En même temps, avec un aussi grand pays, je comprends que l'on voie tout en grand…

Levant les yeux, Éva se laissa happer, hypnotisée par la danse des cristaux se précipitant sur elle, fondant sur ses joues encore chaudes de sommeil et d'émotion.

Dix minutes plus tard, elle poussa la lourde porte blindée qui donnait sur la rue et celle-ci émit son bip-bip caractéristique, vestige de l'aire soviétique. Émerveillée, Éva s'avança sur la chaussée crémeuse et remonta Suvorovsky tandis que l'*Adagio en sol mineur* d'Albinoni dévoilait sa prouesse mélancolique à travers les écouteurs.

Enfin, la ville comme je l'ai toujours rêvée. Les carrosses en moins…

Depuis son arrivée, Éva n'avait jamais vu autant de limousines de sa vie. Peut-être était-ce en lien avec le nombre surprenant de jeunes mariés dans les rues, au sortir de la mairie ou de l'église, même en hiver. De toute évidence, les Russes aimaient se marier.

Ce goût du luxe, du clinquant, de l'ostentatoire, comme un besoin d'être par la possession, Vitya lui en avait déjà parlé. Il disait que le peuple russe, moulé et uniformisé par l'URSS où tout était pour le collectif et où le profit personnel et les privilèges n'avaient aucune place, avait eu besoin d'aspirer à grandes goulées l'air de l'individualité, de trouver son propre chemin, hors du carcan conforme imposé par l'État. À l'époque soviétique, le choix en meubles, objets, ustensiles, vêtements, était des plus restreint afin d'évincer la préoccupation superflue et malsaine du gain personnel, de l'accumulation, de la mise en avant par la richesse, mettant ainsi tout le monde sur un pied d'égalité, du moins en apparence. Après la chute du régime, la possession de biens nouveaux, hors de prix, personnalisés, originaux, leur permettait de s'individualiser, de se réapproprier une identité propre, distincte de celle du voisin, et de la revendiquer fièrement. Éva ignorait jusqu'à quel point l'avis de Vitya était objectif, mais elle nota malgré tout ces informations dans un coin de sa tête.

Le boulevard Suvorovsky était désert et seules quelques traces de pneus et de pas attestaient une présence humaine récente. Au loin, les tours bleu pastel et les dômes dorés de Smolny, l'ancien pensionnat pour jeunes filles nobles où avait vécu Polina, perçaient la brume avec majesté. Souffle coupé par cette vision fantasmagorique, Éva s'immobilisa et quelques larmes creusèrent des sillons tièdes jusqu'à son menton. Réprimant un frisson, elle réalisa que des pauses trop prolongées ne tarderaient pas à la transformer en glaçon. Elle s'essuya le visage et reprit sa marche, observant les bâtiments et leurs lignes brutes et massives. Elle déboucha bientôt sur le parvis de Smolny où se dressait une grille de haute taille, close, aux larges barreaux couronnés de piques. Pas un bruit, pas une voiture, uniquement le silence et la danse des flocons qui venaient se suspendre à ses cils.

D'un pas recueilli, Éva s'avança jusqu'à pouvoir enserrer les barreaux givrés. Elle avait visité l'endroit trois jours plus tôt, mais il s'était révélé, comme tout le reste, bien différent de ce qu'elle s'était imaginée. Pas étonnant, puisque tous les décors qu'elle avait conçus dans son esprit dataient du siècle dernier. Éva avait fait l'erreur de toujours visualiser Saint-Pétersbourg cent ans auparavant, et elle avait été choquée les premiers jours de découvrir tant de voitures, de magasins et d'enseignes lumineuses clignotantes. Que croyait-elle ? Que les roues des fiacres résonneraient entre les boulevards, parmi les vendeurs ambulants, les mendiants, et les longues robes satinées ?

Il faut que je voie le jardin sous la neige, et la Neva…

Se retournant, elle emprunta la rue Tverskaya en direction du jardin de Tauride. Alors qu'elle cheminait, l'humeur légère devant le spectacle des flocons, une rue perpendiculaire attira son attention. Elle ne s'y avança pas, mais resta plantée là, paralysée, subjuguée sans savoir pourquoi, fixant la langue blanche de la route qui se déroulait jusqu'à devenir sombre au bout de la rue. Dix minutes plus tard, frigorifiée, Éva arriva devant l'entrée du jardin et jaugea sévèrement le portail verrouillé par une lourde chaîne.

Mince…

Tournant la tête d'un côté puis de l'autre, elle s'assura qu'il n'y avait personne et grimpa par-dessus la grille, non sans difficulté, et atterrit dans un bruit mat sur le coussin neigeux de l'autre côté.

Les réverbères déversaient une lueur sanguine sur la poudre fraîche et scintillante. La sentant croustiller sous ses pas, elle songea que c'était là une sensation tout à fait merveilleuse. Le plan d'eau qui s'étendait à travers le parc était gelé et dissimulé par une épaisse couche molletonnée. Cheminant entre les arbres et les allées, Éva se transporta hors de la réalité. Le jardin n'avait plus d'âge, le temps n'existait plus.

Il lui semblait discerner Sasha, de l'autre côté de la rive, installé sur un banc. Au centre, les patineurs glissaient dans leurs longs manteaux de fourrure tandis que d'autres, au chaud sous une couverture, se baladaient en troïka, leurs chevaux laissant des tas de crottin fumants qui répandaient une odeur douceâtre dans l'air.

Émergeant d'entre les feuillages blancs et les nuages, la lune cabossée se dévoila, dispensant sa lumière sur les immeubles et leurs faces livides. S'asseyant sur un banc couvert d'ouate, Éva rejeta la tête en arrière et laissa son regard se perdre à travers la constellation de paillettes grumeleuses qui, déterminées, se précipitaient sur son visage, s'écrasant avec force et piquant la surface délicate de ses yeux.

Éblouie, mais congelée, Éva se dirigea vers le petit pont en bois et s'y accouda plusieurs minutes. Si elle se laissait aller, ses visions l'absorbaient et le parc s'animait à nouveau. Peut-être qu'ils avaient vraiment marché ensemble sur ce même pont. Peut-être qu'ils s'étaient parlé, juste là. Si seulement elle avait pu demander aux arbres, aux cailloux, à l'eau en dessous : « Avez-vous vu Sasha et Polina ? Je suis presque sûre qu'ils étaient là. Oh, il y a longtemps oui, cent ans exactement ! »

Grelottante, ses orteils la suppliant de reprendre la marche, Éva se dirigea vers la sortie et escalada la grille pour se trouver face à la rue Furshtatskaya qu'une allée piétonne séparait en deux. Éva s'y engagea, posant le premier pas sur la couche onctueuse, vierge de toute empreinte.

Pourquoi est-ce que l'humain vénère autant la virginité ? Même moi, qui pourtant ne pense pas avoir l'âme d'une conquérante, je savoure d'être la première à apposer ma marque, à fouler cette poudre immaculée qui s'envole sur mon passage. Tout ça pourtant n'est qu'éphémère, dans quelques minutes tout sera recouvert…

Elle s'abîma ainsi dans ses pensées jusqu'à parvenir à hauteur de la modeste église évangélique Sainte-Anne.

De part et d'autre de l'étroite place se dressaient des immeubles de style néoclassique à la façade turquoise ou jaune poussin délavé, et à sa droite se trouvait justement celui qu'Éva avait élu pour abriter l'appartement familial de Polina. Coïncidence amusante, la station de métro la plus proche, ouverte en 1958, se nommait « Tchernychevskaïa » en l'honneur de l'auteur Nikolaï Tchernychevski. Éva n'avait remarqué cela que récemment, et se demandait si le destin ne s'amusait pas un peu avec elle aussi.

C'est absurde, des fantasmes et des suppositions, voilà tout.

Elle se détourna et s'engagea sur Liteyny prospekt. D'un côté, il rejoignait la perspective Nevski et de l'autre le pont vers lequel elle se dirigeait. Parvenue aux quais, côté droit, elle s'immobilisa face à l'étendue grandiose. Scrutant la berge d'en face, elle songea qu'ici même, cent ans plus tôt, les manifestants étaient arrivés de Vyborg et avaient traversé la glace par milliers, scandant la révolte et l'agonie de leurs ventres vides. Et, cent ans auparavant, Polina avait embrassé la ville de ses bras ouverts, juste ici.

Éva descendit les quelques marches et considéra la surface.

Il va bien falloir que j'ose enfin…

Elle s'assit sur le rebord et aventura un pied tremblant sur la glace, tâta.

Bon, c'est épais, tout va bien.

Elle fit un deuxième pas et inspira un grand coup. Progressant avec précaution, elle s'éloigna des quais. Selon la lumière, elle avait la sensation de parcourir une rivière de diamants. Se détachant du pont, elle avança droit devant jusqu'à ce qu'une angoisse sourde lui étreigne soudain la poitrine. Le souffle court, saccadé, elle tomba à genoux. Son cœur s'emballait bien trop fort, bien trop vite. Retirant ses gants, elle se pencha et reposa son front dans la neige, enfonçant ses mains jusqu'aux poignets, la respiration entravée. Après de longues minutes, la jeune femme releva la tête, l'esprit opaque et le corps douloureux.

Où suis-je ? Où est Sasha ? Que sont toutes ces lumières étranges et clignotantes ?

À cette pensée, la réalité lui revint soudain : elle s'appelait Éva, et Sasha était mort. Échappant un cri, elle s'effondra, inerte.

Il faisait noir, un noir d'encre. Éva nageait dans une mélasse informe, glacée, les épaules douloureuses et la poitrine en feu, étouffée sous un poids d'enclume. Le souffle coupé, elle avait froid. Lorsqu'elle ouvrait la bouche, la substance sombre l'envahissait. Inexorablement, elle avançait, étrangement sereine. Elle ne ressentait plus rien, sauf une brûlure de délivrance qui enserrait ses poumons et ses os. Doucement, son cœur ralentissait, jusqu'à s'arrêter.

Frigorifiée, Éva se réveilla alors que son corps disparaissait sous les flocons.

Mon Dieu… qu'est-ce qu'il vient de m'arriver ?

Elle se releva péniblement et regagna la rive en chancelant. Son visage et son flanc droit étaient insensibilisés par le froid, le reste de son corps presque paralysé, et elle grelottait. Il fallait qu'elle marche. Longeant le quai Koutouzov, elle avança courageusement jusqu'à l'embouchure de la Fontanka qu'elle traversa. Elle dépassa le jardin d'été et son petit palais et parvint au pont de la Trinité et à l'esplanade du Champ-de-Mars.

Au loin, les coupoles multicolores de la cathédrale Saint-Sauveur-sur-le-Sang-Versé, à l'intérieur tapissé de merveilleuses fresques en mosaïque, disparaissaient dans l'épaisseur blanche des nuages. Éva l'avait visitée deux jours plus tôt et était restée bouche bée devant la multitude de minuscules carreaux de couleur, recouvrant les parois, du sol au plafond.

Éva continua d'avancer sous la brise piquante qui soufflait sur la place. Le vert tendre de la pelouse avait disparu sous les mois d'hiver, et les chevilles d'Éva s'enfonçaient dans la poudreuse. Au centre, le mémorial des victimes de la Révolution et sa flamme éternelle l'appelaient. Sous l'éclat surnaturel des réverbères, les cristaux neigeux scintillaient de mille feux.

S'approchant des stèles apposées sur le mur de granit, elle tenta de déchiffrer les inscriptions, en russe et parvint à en démêler deux :

« Pas des victimes – les héros se trouvent sous cette tombe. Pas de chagrin, mais l'envie donne naissance à votre destin dans le cœur de tous les descendants reconnaissants. Dans le rouge des terribles jours, vous avez vécu glorieusement et vous êtes morts parfaitement. »

« Du fond de l'oppression, du besoin et de l'ignorance, vous êtes un prolétaire, gagnant la liberté et le bonheur pour vous-même. Toute l'humanité que vous faites est heureuse et vous arrache de l'esclavage. »

Quelques pierres tombales portaient des épitaphes, et une en particulier l'attira. Elle reconnut en elle l'hommage à ce poème de Lermontov qu'elle aimait tant, écrit pour Alexandre Odoïevski, et se couvrit la bouche pour étouffer un cri. Pour la seconde fois de la soirée, elle tomba à genoux, les mains sur la stèle, déchirée.

« Ci-gît Sasha (28.08.1894 – 26.02.1917), né pour les espoirs ardents, pour le bonheur et pour la poésie. Mort oublié du monde, lui qui n'avait rien du monde, pour l'amour et la liberté. Repose en paix, héros inconnu. »

Journal intime d'Apollinariya

Petrograd, mardi 14 février 1917

La fièvre me prend, me submerge, je divague, dérive. Je n'ai plus de forces. Je mourrais, peu importe. Libre, froidement endormie, plutôt que condamnée par un « oui, je le veux » que jamais je ne me pardonnerais. Une vague enflammée assaille mes os, brouille mes pensées. Je sombre et disparais.

Je ne pense qu'à la mort, l'été s'en est allé dans le tourbillon de mes tourments, ne me laissant qu'un hiver froid et inquiet. Un hiver éternel qui ne passera jamais. Je ne peux même pas rêver de m'enfuir avec Sasha, car jamais il n'acceptera. Il est de ceux que Tchernychevski porterait en haute estime, mieux qu'un Kirsanov, qu'un Lopoukhov, plus vif et intelligent encore qu'un Rakhmétov. Et je me meurs, tout bas. Mon cœur est faible, il ne tiendra pas. Je contemple la neige entêtée et lourde qui s'abat sur la ville et la recouvre. J'étouffe.

Flocon, raconte-moi ta chute.
Était-elle douce, ou brute ?
Ne pourrais-je pas, comme toi
Danser jusqu'à mon trépas ?

Flotter, ivre du vent glacé,
Voyager loin, loin jusqu'à tomber
Par-dessus le monde, et la réalité,
Et me déposer à ses pieds.

Vivre ton éternité puis sombrer,
Parmi la multitude sur la chaussée,
Le retrouver et fondre, nous mêler.

Au violoncelle, seules les complaintes me viennent, longues et déchirantes. Je joue tout ce que je ne peux pas dire, toutes les larmes que je ne parviens plus à pleurer… Maman me prie de cesser de jouer des choses aussi sinistres, assenant que ce n'est pas avec des airs d'enterrement que je vais guérir. Si seulement elle savait… Elle s'inquiète, je le vois. Tout le monde s'inquiète, et je m'éloigne de tous. Je fuis les conversations, simule le sommeil dès que j'entends quelqu'un s'approcher de ma chambre, je ne me lève presque plus.

Sergueï arrive, la sentence aussi.

Jeudi 16 février

La mésaventure de cette jeune femme, Katia, m'a beaucoup marquée. Cette histoire est insérée dans *Que faire ?* mais je n'en comprends pas encore la raison. Le chagrin et la désolation qu'elle ressent face à l'impossibilité d'être avec l'homme qu'elle aime me touchent profondément. La différence étant que ce Solovtzov est un scélérat, contrairement à mon Sasha… Ce qui est admirable est la finesse, l'aplomb et l'intelligence avec laquelle Kirsanov, dans son rôle de docteur, résout cette affaire délicate. Je soupçonne l'homme, Beaumont, d'être en réalité Lopoukhov, mais je n'ai aucune certitude à cela.

Je retrouve dans ces propos mes propres questionnements et inquiétudes quant aux moyens à ma disposition pour aider à mon tour le peuple russe :

« Je vous l'ai déjà dit : que puis-je seule ? Je ne sais par quoi commencer ; le saurais-je, les moyens me manquent. Une jeune fille subit tant de contraintes ! Je suis indépendante dans ma chambre. Mais que puis-je faire dans ma chambre ? Mettre un livre sur la table et apprendre aux autres à lire. Où irais-je, seule ? Qui puis-je rencontrer, seule ? Quelle œuvre puis-je accomplir, seule ? »

Comme je la comprends ! Que pourrais-je faire, seule, et surtout sans Sasha, pour améliorer et contribuer au bonheur du monde ?

Ici, voici encore une allusion à l'intelligence de la femme que je ne peux que saluer :

« Quelle intelligence claire, robuste et perspicace la nature n'a-t-elle pas donnée à la femme ! Et cette intelligence reste inemployée par la société, celle-ci la répudie, l'opprime, l'étouffe, et l'histoire de l'humanité progresserait dix fois plus vite si cette intelligence, au lieu d'être répudiée et étouffée, agissait. »

Samedi 18 février

J'ai retrouvé quelques forces et envoyé un billet à Sasha afin qu'il me rejoigne demain à neuf heures au jardin de Tauride. Je ne compte pas demander la permission, mais me faufiler hors de la maison lorsque tout le monde sera à l'église. C'est la première fois que j'exprime une telle requête, et je prie pour qu'il soit là. Cela est risqué, car bien des gens pourraient nous voir, mais je n'y accorde plus d'importance. Cette situation ne peut plus durer.

Dimanche 19 février

Il m'attendait accoudé de dos, sur le petit pont, en retrait de l'agitation. À la vue de mon air maladif, il m'a grondée de mon imprudence. Il a saisi mes mains entre les siennes dans mon manchon, me faisant promettre de ne plus sortir seule en étant si faible. J'ai déclaré que mon mal disparaissait en sa présence et il a secoué la tête, contrarié, en baissant les yeux. Serrant mes mains un peu plus fort, il a murmuré que cela ne devrait pas.

J'ai acquiescé, le cœur déchiré. Prenant mon courage à deux mains, j'ai soufflé :

— Je suppose que vous êtes au courant du retour imminent de notre ami Sergueï Vassilitch.

— En effet…

— Et du fait que je ne lui ai pas encore donné ma réponse…

— Je sais cela également, oui. Tout comme je sais que c'est un homme que la meilleure des femmes mériterait d'avoir pour mari…

— Je le crois aisément, bien que je commence à m'agacer qu'on me le répète sans cesse ! D'ailleurs… figurez-vous que j'ai déjà rencontré l'homme que j'épouserai.

Il m'a considérée, tant surpris qu'amusé, et j'ai perçu un sourire frémissant à la commissure de ses lèvres. Se reprenant, il a répliqué :

— Comment cela ? Vous avez rencontré un autre homme que Sergueï, et qui vous courtise au point de demander votre main ?

Je me suis accoudée au garde-corps enneigé pour dissimuler mon trouble et échapper à son regard. Parler de lui à la troisième personne me convenait, et j'ai continué ainsi :

— En réalité, il a toujours nié son inclination à mon égard. Quant au sujet du mariage, s'est-il seulement autorisé à y songer ? Je l'ignore. Voyez-vous, je le soupçonne d'être un fou d'une grande intégrité, de la trempe d'un Rakhmétov, d'un Kirsanov, et je l'admire pour cela. Je ne doute d'ailleurs ni de la profondeur ni de la sincérité de son affection, mais plutôt de la manière et du moment qu'il jugera juste pour s'y abandonner enfin…

J'ai aperçu sa mâchoire se contracter, je me suis tournée vers lui, et il a fermé les yeux. Lorsqu'il les a rouverts, une douloureuse et froide résolution s'y lisait.

— Plutôt que de languir en vain pour un homme qui refuse de se déclarer, vous devriez considérer celui aimant et probe qui souhaite vous rendre heureuse et faire de vous sa femme.

— Croyez-vous que l'on puisse ainsi modeler nos sentiments ? Si mon cœur par cet homme est déjà pris, comment puis-je accepter la proposition d'un autre qui n'éveille en moi aucune inclination, si ce n'est une tendre affection ?

— La raison est souvent préférable aux passions…

— C'est bien toi qui me dis cela, Sasha ?

Il a conservé son sang-froid et poursuivi :

— Réfléchissez-y bien, car je doute que l'homme vers lequel s'orientent vos sentiments sache en être digne, et honorer vos attentes. Peut-être n'est-il pas l'homme que vous imaginez ?

J'ai fixé mon regard dans le sien. Tous deux, nous devinions le caractère décisif de cette discussion.

— Il a lui-même tenté de me le faire croire, mais je sais que cela est faux. Notre lien est si fort à présent que tout mensonge est devenu impossible pour nous deux. Cependant, il y a une chose que je ne vous ai pas dite ; c'est un grand ami de Sergueï Vassilitch, et c'est par loyauté envers cette amitié qu'il sacrifie son propre bonheur, et le mien.

— Oh, vraiment ? Est-ce un héros alors ?

— Eh bien, pour être honnête, je suis surprise de son attitude. Ce livre de Tchernychevski qu'il affectionne tant ne semble pas lui avoir servi de leçon quant au dénouement des intrigues comme celle dans laquelle nous nous trouvons. Si j'épousais Sergueï Vassiliévich, cet homme admirable ne souhaitant que mon bien-être, je nous causerais un grand tort à tous les deux. Je dépérirais jusqu'à mourir ou n'être qu'une pâle ombre de moi-même. Ma disparition serait pour lui un chagrin bien plus dévastateur, puisqu'il est honnête et généreux, que de me savoir épanouie au bras de son ami. Quant à cet homme que j'aime, peu m'importe ce qu'il me donnera en échange. Dès lors que sa personne partagera mes jours et mes nuits, que nos deux esprits vifs et indépendants pourront s'unir à leur guise et ensemble s'élever et se nourrir, je vivrai où la vie nous portera et m'ajusterai de toutes les épreuves qu'elle me présentera.

— Mourir d'amour, n'est-ce pas un peu dramatique ? Si demain cet homme venait trouver votre père pour demander votre main, et imaginant que celui-ci y consente et que vos fiançailles soient célébrées, la chose ne perdrait-elle pas de son attrait romanesque ?

— En aucun cas. Je l'ai craint et soupçonné moi aussi, mais, après mûre réflexion, je sais que mon choix est juste. Depuis que je connais cet homme, ma vie est tissée à la sienne et mourir, à vrai dire, serait une consolation bienvenue comparée à la douleur de le voir disparaître de ma vie.

Je suis encore sous le choc de mon attitude si audacieuse.

— Êtes-vous bien certaine d'avoir mesuré la vie que vous réserve un mariage avec un tel homme ? Aucun titre, aucune propriété, aucune richesse, ni aucun rang social, et très probablement un rejet de la part de votre famille… Vous perdrez tout, est-ce cela que vous souhaitez ?

— Perdre, ou gagner, tout dépend du regard que l'on porte. J'ai longuement réfléchi, et à ces craintes je ne vois qu'une réponse : je préfère vivre pauvre, mais riche de ma liberté et de mes choix. Ni la misère ni la précarité ne m'effraient s'il est à mes côtés.

— N'êtes-vous pas juste éblouie par l'aventure et l'interdit, par la prise de position qu'il représente, et aveuglée par les frémissements de ce premier amour ? Que savez-vous de cet homme ? Que savez-vous de la vie ?

— Je sais de cet homme tout ce qu'il me faut connaître pour aimer son âme et désirer l'unir à la mienne. Je n'ai besoin de rien de plus que l'assurance de la réciprocité de son amour. Quant à ma connaissance de la vie, je n'aspire qu'à l'enrichir davantage, justement.

— Et à quoi ressemblera votre vie, une fois que vous serez mariés et libres de la façonner à votre guise ?

— J'ignore quelles seront nos activités, où nous irons, et cela n'a que peu d'importance, car les opportunités sourient aux audacieux et à ceux qui travaillent dur pour y parvenir. Nous saurons créer notre propre fortune, matérielle ou non. Nous pourrions voyager, peut-être en France, à Paris, ou demeurer en Russie, comme il nous plaira. Je serai couturière, gouvernante, femme de chambre ou de compagnie… Qu'importe si nous vivons dans une sordide chambre, puisque nous serons ensemble dans l'adversité.

— Cela exigera de votre part de nombreux sacrifices et une grande persévérance, être prête à effectuer de nombreuses tâches difficiles et dégradantes, être disposée à vous salir et à travailler dur, car cette vie qui vous attend, si vous la choisissez, ne sera ni douce ni tranquille.

— En effet, mais elle sera authentique et pleinement vécue. Me croyez-vous si précieuse, ou si sotte que je n'aurais pas étudié tout cela ? J'ai bien changé depuis notre première rencontre, je ne suis plus la même Polina qui se scandalisait de vos manières étranges.

— C'est bien ce que je constate…

Notre échange s'était déroulé avec une fluidité stupéfiante. Chaque réponse qui passait mes lèvres était si pleinement ancrée en moi, si juste et évidente. Cette conversation semblait cependant plonger Sasha dans une forte agitation et j'ai réalisé qu'il s'autorisait, pour la première fois sûrement, à envisager notre avenir. Certainement, il ne s'imaginait pas l'ampleur de mon amour et de ma résolution.

Il lutte contre ce qui est évident pour nous deux : je ne peux épouser Sergueï Vassilitch. Je comprends que leur amitié lui interdise de céder, mais cela ne pourra durer, c'est pourquoi j'ai rassemblé mon courage pour déclarer :

— Tu le sais, Sasha, tout comme moi, qu'une décision doit être prise, et que nous en faisons tous deux partie intégrante. La lecture de *Que faire ?* m'a apportée bien des lumières, et je crois sincèrement que nous devrions en prendre exemple…

Il m'a contemplée, interdit, le visage fermé et l'œil douloureux. J'ai courbé la tête, ne voulant pas qu'il voie mes yeux se remplir de larmes, mais il a effleuré ma joue, murmuré mon nom et relevé mon menton, tendre, mais grave. Comme après une éprouvante lutte intérieure, il a tranché :

— Nous vivons dans la réalité, et non dans un roman, ma chère Polina. Je n'ai nul bonheur à t'offrir ni amour ni mariage. Je ne peux aimer.

— Sasha, je ne pourrai jamais…

Il s'est écarté, a pris ma main et y a glissé un papier avant d'y déposer un baiser et de me répondre, tristement malicieux :

— Si, tu le pourras…

Et il est parti, me laissant brisée. J'ai lu son mot, fébrile, et n'ai récolté que des larmes amères.

Ne blâme ni Dieu ni Destinée
Si je m'en vais, ma bien-aimée.
Ne t'en prends qu'à moi
Et à la résolution qui m'éloigne de toi.
Un jour prochain sera radieux,
Où je voguerai loin sur la route des cieux,
Et t'éveillant bienheureuse, tu penseras :
« Sasha ? Qui est-ce déjà ?
Non, je ne me rappelle pas. »

Cet adieu est un aveu d'amour.

J'ai pris la décision de confier à Sergueï Vassilitch le malheur qui m'accable, qui nous accable tous. Cette tâche m'est dévolue (« il le faut » comme dirait Rakhmétov) et je l'accomplirai comme il se doit. Demain.

Ensuite, je parlerai à mon père. Je lui exposerai la situation dans son ensemble, et je solliciterai son accord et son appui pour mon mariage avec Sasha. Si tout s'arrange, il ne pourra qu'accepter, n'est-ce pas ?

25

Une apparition soudaine

La tête enfoncée dans l'oreiller, Éva rechignait à lever le museau vers la lumière, plus déprimée et désemparée que jamais. Elle subissait des vagues de fièvre depuis sa tragique découverte, dix jours plus tôt, et n'était sortie que quelques fois pour se promener. Le reste du temps, elle écrivait, sans trop savoir pourquoi ni comment, ou sombrait dans une sinistre mélancolie. Elle aurait aimé faire tant de choses. Aller au *banya*, passer une journée entière à arpenter les fastueux décors et les œuvres innombrables de l'Ermitage, visiter les musées-appartements de Dostoïevski, Akhmatova, Pouchkine… Se promener dans les jardins de Saint-Pétersbourg, admirer le charme ancien du palais Ioussoupov, l'histoire entre les murs de Tsarkoïe Selo, où le tsar et sa famille furent maintenus en résidence après la Révolution avant d'être envoyés aux confins de la Russie. Glisser sur la neige en troïka à travers le romantique parc de Pavlovsk, découvrir les dorures clinquantes et les grandes salles du palais Peterhof, célèbre pour son jardin et ses jeux de fontaines durant l'été. Fouler le sol de la légendaire forteresse Pierre-et-Paul où Tchernychevski et tant d'autres avaient été emprisonnés avant d'entamer leur exil vers le bagne, flâner dans les marchés, entre les étals de saveurs inconnues. Mais non, elle restait là, à dépérir comme une idiote.

Deux jours plus tôt, elle pouvait à peine parler, la voix éteinte et les poumons en feu. Ce vendredi 3 mars, elle avait rendez-vous pour déjeuner avec Vitya qui revenait tout juste de Paris. Il aurait voulu qu'ils se promènent le long du canal Griboïedov, qu'elle voie le pont des Baisers et le pont aux Lions, lui faire visiter le palais Ioussoupov, admirablement conservé et entièrement décoré avec le mobilier d'époque. Il possédait même sa galerie d'art et son théâtre baroque privé, sans oublier sa légende personnelle. Raspoutine y aurait été assassiné lors d'un complot fomenté par le prince Ioussoupov en personne et des complices haut placés. Une reconstitution du dîner fatal avait même été réalisée au rez-de-chaussée, non loin de la bibliothèque et du somptueux salon mauresque donnant sur le jardin d'hiver.

Vitya l'aurait ensuite invitée au restaurant l'Idiot, nommé ainsi en hommage au chef-d'œuvre de Dostoïevski, mais aucune de ces choses ne pouvait se réaliser. Éva était trop faible, vacillante. Néanmoins, elle accepta avec plaisir de le retrouver au Café Littéraire sur la perspective Nevski, historiquement célèbre pour avoir été un lieu de rassemblement d'artistes comme Lermontov, Tchaïkovski, Chaliapine, ou encore Pouchkine qui s'y serait arrêté sur le chemin de son duel fatal avec Georges-Charles d'Anthès.

Éva espérait que cela la remettrait d'aplomb. Tous ces mystères et rebondissements impossibles à résoudre la minaient. Elle disparaissait dans un autre monde, et elle devait revenir sur terre. Enfin, c'est ainsi qu'elle se sermonnait. Fatiguée de tourner en boucle, elle se prépara pour rejoindre Vitya. Elle ne se maquillait jamais, mais ce jour-là, elle regretta de n'avoir pas un anticerne au fond du sac. Son visage s'était creusé d'une fatigue indélébile et blanchâtre. Éva abandonna bien vite son reflet, tressa machinalement ses cheveux et s'habilla chaudement d'une robe en laine blanche à manches longues et col roulé. Elle s'arma d'un collant crème en polaire, d'une paire de bottes montantes fourrées et d'un épais manteau beige doublé d'une fausse fourrure soyeuse. Par-dessus le tout, elle s'enroula d'une écharpe moelleuse et enfonça un épais bonnet sur sa tête où se balançait un pompon blanc aussi épuisé qu'elle. Éva était encore loin de l'élégance impeccable et sophistiquée des femmes russes. Cela lui convenait, elle préférait miser sur la grâce naturelle de la simplicité. Leur beauté, certes saisissante, était à son goût trop apprêtée et superficielle. Leur coiffure étudiée, tirée à quatre épingles, leurs jambes fuselées sur de hauts talons, de longs manteaux de fourrure ou des parkas cintrées : certaines semblaient tout droit sorties d'un magazine de mode. Éva avait même eu droit à deux scènes particulièrement percutantes, voire surréalistes. La première, sur la place Vosstaniya, où Éva avait vu une femme très chic accompagnée… d'un renard en laisse. Elle en était restée bouche bée, scandalisée. Ensuite, en se promenant au parc Ioussoupov, elle avait croisé une femme maquillée à outrance, en combinaison moulante rouge, une énorme inscription « Russia » cousue dans le dos, en train de balader le plus beau cliché de caniche à collerette et nœud rose qu'Éva n'avait jamais vu. Bien sûr, on ne pouvait faire une généralité de ces deux scènes, mais selon elle, ces femmes seraient beaucoup plus belles sans tous leurs artifices…

Lorsqu'elle posa le pied dehors, une bourrasque violente fouetta son visage encore chaud. L'air glacé lui piqua le nez et glaça ses bronches douloureuses. Éva couvrit sa bouche avec son écharpe, enfonça davantage son bonnet sur les oreilles, serra son sac en cuir contre elle et posa un premier pied timide sur le sol traître du trottoir. La belle poudreuse s'était rapidement transformée en un porridge marron et aqueux, et une couche de verglas encore plus épaisse qu'avant recouvrait certains endroits.

En chemin, elle s'arrêta dans une supérette pour se procurer des bonbons à la sève de pin et un pot de miel. Il lui avait fallu un petit moment pour s'habituer au cyrillique, mais c'était à présent chose faite, et elle connaissait les rayons par cœur. Certes, elle s'était recluse à l'auberge, mais au moins elle s'était familiarisée avec la nourriture et la vie quotidienne, à défaut des circuits touristiques classiques.

Les jours passant, elle était parvenue à nouer plus de liens avec les autres résidents et ils lui avaient prouvé que cette froideur n'était bel et bien qu'une façade. Certains demeuraient sauvages et distants avec elle, mais la plupart l'avaient rapidement intégrée. Le premier rapprochement concret s'était fait un dimanche, jour des *blinis.* Nastya, la jeune employée ce jour-là, en préparait une pile considérable pour tout le monde et avait invité Éva à se régaler avec eux, lui montrant les différentes manières de les déguster. Sucré, avec du lait concentré, du miel ou une délicieuse *varenie,* confiture maison préparée, dans l'idéal, par sa *babouchka.* Salé, avec de la crème, de l'aneth frais, du caviar ou du poisson fumé. Et cette présentation était loin d'être exhaustive, car les Russes ne manquaient pas d'imagination. Ainsi, Éva put engager la conversation avec les autres personnes présentes. Le fait qu'elle sache parler russe, même mal, lui valut tous les honneurs et dégela la glace qui la séparait encore de ses voisins de chambre. Leur réserve, elle le comprit ensuite, s'expliquait par leur incapacité à parler anglais, et ils se montrèrent tous encourageant devant les efforts qu'elle déployait pour apprendre et communiquer avec eux.

Dès lors, malgré la maladie, elle pratiqua le russe, parlant histoire et société, posant foule de questions sur la culture et les mœurs, étudiant discrètement les variations et les aspérités de l'âme russe, rude et fière, mais aussi profonde et vive, dense et complexe. Éva en était sûre, ce séjour n'était que le premier d'une longue série. Son histoire d'amour avec la Russie avait de belles et heureuses années devant elle.

Alors qu'elle poussait les hautes portes battantes de la station de métro, ses semelles encroûtées de glace dérapèrent sur le sol mouillé et elle rattrapa son équilibre de justesse. Au guichet, elle acheta cinq jetons en métal estampillés, équivalant à cinq trajets, et se promit d'en emporter au moins un en souvenir.

Et trente-cinq roubles, ce n'est pas cher payé pour une aussi belle visite !

Lorsqu'elle introduisit la pièce dans le tourniquet, celui-ci hurla et Éva fit un bond en arrière en poussant un cri. Pourtant, ce n'était pas la première fois que ça lui arrivait. L'alarme retentissait lorsque le jeton était mal placé, il suffisait alors de le récupérer et de le remettre, si on n'avait pas fait un arrêt cardiaque entre-temps.

Le cœur palpitant et la vision trouble, Éva avisa le gardien taciturne qui la lorgnait et tenta de prendre un air dégagé, sans trop de succès.

Mais pourquoi ? Pourquoi faire une sonnerie aussi dingue ? Chaque fois j'ai l'impression que la milice va se jeter sur moi pour m'emporter dans les entrailles du KGB !

L'omniprésence des gardiens dans leur kiosque de contrôle, en haut des marches, en bas des marches, près des portes, près des guichets n'aidait pas vraiment à la rassurer…

D'ordinaire, comme beaucoup de gens, Éva n'aimait pas le métro. Tout le monde se bouscule, ça sent mauvais, il fait chaud… Mais celui de Saint-Pétersbourg valait le détour, comme une œuvre d'art, un musée à part entière. Premièrement, il y avait les interminables Escalator qui descendaient à plus de cent mètres, puis les portes de cloisonnement antiatomiques prêtes à refermer leurs terribles mâchoires. La construction, en raison de la nature marécageuse de cette région, avait été un véritable défi d'ingéniosité. En bas des marches, on découvrait un dallage de marbre, des colonnes majestueuses, des fresques de bronze et de mosaïque recouvrant les murs, décorant les bas-reliefs, les piliers et les voûtes : un véritable chef-d'œuvre d'architecture qu'Éva aurait aimé découvrir davantage, car chaque station était unique, comme tout dans cette ville qui l'attirait et la repoussait à la fois.

Alors qu'elle venait de poser le pied sur les interminables escaliers mécaniques, une apparition soudaine éclipsa tout le reste.

Sasha.

Aucun doute. Lui aussi la regardait, montant dans le sens inverse. Ils se dévisagèrent, interloqués, et se retournèrent sans interrompre leur échange, sans prononcer un mot, séparés par l'épaisse langue d'acier mouvante. Éva cessa de respirer, tandis que la mécanique l'emportait au cœur de la terre et que Sasha s'élevait, aspiré par la surface. Sa silhouette diminua de taille et disparut, arrachant à Éva la part d'elle-même qu'elle venait tout juste de retrouver.

Parvenue en bas, elle s'appuya contre un mur, chancelante. Il avait disparu. Levant les yeux, elle détailla chaque visage, mais aucun n'était le sien. Elle attendit, fiévreuse, priant pour qu'il ait fait demi-tour, mais le défilé continua sans lui. Résignée, au bord de l'évanouissement, elle se laissa choir sur un banc alors que le métro arrivait à quai. Elle monta, indécise, les portes se refermèrent, et il apparut alors de l'autre côté, essoufflé. Leurs regards s'accrochèrent, et la rame s'ébranla.

Éva descendait de toute façon à la station suivante, mais au lieu de se diriger vers la sortie elle avisa aussitôt le temps d'attente avant le prochain train. Il fallait qu'elle le retrouve. Il était revenu, pour elle. C'était lui, et il le savait aussi. La meilleure chance d'Éva était de patienter. Repartir dans le sens inverse ne risquait que de les égarer. Il viendrait, il le fallait. Se postant au bas des escaliers où tous les passagers convergeraient, avec vue sur les quais, elle attendit. Elle s'abîma les yeux sur les chiffres rouges de la grosse horloge accrochée au-dessus du tunnel, et dans un crissement de vieux rouages, il arriva, comme prévu.

Sasha.

L'estomac d'Éva se retourna et s'engouffra en travers de sa gorge. Loin d'être langoureux, leurs regards se dévoraient. Il ne boitait pas, n'avait ni canne ni cicatrice, et, cependant, c'était le même regard affirmé, la même allure, la même carrure, la même bouche appelant le murmure.

Il s'immobilisa face à elle et ils se détaillèrent avec minutie, décortiquant chaque creux, chaque esquisse, chaque saillie. Perdus l'un dans l'autre, muets, émus. Proche de s'évanouir, Éva étouffait. Se raccrochant aux yeux de Sasha, elle inspira profondément et sentit une chaleur sourde frissonner et remonter le long de sa colonne, jusqu'à la racine de ses cheveux.

— Eh bien, je vois que vous n'avez pas besoin de moi pour vous rencontrer !

Ils sursautèrent tous deux en entendant cette voix, et se tournèrent d'un même mouvement vers Vitya. Souriant d'un air énigmatique, il les présenta l'un à l'autre en russe. Cependant, prétextant être en retard à un rendez-vous, Dimitri sauta dans la rame qui hurlait la fermeture de ses portes sans même lancer un regard à Éva. Celle-ci, bouleversée, ne tenait sur ses jambes que par miracle. Elle s'appuya, livide, au bras de Vitya.

— Éva, tu vas bien ?

Inquiet, il la soutint jusqu'à un banc où il la fit asseoir avec précaution.

— Tu veux rentrer à ton auberge ? C'est ta maladie, la fièvre ?

— Non, non, le rassura Éva d'une voix cassée. Ça va aller, donne-moi quelques minutes et on pourra partir.

Lorsqu'ils arrivèrent au café, Vitya lui tint la porte avec une déférence non feinte.

— Tu vas voir, c'est très joli à l'intérieur, on a l'impression de remonter le temps au dix-neuvième siècle dans un salon chic…

L'entrée n'était pas grande, mais la décoration et l'atmosphère produisirent aussitôt leur effet sur Éva. Postés de part et d'autre, des portraits d'hommes savants ou simplement riches toisaient les visiteurs. Un Pouchkine en cire, accoudé à une table près de la fenêtre, était perdu dans ses rêveries. Ils déposèrent leurs manteaux au vestiaire, tenu par un homme en costume aux manières taciturnes, du moins aux yeux d'un étranger, puis se dirigèrent vers la salle de restaurant à l'étage. Ils choisirent d'un même élan une table à l'écart, près d'une fenêtre encadrée de rideaux pourpres donnant sur le canal de la Moïka.

C'est beau, mais un peu trop guindé à mon goût… Enfin, rien que le saut dans le temps vaut déjà le coup.

Ils commandèrent un thé noir, un assortiment de *blinis* et deux soupes *chtchi*.

— Tu as aussi peu d'appétit que moi, remarqua Vitya. Comment va ta santé ? À entendre ta voix et vu ton état, ça ne semble pas s'être amélioré… Tu n'es toujours pas allée voir un docteur ?

— Non, mais parce que ce n'est pas nécessaire. C'est vrai que je ne vais pas mieux, voire pire, mais c'est aussi qu'il y a quelque chose que je ne t'ai pas dit, et qui m'a beaucoup ébranlée…

Voilà, je vais prononcer les mots à haute voix…

— Il est mort. Sasha est mort.

Son ventre se crispa et Vitya écarquilla les yeux.

— Quoi ? Comment ça ?

— Je sais, il est déjà mort depuis cent ans, mais maintenant je sais que c'est le 26 février, dans les premiers jours de la Révolution. J'ai trouvé sa tombe au mémorial du Champ-de-Mars…

La voix d'Éva dérailla et s'éteignit.

— C'est donc la preuve qu'il a vraiment existé lui aussi… Mais tu es sûre que c'est Sasha ?

— Certaine.

— Tu es d'accord pour qu'on aille voir après, si on a le temps ?

— Je ne sais pas. Honnêtement, je suis dans tous mes états quand je vais là-bas. J'y suis retournée hier et je…

Sa voix se brisa cette fois sur un sanglot, les larmes brûlèrent ses yeux, et Vitya tritura sa cuillère.

— Bon, je crois que c'est mieux d'éviter alors… Ah, et avant que j'oublie, voilà tes clés.

Il déposa le trousseau sur la table et ajouta :

— Merci encore, c'était très généreux de ta part de m'avoir laissé ta maison. Par contre, je dois avouer que ta librairie est vraiment mystérieuse. J'ai fait des rêves étranges…

Intriguée, elle éloigna son chagrin et leva un sourcil interrogateur.

— Mais je ne m'en souviens pas en détail, précisa Vitya. Je serais incapable de te raconter.

Sa précipitation à répondre la surprit.

— Seulement des images floues ou des sensations, comme si j'étais dans un tableau de Dimitri, mon ami peintre.

Dimitri… C'est comme ça qu'il s'appelle, maintenant.

— Un rêve à la Mary Poppins, c'est pas si mal, tenta-t-elle de plaisanter. Enfin, ça dépend du tableau.

— Oui, disons que ceux de Dimitri ne sont pas vraiment légers et joyeux… Au fait, tu veux toujours aller à son exposition ?

Une nouvelle crampe tordit le ventre d'Éva.

— Absolument, c'est quand déjà ?

— Le 8, mercredi prochain, pour le jour anniversaire de la Révolution !

Le rire de Vitya était teinté d'amertume, et Éva s'en étonna.

— J'allais oublier, j'ai une surprise pour toi !

Vitya fouilla dans la poche intérieure de sa veste et en sortit deux billets qu'il posa sur la table.

— J'ai acheté deux places pour *Le Lac des cygnes* au théâtre Mariinsky. Si je me souviens bien, ton anniversaire est le 12, mais puisque tu n'aimes pas trop le fêter j'ai pensé que le 7 te conviendrait mieux…

— Merci, c'est très délicat de ta part… Le 7, c'est parfait, et ce ballet est le meilleur cadeau que tu pouvais me faire ! Merci beaucoup, Vitya.

Il s'agita sur sa chaise, apparemment mal à l'aise.

— Eh bien, je suis content que ça te plaise… Par contre, la mauvaise nouvelle, c'est que j'ai un empêchement de dernière minute et que je ne pourrai pas venir avec toi. En fait, je repars à Moscou dans quelques heures et je ne reviens que mercredi pour l'exposition.

— Oh…

— Mais, je me disais que Dimitri pourrait t'accompagner ? Ce serait dommage de gâcher un billet, et je suis sûr que vous allez très bien vous entendre…

Le cœur d'Éva s'affola. Vitya affichait un air étrange, douloureux, qu'elle ne manqua pas de noter.

Décidément, on est tous les deux dans un drôle d'état aujourd'hui…

Elle se racla la gorge et accepta, tâchant de conserver un ton neutre. Vitya approuva sa décision d'un hochement de tête.

— Parfait, alors je te confie son billet. Je lui dirai de te retrouver à dix-huit heures devant l'entrée. Fais-toi une longue tresse, il te reconnaîtra comme ça. Ah, mais non, je suis bête, vous vous êtes déjà vus…

Ne pose pas de questions, je t'en prie. Aucune question sur pourquoi ou comment…

Et il n'en posa pas.

— Alors, c'est d'accord ?

— Hein ? Ah, oui, oui, bien sûr, ça me ferait plaisir…

Éva tenta de changer de sujet :

— Et toi, comment vas-tu ? Tu sembles un peu fatigué, ou soucieux ?

— Hum, oui, comme je te dis, avec ces rêves… Au fait, tu veux toujours que je t'accompagne aux archives d'État de la ville ? Je me suis renseigné et sans lien d'affiliation prouvée, sans autorisation de recherches comme une thèse ou quelque chose dans le genre, ça m'étonnerait qu'ils nous laissent accéder à quoi que ce soit…

— Honnêtement, je ne sais même plus ce que je veux ou dois chercher. Ils sont morts de toute façon, et la situation est déjà assez bizarre. À quoi m'épuiser à faire des recherches impossibles ? On a déjà ratissé Internet en français, en anglais et en russe, qu'est-ce qu'on pourrait faire de plus ? Mais, c'est vrai, j'aimerais comprendre…

— Et je suis certain que tu comprendras, bientôt. Je n'ai même aucun doute là-dessus…

Le ton énigmatique de Vitya étonna encore plus Éva.

Décidément, il dégage un truc étrange aujourd'hui, il a une drôle de manière de s'exprimer.

— Et le journal, comment il avance ?

— J'écris, je continue, mais c'est surtout devenu une sorte d'automatisme. Je ne sais même plus pourquoi je continue, plus rien n'a de sens !

— Tant que tu écris, ça a du sens. Ne te laisse pas envahir par le brouillard, il passera. Dans l'histoire, tu en es où ?

Éva soupira, découragée.

— Quelques jours à peine avant le début de la Révolution. Sergueï va rendre visite à Polina et elle devra donner sa réponse, avouer son amour pour Sasha, trouver une solution... Mais s'il meurt, Vitya, je ne sais pas comment je vais pouvoir survivre. Enfin, comment Polina va pouvoir...

Se penchant vers elle, Vitya posa une main rassurante sur son bras.

— Mais, la mort n'est pas toujours la fin...

Tête baissée, Éva acquiesça sans trop savoir pourquoi, confuse de son geste et de ses paroles. Se redressant et adoptant une attitude plus joyeuse, bien que feinte, Vitya s'enquit des projets d'Éva pour les prochains jours.

— Et si tu n'as plus de fièvre, tu devrais aller au *banya*, ça te ferait certainement du bien.

— Oh, le *banya*! Oui, j'ai toujours voulu essayer, c'est une bonne idée.

— Alors, *legkim parom* ! C'est une expression qu'on dit au *banya*, ça signifie quelque chose comme « que la vapeur soit légère ! »

Et ils continuèrent à converser ainsi, sans plus aborder de sujet sérieux. Éva fit une démonstration de ses prouesses en russe, et Vitya la complimenta chaleureusement. Il lui raconta même une blague bien connue des Russes qu'Éva réussit à comprendre et qui eut le mérite de lui arracher un rire sincère et spontané.

— Trois hommes sont dans une cellule du siège du KGB. Le premier demande au deuxième pourquoi il est emprisonné et celui-ci répond : « Parce que j'ai critiqué

Karl Radek. » Le premier s'exclame alors : « Je suis là parce que je l'ai soutenu ! » Ils se tournent d'un même mouvement vers le troisième assis en silence au fond et lui demandent à son tour pourquoi il est en prison. Il répond alors : « Je suis Karl Radek. »

Ils s'esclaffèrent, Eva adora la blague, mais cependant, malgré la bonne humeur affichée de Vitya, elle ressentait toujours des émotions contradictoires émanant de lui, oscillant entre tristesse, amertume et affection sincère.

Et, bien sûr, il fallait que Dimitri soit l'ami de Vitya ! Je vis dans quelle réalité ? C'est à en devenir folle ! Vitya, que j'ai toujours associé à Sergueï, est le meilleur ami de Dimitri, qui ressemble à Sasha ! Et maintenant, je fais quoi avec ça ? J'écris un tome deux ou bien je me jette tout de suite dans la Neva ! ?

À cette pensée, elle frissonna d'horreur.

Quand elle eut dit au revoir à Vitya, rechignant à prendre le métro, elle descendit la perspective Nevski à pied jusqu'à la place Vosstaniya et, un peu plus loin, son auberge. En chemin, elle s'arrêta pour visiter la célèbre librairie Singer et son immeuble art nouveau. Jetant un œil au panneau des horaires sur la porte d'entrée, elle constata avec surprise que l'établissement restait ouvert jusqu'à minuit et se rappela avoir vu de nombreux magasins ouverts en continu, sept jours sur sept. Flânant entre les rayonnages du rez-de-chaussée, où la majorité des articles étaient destinés aux touristes, elle dénicha un album, épais et lourd. Il rassemblait toutes les photographies de Saint-Pétersbourg, de la fin du dix-neuvième siècle au début du vingtième. Autrement dit, une mine d'or pour elle. Là était le Saint-Pétersbourg qu'elle cherchait. Abandonnant son sac à même le sol, elle s'accroupit, le livre sur les genoux, et commença à le feuilleter. Certaine de son choix, elle se rendit à la caisse.

À la sortie, passant sur le pont du canal Griboïedov, elle examina les blocs de glace éparpillés sur la surface gelée. Solitaires, quelques flocons erraient dans l'air. En face d'elle, majestueuse, la cathédrale Saint-Sauveur-sur-le-Sang-Versé, érigée sur le lieu même de l'attentat ayant coûté la vie au tsar Alexandre II, s'auréolait de nuages lourds et noirs. Les couleurs acidulées de ses coupoles narguaient le ciel, et Éva songea qu'elles ressemblaient à d'immenses cornets de glace aux mille parfums. Malgré le froid, elle saliva.

*

Installé dans son fauteuil, celui faisant face au dernier tableau, le bouquet final de l'exposition, Dimitri buvait un thé, l'air soucieux. Il alluma sa cigarette, tira une bouffée et s'approcha de la toile.

— Comment est-ce que je vais faire avec toi ?

Il secoua la tête et s'éloigna. S'arrêtant sur le seuil, il jeta encore un coup d'œil, puis referma la porte derrière lui. Il enfila ses chaussures, son manteau, et sortit dans la nuit.

Alors qu'il marchait d'un bon pas, son téléphone sonna.

— Salut, c'est Vitya. Je peux passer te voir ? J'ai une heure avant d'aller à la gare.

— Euh, oui, viens... Mais attends, je suis pas à l'appart là, je me promène.

— T'inquiète, j'ai les clés, à tout de suite.

Vitya raccrocha et Dimitri resta interdit devant l'écran du téléphone.

— Et merde !

Il fit demi-tour et se mit à courir jusque chez lui. Essoufflé, il monta les marches quatre à quatre. Parvenu dans l'appartement, il se dirigea droit vers l'atelier, attrapa le premier tissu qui lui tombait sous la main et couvrit le tableau. Il en retourna trois autres face au mur, puis il réunit certains croquis, et les empila dans une malle qu'il referma soigneusement. Il fit un dernier tour de vérification, puis sortit de la pièce.

Quelques minutes plus tard, Vitya sonnait à la porte. N'obtenant pas de réponse, il glissa la clé dans la serrure et entra.

— Dimitri ?

Il avança jusqu'à la cuisine. Le couloir était à présent rénové et affichait une mine propre et accueillante. La brique rouge, mise à nu, donnait un caractère particulier à l'atmosphère. Le parquet brun, massif, poncé et ciré craquait néanmoins sous les pas. Vitya trouva son ami occupé à préparer du thé. Lorsqu'ils furent installés devant la théière fumante, il demanda, sans préambule :

— Alors, qu'est-ce que tu penses d'Éva ?

Le teint de Dimitri perdit quelques couleurs.

— Bien, oui. Elle a l'air très gentille…

— C'est tout ?

— Tu veux que je te dise quoi ?

— Je sais pas…

— Je ne l'ai vue que quelques minutes à peine.

— Oui, c'est vrai… Mais, ça va changer, tu auras l'occasion de mieux la connaître bientôt. Je sais que ça tombe un peu mal, avec ton exposition qui arrive…

— C'est quoi qui tombe mal ?

— J'avais acheté deux billets pour *Le Lac des cygnes* mercredi prochain, le 7, mais j'ai un empêchement de dernière minute et j'apprécierais beaucoup que tu l'accompagnes, si tu le veux bien. J'en ai déjà parlé à Éva, et elle serait contente que tu viennes. Ça te dit ?

— Euh, oui, bien sûr. Ce serait dommage qu'elle y aille toute seule…

— Super, alors c'est entendu ! Je lui ai confié ton billet et lui ai dit de te retrouver à dix-huit heures devant.

Vitya demanda ensuite des nouvelles de l'exposition qui approchait, posant des questions sur l'organisation et, bien entendu, sur l'avancement des tableaux. Sur ce point, Dimitri se montra avare de commentaires. Malgré l'insistance de Vitya, il refusa catégoriquement de lui dévoiler ses dernières œuvres, prétextant que rien ne valait la surprise.

Vitya s'agita sur le fauteuil.

— Oh, allez, tu sais comme je suis curieux !

— Non, non, je reste sur ma position. Et puis, la curiosité est un vilain défaut, on ne te l'a jamais dit ?

Il dit cela en souriant bien qu'au fond de ses yeux flottait une lueur étrange. Vitya fronça les sourcils, mais n'insista pas davantage.

— Dis-moi, tu n'aurais pas une bière qui traîne ? J'en boirais bien une…

— Je ne bois toujours pas d'alcool, tu le sais. Par contre, je peux descendre t'en prendre une à la supérette, j'ai deux trois courses à faire, ça me dérange pas…

Dès que la porte se referma sur Dimitri, Vitya se dirigea droit vers l'atelier. Il souleva le drap qui recouvrait le tableau et demeura figé. D'un doigt timide, il toucha la surface ; la peinture était sèche. Il fouilla le reste de la pièce, et ouvrit la malle. Ce qu'il y trouva le bouleversa tant qu'il s'agenouilla à même le sol, les yeux écarquillés et les mains moites, tenant les croquis. Il remit le drap en place et retourna au salon. Alors qu'il s'asseyait, Dimitri arriva et déposa la bière fraîche sur la table. La buvant presque d'une traite, Vitya déclara n'avoir pas bien vu l'heure, et être obligé de partir vite à cause de son train. Dans un courant d'air et un claquement de porte, il avait disparu.

Journal intime d'Apollinariya

Petrograd, lundi 20 février 1917
Fin d'après-midi

J'ai pris ses mains, mes joues étaient trempées de larmes silencieuses, et je l'ai regardé droit dans les yeux.

— Pardonnez-moi, Sergueï Vassilitch, mon cher ami, mais je ne peux vous dissimuler la vérité plus longtemps…

Mais il m'a interrompue, m'annonçant qu'il savait déjà tout. Est-ce Sasha qui lui a tout révélé ?

— Je sais la raison de votre tourment, et je sais aussi la terrible réponse que vous vous apprêtez à prononcer. Je n'ai nul désir de l'entendre, et je ne vous dirai que ce que je ressens face à cette fâcheuse situation dans laquelle nous nous trouvons tous.

Il a fait une pause, s'est écarté de moi et s'est dirigé vers la fenêtre, mains dans le dos.

— Je vous aime, Polina. Vous le savez, depuis la première fois où je vous ai vue. Depuis ce jour, je n'ai d'autre souhait que celui de vous épouser. Je peux vous apporter confort et sécurité, mais aussi vous promettre mon entière et indéfectible dévotion à l'égard de votre bonheur… Sasha est un homme bon, et c'est la raison pour laquelle il compte parmi mes amis les plus proches, mais je dois vous rappeler qu'il ne sera pas en mesure de prétendre à votre main, et que jamais votre père ne l'acceptera. Son avenir est incertain, et vous n'êtes pas sans savoir son attachement aux idées révolutionnaires… Réfléchissez donc avec attention, ma chère, avant de prononcer une parole que vous pourriez amèrement regretter…

— Est-ce une menace ?

Il est revenu vers moi, me perçant de son regard sombre, bienveillant pourtant.

— Non, ma bonne amie, mais un avertissement. Je tiens seulement à m'assurer que vous êtes consciente du dangereux chemin que vous empruntez.

— Je le suis.

— Et rien ne pourra vous en dissuader ? Pas même le refus de Sasha ?

— S'il refuse, c'est uniquement par amour pour vous. Par conséquent, c'est cette résolution que je me dois de déconstruire pierre par pierre. Et cela commence par refuser officiellement votre demande. Je vous porte une sincère affection, mais rien n'égalera mon sentiment pour Sasha, et rien ne m'en détournera.

Il s'est incliné, douloureux, raide.

— Apollinariya Ivanovna, je vous souhaite le bonheur et la réalisation de vos désirs.

Et il est sorti, sans un mot ni un regard de plus.

Lorsque la porte de l'appartement s'est refermée sur lui, Maman s'est précipitée dans la pièce et m'a lancé, furieuse :

— Alors, tout ceci était à cause de ce fichu révolutionnaire de Konstantinov ? C'est pour ce rustre que tu refuses ? Petite sotte !

J'aurais dû me douter qu'elle écouterait aux portes.

— C'est lui qui t'a donné ces livres que tu lis, n'est-ce pas ? Polina, ce garçon, bien que je salue son service pour la patrie, n'est qu'un roturier sans le sou ! Tu dois l'oublier, immédiatement !

Personne ne peut comprendre : Sasha est différent, il est unique ! Pourquoi ne nous laisse-t-on pas nous aimer en paix ?

Je vais devoir m'entretenir avec Papa dès qu'il rentrera, et je redoute que sa réaction soit sans appel.

Mercredi 22 février

Le climat à la maison est invivable, et la ville s'agite aussi.

J'ai eu une conversation décisive avec Papa, et il a consenti à notre union ! Enfin, il a accepté de rencontrer Sasha et d'en envisager la possibilité, et c'est déjà une chance merveilleuse pour nous ! Sasha lui montrera sa valeur, je le sais, j'ai confiance. Bien sûr, Papa est très chagriné par l'avenir qui nous attend, mais il refuse d'entraver mes choix et ma liberté.

Il a déclaré que ce n'était pas le moment pour prendre de telles décisions, avec ce qui se passe dans les rues, mais dès que la situation s'apaisera, il invitera Sasha à la maison… Comme j'ai hâte !

Vendredi 24 février

Les manifestations dehors sont encore plus virulentes qu'hier, et je n'ai pas le droit de sortir. La foule est énorme, noire et grouillante sous nos fenêtres, envahissant le boulevard Liteyny et le palais de Tauride : mon cœur est à leurs côtés, mais je suis enfermée ici et j'enrage ! Maman a verrouillé la porte. Je voudrais tant aller voir Sasha, mais comment le trouver ? Je suis certaine qu'il est en ce moment parmi les hordes occupant les avenues. Des barrages ont déjà été installés un peu partout, je crois, et notamment au niveau de Liteyny, mais aussi autour du jardin de Tauride et de la Douma. Nous sommes aux premières loges. Les gens ne cessent de défiler, criant, scandant leur misère et leur colère, comme ils ont raison ! Je cherche Sasha depuis ma fenêtre, mais je ne l'aperçois nulle part.

Je veux descendre et me mêler à la multitude, accompagner leurs cris de révolte et d'injustice, frapper les pavés de mon incompréhension ! Maman garde la clé autour du cou, elle sait que je n'aspire qu'à le rejoindre. La décision de Papa la choque. Elle s'est mise en colère contre lui, je les ai entendus se disputer férocement comme jamais auparavant ! Elle refuse ce mariage et s'y opposera catégoriquement, bec et ongles… Qu'importe. Rien ne pourra entraver notre route.

Samedi 25 février

Je viens de finir *Que faire ?* Et malgré les temps sombres, Tchernychevski au moins sera parvenu à me faire sourire. C'est un farceur, et son humour me plaît, car il est complexe et profond.

Et cette chanson… S'adresse-t-elle à nous ?

« Tu veux m'appartenir,
Oublier ton rang et ton sang,
Mais devine auparavant
Quelle destinée sera la mienne.
[…]
Ô, ma fille, je serai un bien mauvais compagnon,
Habitant que je suis des forêts ténébreuses.
Ma vie sera pleine de périls,
Et ma fin sera triste.
[…]
Le jeune guerrier
S'en va batailler.
Il charge son fusil,
Et l'aimée lui dit :
"Courage mon amour,
Fie-toi au destin !"

[...]
Que disparaissent tous les maux !
Et que la joie sans borne inonde,
Les cœurs ressuscités !
La frayeur noire fuit comme une ombre
Devant les rayons du jour ;
Lumière, chaleur et parfums
Chassent les ténèbres et le froid,
L'odeur de la mort se dissipe
Le parfum de la rose triomphe... »

Les chants révolutionnaires s'élèvent des boulevards jusqu'à nos fenêtres. La foule, d'une même voix, fait résonner son soulèvement dans toute la ville, et je voudrais joindre mon souffle aux leurs, avec eux faire grandir la clameur...

Dimanche 26 février
Au réveil

Les affrontements deviennent de plus en plus violents. Nous avons entendu de nombreux coups de feu et nous avons appris que les soldats ont reçu l'ordre de tirer sur la foule. Je me meurs d'inquiétude pour Sasha. Dès que je ferme les yeux, il me semble le voir tomber sous les balles brûlantes, je suis dévorée de peur et d'angoisse.

J'entends encore des coups de feu, des cris, mais quand cela va-t-il cesser ? N'y a-t-il pas déjà assez de morts avec la guerre, qu'il nous faille à présent tuer nos propres frères et sœurs ? Ils ne demandent qu'à manger et vivre décemment !

Où est-il ? Que fait-il ? Est-il en train de se battre ? Est-ce son cri que j'entends parfois résonner entre les façades du boulevard ? Et cette balle qui siffle, lui est-elle destinée ?

J'ai si peur. Je ne mange plus, je passe des heures à fixer la fenêtre.

Soirée

Il me faut le rejoindre au plus vite ! Je dois trouver une solution pour m'évader de cette cage où Maman m'a enfermée. À l'aube, avant qu'elle ne se réveille, je lui volerai la clé et j'irai le retrouver. En priant pour qu'il ne soit pas trop tard… Ce billet qu'il m'a envoyé me glace le sang et le cœur !

Ces mots sont tracés par ma plume, mais ils sont nés entre mes lèvres qui languissent les pétales de tes joues. Si tu savais le brasier, la sourde palpitation sous ma poitrine. Tendre chair, elle est à toi, et moi tout entier. Depuis ce premier rayon caressant ton visage, je t'aime. Plus que le ciel, qui chaque aurore se pare des couleurs de ma passion. Mille fois, j'aurais étreint tes larmes, j'aurais apaisé tes soupirs sous la coupe de mon sourire, et l'or du soir enivrant tes nuits aurait été mon offrande.

Mais, là n'est pas notre destin, ma bien-aimée. Le mien s'arrête quand le tien continue. Je mourrais pour notre libération, je le sais, je l'attends, les pavés accueilleront mon sang. Mais toi, vis, aime, savoure, respire. Pleure-moi, puis relève-toi. Tu trouveras un chemin qui serpente entre les bois, il est à toi.

Sasha

Cet aveu est un terrible adieu !

Je vais lui donner ce journal, voilà mon ultime chance, ainsi il connaîtra toute la vérité.

À présent, je m'adresse à toi, Sasha :

Sergueï sait tout : il sait mon amour, et il sait ta loyauté. Je lui ai affirmé que jamais tu n'avais cherché à me séduire. Sasha, je suis tienne depuis le premier jour, mon âme n'a jamais eu de secret pour toi. Aucun.

Si j'avais deux vies, alors peut-être que l'une d'elles serait responsable, conforme aux attentes, et soigneusement rangée, comme seules les vies ennuyeuses et sans passion savent l'être. Mais, puisque je n'en ai qu'une, je te l'offre tout entière. Je me fiche de ton statut, de ta fortune ou de ton infortune. Je n'ai cure des titres et des grands honneurs. Je veux t'aimer chaque jour, te chérir, t'accompagner à travers tempêtes et marées, porter tes enfants, faire vibrer tes rires entre les miens, résonner tes caresses sur ma peau âgée.

Sasha, ne comprends-tu pas ? Cela n'a rien à voir avec de la gratitude ou de la reconnaissance. Certes, tu m'as transformée. Je me suis transformée grâce à toi, telle la chenille devenant merveilleux papillon. Sans toi, je ne serais encore que la pâle figure d'un possible. Tu m'as fait plus que moi. Mais si je t'aime, c'est parce qu'un jour, tu es né. Parce qu'un jour, tu t'es promené dans un bois, et j'étais là. Parce qu'un jour, j'ai regardé ton visage dans l'eau claire de mes pensées.

T'en rends-tu compte ? Évidemment. Mais tu continues de me repousser, et je comprends. Tu es un ami fidèle et penses n'avoir rien à m'offrir. Comment peux-tu seulement croire cela ? Ce journal est mon appel, ma déclaration.

C'est vrai, j'ai peur de cet inconnu qui s'ouvre sous mes pieds. Plus que tout, j'ai peur que la vie, la mort et le destin ne nous séparent et nous dérivent loin l'un de l'autre. Mais sache-le : je lutterai de toutes mes forces, et je n'abandonnerai jamais les rives de notre bonheur. Ma seule requête est que tu t'abandonnes à l'évidence devant laquelle ni toi ni moi ne pouvons nous dresser : l'Amour.

26

Elle plongea son visage au creux de sa nuque

Assise sur le banc glacé du square en face du théâtre, Éva observait la façade du Mariinsky et imaginait son faste d'autrefois. Les fauteuils de velours et les dorures chatoyantes, la grande salle et son lustre scintillant. Les balcons où s'installaient les femmes en robes du soir, leurs mains gantées tenant de fines jumelles serties d'or. Elle entendait les premières notes, divines. Le rideau se levait et le décor féerique apparaissait. Les ballerines aux pieds légers et leurs tutus immaculés tournoyaient avec grâce, faisant valser le tulle et leurs membres effilés.

Éva regarda l'heure. Dimitri allait arriver d'une minute à l'autre, et le parvis de l'opéra se remplissait déjà d'une foule compacte. De sa position, elle pouvait observer le ballet des portes battantes et scruter les innombrables visages qui défilaient. Les femmes, magnifiques, n'avaient pas volé leur réputation. Les hommes en revanche faisaient pâle figure à leur côté.

Puis, soudain, il était là.

Sasha.

Le ventre d'Éva se retourna et son estomac se projeta violemment en travers de sa gorge. Immobile, le regard rivé sur lui, son cœur fouettait son sang dans ses veines. Sa haute silhouette se découpait dans la lumière orangée du réverbère, il souriait et la regardait depuis déjà quelque temps sans qu'elle l'eût remarqué. Il s'approcha d'elle puis, sans un mot, il lui tendit la main pour l'inviter à se lever.

Ils ignoraient tous deux que du fond de la place, dissimulé, Vitya les observait.

Plus encore que tous les théâtres et opéras de Saint-Pétersbourg, l'intérieur du Mariinsky était majestueux. Le velours, les courbes, les dorures, tout fascinait l'œil, même le plus averti. Vaporeuse, Éva flottait. Dimitri et elle n'avaient échangé que quelques mots et elle osait à peine le regarder, mais sa seule présence l'enrobait tel un baume.

Ils déposèrent leurs manteaux aux vestiaires et elle devina, à travers son pull, que la simplicité de la coupe mettait en valeur, un dos puissant et finement taillé. Sa nuque appelait l'abandon, et elle ne put s'empêcher d'imaginer ses lèvres caressant sa peau piquée de taches de rousseur. Hypnotisée, elle n'entendait ni ne voyait plus rien, si ce n'est Dimitri. Parvenus à leur loge au premier étage, face à la scène, ils s'installèrent aux places qui leur étaient attitrées. Éva goûta ses mouvements souples et mesurés lorsqu'il s'assit, et l'effluve de son odeur qui se faufila jusqu'à elle.

Vitya a dû payer ces sièges une fortune ! Je n'ai jamais été aussi bien placée à l'opéra…

Et la musique commença. Les violons tout d'abord s'élevèrent, aériens, puis peu à peu la mélodie se complexifia et s'amplifia, se calma à nouveau, s'arrêta presque, puis reprit, pressante. Les instruments à cordes s'emportaient et les cymbales s'animaient de plus belle. Enfin, le rideau se leva sur la scène investie par les danseurs virevoltant dans leurs collants blancs.

L'avant-bras de Dimitri, qui reposait sur l'accoudoir, n'en occupait pas toute la largeur. Rassemblant son courage, Éva y posa le sien. Quelques millimètres à peine les séparaient, et le monde était figé dans cet espace. Puis Dimitri bougea, son bras se décala imperceptiblement, ils se touchaient. Leurs doigts s'entremêlèrent, hésitants. Délicatement, le pouce de Dimitri caressa le dos de la main d'Éva. Un courant d'électricité la parcourut et le duvet de sa nuque se hérissa. Jamais elle n'avait ressenti de désir pour un homme, et la violence de celui qui retournait son estomac dépassait tout ce qu'elle aurait pu imaginer. Elle osa se tourner vers lui, et découvrit un regard doux et passionné qui la submergea d'émotion. Sa bouche était si proche et, pour la première fois, Éva ne désira rien d'autre qu'un baiser. Mais la magie ne dura qu'un instant, car il retira soudain sa main et reporta toute son attention sur la scène. Le souffle court, elle détacha avec difficulté ses yeux de ce visage qu'elle connaissait depuis toujours, et se laissa emporter par la féerie qui envahissait l'atmosphère.

Quand arriva l'entracte, les applaudissements retentirent et les lumières se rallumèrent. Se levant, Dimitri l'informa qu'il se rendait aux toilettes et s'en alla. Éva le suivit d'un regard déçu. Elle espérait un échange, quelque chose, mais il ne réapparut qu'à la deuxième sonnerie, juste avant que la pénombre ne s'installe à nouveau,

Elle s'en voulait de ne pas profiter du ballet autant qu'il le méritait, au Mariinsky qui plus est, dont elle avait tant rêvé. Ses yeux, certes, goûtaient les chorégraphies, son ouïe savourait la musique, mais son esprit, lui, ne se préoccupait que de l'homme assis à sa gauche, et qui tenait son futur entre ses mains. La *Danse des petits cygnes* avait bien réussi à la détourner quelques minutes de son obsession, mais celle-ci revenait à la charge à intervalles rapprochés.

Mais je ne suis pas Polina. Je pourrais vivre sans lui. Enfin, je crois… Bon, arrête de penser, et profite un peu !

Elle connaissait l'histoire par cœur, tout comme les chorégraphies, mais c'était la première fois qu'elle le voyait en Russie, au Mariinsky, et il s'agissait tout de même de faire honneur à ce chef-d'œuvre. La scène finale de l'acte III, le soir au bord du lac, la subjugua suffisamment pour qu'elle abandonne ses tergiversations incessantes. Après avoir demandé le pardon de sa bien-aimée et lui avoir déclaré son amour éternel, Siegfried lutta contre le sorcier qui tentait de reprendre le pouvoir sur Odette et parvint à lui arracher une aile, rompant le sort funeste. Ainsi, l'amour triomphe du mal, et les amants libérés sont réunis sous l'embrasement grandiose de l'orchestre.

Le salut sembla durer une éternité, et Dimitri ne lui prêtait toujours aucune attention. Jusqu'à la fin, il avait évité tout contact avec elle. Enfin, les gens de la salle commencèrent à se lever, et ils en firent autant, en silence. Après avoir récupéré leurs manteaux, ils suivirent le flot vers la sortie.

Et maintenant, on fait quoi ?

Puisant dans son courage, elle posa la question en russe à Dimitri. Surpris, il laissa échapper un sourire avant de se reprendre et de lui répondre qu'il la raccompagnait à son auberge. Ravie, Éva n'émit pas d'objections, et frémit de bonheur lorsqu'il lui offrit son bras. Ils rejoignirent le canal Griboïedov qu'ils longèrent jusqu'à la place Sadovaïa, et quelques flocons se mirent à voltiger dans l'air. Les rues avaient déjà sali la dernière neige, et des paquets marron et gelés s'amoncelaient par endroits. Ils poursuivirent leur route vers les berges de la Fontanka qui les menèrent au pont Anitchkov, gardé par quatre imposantes sculptures chevalines. Ils tournèrent à l'angle de Nevski et descendirent la perspective vers la place Vosstaniya, où chacun continuerait son chemin. Pas un mot n'avait été échangé, seulement quelques regards furtifs. Éva ignorait le temps qu'ils avaient mis à parvenir ici. Elle aurait tellement voulu lui parler, lui dire toute son importance, lui poser des questions sur lui, sur sa vie, mais aucune parole ne franchissait ses lèvres.

Dimitri s'arrêta au croisement du boulevard Ligovsky et de la place Vosstaniya et se tourna face à elle. Il la dévisagea longuement et, biche au milieu d'une prairie, Éva demeura pétrifiée. Puis, sans qu'elle s'y attende, il l'enlaça soudain.

Depuis combien d'années rêvait-elle d'un moment comme celui-ci ? Toujours. Elle plongea son visage au creux de sa nuque, huma son odeur, savoura de sentir son corps entre ses bras, et laissa quelques larmes s'évader de ses yeux. Mais Dimitri l'écarta trop vite, bien qu'avec douceur.

— Je dois partir.

Mais Éva n'était pas prête à le voir s'en aller et saisit sa main au vol alors qu'il se retournait, stoppant son élan.

— Sasha…

Il garda la tête baissée, inspira profondément, et se détacha d'elle. Déchirée, impuissante, Éva le regarda s'éloigner.

*

Lorsque Dimitri rentra chez lui, Vitya l'attendait dans son atelier. Assis sur le tabouret, il avait disposé autour de lui les tableaux que son ami lui avait dissimulés, et affichait une mine soucieuse et creusée.

— Écoute, commença Dimitri en le voyant ainsi. Je peux t'expliquer…

— Ah bon ? Tu en es sûr ?

Vitya avait presque l'air amusé de la déclaration. Dimitri se passa la main sur la nuque et alla s'asseoir.

— En réalité, non, je ne peux pas vraiment expliquer. Mais, je peux te jurer que je ne savais rien d'Éva avant de la rencontrer. Si je l'ai peinte, c'est grâce à mon imagination…

— Je ne crois pas…

— Comment ça ? Tu penses que je te mens ? Tu me connais pourtant !

Vitya s'avança vers lui et lui donna un paquet entouré de papier kraft.

— Je pense plutôt qu'il te manque beaucoup d'éléments pour comprendre. Tout ce que tu as besoin de savoir se trouve dans ce paquet, entre ces lignes. Mais, avant que tu ne l'ouvres, je dois te raconter une petite histoire…

— Je t'écoute.

Vitya se dirigea vers la fenêtre, et croisa les mains dans son dos.

— Je ne vais pas te raconter tout depuis le début, non. Je vais te parler de ma découverte. Il y a quelques semaines, Éva m'a proposé de loger chez elle durant son séjour ici, et j'ai accepté. Dès les premières nuits, j'ai fait des rêves étranges dont je m'éveillais trempé, en sueur, épuisé, et totalement perdu.

Il se tourna face à Dimitri.

— J'étais à l'intérieur de tes tableaux, Dima. Je me promenais dans ces scènes que tu as peintes, et cela m'apparaissait comme la plus banale des réalités. Et puis, au bout d'une semaine, j'ai commencé à y voir plus clair, plus palpable, et c'est là que j'ai rêvé de la cachette. Je me voyais, encore et encore, dissimuler une boîte en fer sous le plancher de la chambre d'Éva, et je ressentais son contenu comme étant mon plus grand trésor. Tu t'en doutes, je suis allé vérifier. J'ai déplacé le tapis, le sommier, j'ai défait les planches, et la boîte était là, elle m'attendait, avec à l'intérieur l'original du journal qu'elle pensait inventer depuis plusieurs mois. Il dormait sous son lit pendant tout ce temps, appelant ses souvenirs à la conscience d'Éva…

Vitya reprit sa position face à la fenêtre. Dans la rue, la neige tombait en gros flocons.

— J'ai passé les derniers jours à tout traduire, abandonnant mon travail et mes obligations, mais ça prenait trop de temps alors j'ai privilégié la traduction des dernières pages, qu'elle-même n'aurait jamais pu écrire… Le contenu de ces journaux te revient, et tu comprendras pourquoi dès que tu commenceras à lire.

Ouvrant le paquet, Dimitri y trouva une petite clé accompagnée de deux carnets en cuir usé, l'un fermé avec un cadenas, ainsi que deux photos. Sur l'une, ancienne et en noir et blanc, un groupe de quatre jeunes hommes posaient devant l'objectif. L'autre, récente, représentait *La Jeune Fille aux coquelicots*, le tableau qui était chez Éva.

— Vitya, qu'est-ce que ça signifie ?

— Tu nous reconnais, n'est-ce pas ?

— Oui, mais je ne comprends pas. Pour une blague, je la trouve étrange…

— Non, ce n'en est pas une.

— Et ce tableau, là, c'est la version miniature de ma dernière fresque. Enfin, plus ou moins… On dirait vraiment que c'est moi qui l'ai peint… Comment un montage peut-il être aussi réaliste ? Pourquoi ?

— Parce que ce n'en est pas un. Ce tableau date de 1916, à Kislovodsk. Éva en a hérité en même temps que sa librairie, dont l'ancien propriétaire était un immigré russe nommé Sergueï Vassiliévich Iline.

Vitya désigna sur la photo le jeune homme aux cheveux bruns et au visage singulier, qui lui ressemblait comme deux gouttes d'eau.

— Le jeune homme à sa droite s'appelle Sasha…

— Sasha… C'est comme ça qu'elle m'a appelé, tout à l'heure…

Vitya tapota la couverture des journaux.

— Lis, tu comprendras.

Il se dirigea vers la porte de l'atelier, mais avant de disparaître il se retourna et déclara :

— Elle sera là, à l'exposition. Je te fais confiance pour tout préparer pour elle… Je ne m'aveuglerai pas cette fois, je sais que ma place n'est pas ici, entre vous. Il est temps pour moi de quitter la scène, mon ami.

Sur ces mots, il sourit et laissa Dimitri à ses interrogations.

*

Ce soir-là, en rentrant à son auberge, Éva trouva un paquet lui étant destiné. Une liasse de feuilles A4 dactylographiées, un carton d'invitation pour l'exposition de peinture de Dimitri, et une lettre manuscrite de Vitya se terminant ainsi :

Sergueï, en ouvrant cette librairie, souhaitait vous rendre hommage. Il avait besoin de vous faire vivre, ne serait-ce qu'un peu, dans ce rêve qui aurait pu être votre vie. Il n'aurait jamais cru que son geste vous réunirait ainsi, tant d'années plus tard, mais aujourd'hui je suis là, avec entre mes mains la vérité et la chance de réparer le mal qui a été fait et je ne resterai pas figé.

Ainsi, je quitte la scène. Ne me plaignez pas, je vous aime tant tous les deux que ma résolution me rend heureux. C'est ma guérison.

Pour toujours votre ami sincère.

Journal intime d'Apollinariya

Petrograd, 28 février 1917

Ai-je le droit de profaner vos pages ? Le mal est déjà fait, et j'ai tant besoin de vous parler.

Mes mains sont tachées de votre sang. Je n'ai pas pu dormir de la nuit, j'avais si peur du premier matin sans vous.

J'ai lu votre journal, celui que vous avez déposé avec tant de douleur sur sa poitrine silencieuse et froide, et je l'ai vu dès la première page, son tableau, celui que la veille de sa mort il a suspendu ici. Polina, j'ai vu sa vision, et je vous ai vue, vous, comme jamais auparavant. Il y a dans cet instant immortalisé l'essence pure de votre être ; celle que je n'ai jamais su percevoir, celle qu'il a su ressentir dès le premier instant. Il vous a connue avant même de vous rencontrer, là, sous cet acacia accueillant vos doux émois. Vous appeliez Cupidon, chère et douce Polina, et il vous a transpercés tous les deux de son trait incandescent !

Comment vous dire *tout*, Polina ? Toute ma culpabilité, ma haine envers mon aveuglement…

Il-est-mort. Ce sont les trois mots les plus cuisants que j'ai eus à prononcer. Et pourtant, je ne souffrais pas encore. Non, j'étais bienheureux ! Ce n'est que face à votre douleur que j'ai réalisé mon erreur, ma cruelle illusion d'avoir voulu posséder ce qui ne peut souffrir aucun maître : l'amour. J'ai alors compris que mes espoirs n'étaient que chimères, mais je l'ai compris trop tard. Je l'avais déjà tué.

Ils l'ont tué, c'est ainsi que je vous l'ai annoncé. C'est vrai, ce n'est pas moi qui ai appuyé sur la gâchette. J'ai juste vu. J'ai vu, et je n'ai pas bougé, glacé, immobile entre les secondes, avec entre mes mains le seul geste capable de le sauver.

La balle s'est logée dans son dos, juste là, sous l'omoplate, à gauche près du cœur. Je le sais, parce que j'ai vu. J'ai contemplé sa chute, son effondrement sur le pavé.

Son corps entre mes bras, lorsque ses yeux vitreux se sont accrochés aux miens, tremblait encore de l'impact fatal. Il a toussé et de ses lèvres s'est échappé un filet de sang épais. Saisissant ma main sur sa poitrine, il a puisé dans ses ultimes forces pour murmurer :

— Tu prendras soin d'elle, n'est-ce pas ?

J'ai acquiescé, et ses prunelles se sont éteintes.

Et à cet instant, je n'ai pas pensé que mon ami était mort, non. J'ai cru que notre amour avait une chance, et pour cet amour je l'ai sacrifié.

Sauf que « notre amour » n'a jamais existé que dans mes rêves, mes illusions.

C'est ma faute, ma très grande faute. C'est moi, je suis coupable. Un meurtrier. Bourreau de son amitié, assassin de votre amour. Je vous aimais tant ! Je vous aimais et je l'enviais, et c'est là ma plus grande faute. Je vous voulais pour moi, juste pour moi. J'ai oublié l'amitié. J'ai suivi aveuglément mon égarement. À quel moment ai-je perdu l'orientation de ma course ? Quand la brume a-t-elle envahi ma vue ? Bien trop tôt, bien trop tard. Trop tard pour accepter. Sauvage, j'ai aveuglé ma conscience et ai bâillonné ma dignité. J'ai cru. Oui, j'ai espéré jusqu'à ce que les trois mots me rappellent à la réalité.

Dévoré par la jalousie, par l'amertume, je le haïssais pour la chance qu'il avait de tenir votre cœur tendre entre ses mains. Et moi qui vous aurais offert le monde, Polina, et tous ses trésors ! Mais non, vous ne vouliez pas le monde. Vous le vouliez, *lui.*

Lorsque les grèves se sont muées en émeutes, Sasha était méconnaissable, pris d'une agitation extrême, décidé à se battre sang et sueur pour cette révolution qu'il fantasmait tant. Il appelait la mort. Il sentait l'issue, il voulait cette issue. Non, je ne cherche pas à effacer ma culpabilité en me disant que c'était son choix. Il est mort, et j'aurais pu le sauver, voilà tout ce qu'il y a à savoir. Et si nous avions pu deviner tous deux que sa mort vous coûterait la vie…

Tôt ou tard, il se serait rendu à l'évidence : votre choix était fait, et toute l'amitié du monde ne pouvait s'y opposer… Tant qu'il était en vie. Voilà. Voilà le monstre que je suis !

Si je me trouvais là, ce n'était pas pour la révolution. Je voulais réparation, vengeance, je voulais un duel. J'aspirais à une mort prompte, lui ou moi, mais il fallait un choix. Alors je l'ai cherché. J'ai arpenté les rues barricadées, enjambé les corps blessés, ensanglantés, les pavés brisés, les tramways couchés… Jamais mon état intérieur n'avait été aussi justement retranscrit que dans ce paysage chaotique et déchaîné.

Je l'ai trouvé place Vosstaniya, passionné, enflammé, il galvanisait la masse rassemblée autour de lui. Sur son estrade de fortune, à hauteur de torse, il scandait les mots qui portent en ébullition une foule entière. Il exhortait nos soldats à rejoindre la vague qui déferlait sur Petrograd, à refuser de tuer plus de frères, de sœurs, de pères, à poser les armes, à fraterniser ! Dieu, Polina, si vous l'aviez vu ! Il irradiait de lui une lumière aveuglante, une puissance à couper le souffle, mais une telle haine. C'est sûrement elle qui a attiré le cosaque vers lui. Je l'ai vu sur son cheval, un peu en retrait près d'une colonne, là où personne ne le remarquait. Il a pris son temps pour viser, oui, avec une précision et une minutie de chirurgien. J'ai vite compris qu'il visait Sasha, dos à lui, le poing levé et la voix vibrante. Je me tenais là, tout près, avec mille mots d'alerte, mille gestes sauveurs : je n'en ai fait aucun. J'ai attendu, j'ai espéré, Polina !

Je suis sale. Les miroirs qui jalonneront ma vie n'auront désormais qu'un seul reflet, celui d'un diable aux yeux véreux, le visage lacéré de ses propres lamentations. Mon cœur est noir. Ce n'est pas mon ami que je pleure ! Je pleure votre fuite face à mon regard aspirant. Je pleure votre déchirement. Moi qui croyais qu'en votre cœur une place m'était destinée, que vous l'oublieriez, que sa mort laisserait la place à cet amour espérant qui jaillissait de moi. En contemplant son corps froid étendu sur le lit, j'aspirais seulement à ramasser les miettes de cet amour brisé, et réconforter votre cœur ensanglanté. Je pensais à la maison que nous aurions et à nos enfants… J'étais prêt à me jeter à vos pieds et à me donner tout entier. J'ai cru pouvoir être plus fort que lui, plus fort que l'amour… Mirage, folie ! J'étais fou, je le suis encore. Je suis devenu le monstre qui habitait mes nuits sans lune. Votre peau de porcelaine a réveillé la bête qui dormait. La bête qui souffre, la bête qui aime. Elle a animé un cœur dur qui m'était inconnu. Est-ce vraiment là tout le pouvoir de l'amour ?

Un faible coup à la porte : c'était vous, Polina. J'ai entendu votre voix angoissée depuis le vestibule, demandant à le voir. J'ai entendu votre inquiétude, votre besoin fébrile et impérieux. J'ai entendu soudain, oui, tout votre amour pour lui. Vous aviez reçu son mot, dont j'ignorais l'existence, et vous trouver là soudain, chez moi, dans l'intimité du crime qui souillait encore mes mains… C'était trop tôt, trop brutal, mais vous ne m'avez pas laissé le choix. Vous avez bravé les émeutes et les barricades pour le rejoindre… Moi, je venais de sacrifier le meilleur d'entre nous…

Lorsque j'ai ouvert la porte, vous étiez livide et tremblante.

— Il est là ?

Votre voix était suraiguë, essoufflée, fiévreuse. Vous étiez déjà morte.

Je pense que vous avez lu la réponse sur mon visage, bien que j'essayais de la dissimuler.

Son nom, murmuré par vous lorsque vous avez pénétré dans la chambre, résonne encore en moi, tout comme le râle de douleur qui a soulevé votre poitrine. Vous l'appeliez, Sasha, comme une question, et moi je languissais seulement le moment où vous vous abandonneriez enfin dans mes bras, prête à accueillir mon réconfort. Mais j'étais transparent pour vous : je n'existais plus.

— Il est mort, Polina.

Pourquoi ai-je dit cela ? Simplement pour attirer votre attention ? Suis-je une si cruelle personne ? Oui.

Vos yeux ont creusé les fosses de deux tombes, hurlant sans fin : il est mort, il est mort ; *il est mort.*

La complainte qui a jailli de votre poitrine à cet instant m'a glacé le sang. Une agonie qui résonne, qui transperce, qui hante. Vous vous êtes écroulée au pied du lit et j'ai su que vous ne me laisseriez jamais vous atteindre. Vous avez sorti les deux journaux de votre sac et avec cérémonie vous les avez déposés sur son torse immobile, avant de réunir ses mains au-dessus, gardiennes glacées de votre amour. Même cela, je l'ai souillé.

Vous vous êtes ensuite penchée au-dessus de lui. Les larmes roulant en silence sur vos joues, vous avez dessiné les traits de son visage du bout de vos doigts d'ivoire. Votre respiration saccadée, violente, scandait votre douleur. Posant votre main sur sa joue, vous vous êtes penchée pour murmurer à son oreille des mots qui n'appartiennent qu'à vous, et vous lui avez offert ce que vous ne m'auriez jamais donné : votre premier baiser. Votre seul et unique baiser. Ses lèvres de marbre étaient presque roses lorsque vous vous êtes détachée de lui. Quand vous vous êtes redressée, vos yeux étaient perdus. Sans un mot, vous vous êtes dirigée vers la sortie, sourde à mes questions. Au dernier moment, vous m'avez regardé longuement, vous avez souri, et vous avez murmuré :

— Ne vous en faites pas, cher ami. Tout ira pour le mieux.

Et vous êtes partie. Comment avez-vous pu dire cela, sachant ce que vous vous apprêtiez à faire, Polina ? Pourquoi ne vous ai-je pas suivie aussitôt, pourquoi ? Parce que j'ai cru, naïf, que vous ne l'aimiez pas tant que ça, finalement. Oui, j'ai espéré, aveuglé ! Je n'ai pas réalisé que ce calme soudain, cette sérénité, annonçait votre résolution funeste. Soucieux de votre sécurité, je vous ai suivie de loin jusqu'à ce que nous dépassions votre maison en direction du pont Liteyny. Inquiet, j'ai pressé le pas, mais lorsque je suis arrivé vous étiez déjà loin, errante, sur la glace, trop loin ! Je vous soupçonne d'avoir couru… Le temps que je descende, affolé, vous aviez disparu, ne laissant pour preuve que votre manteau encore chaud de vous et de vos tourments, près d'un trou où tourbillonnaient les eaux noires de la Neva. J'ai hurlé et j'ai maudit Dieu et la vie, j'ai frappé la glace, mais vous étiez déjà partie le rejoindre. Polina.

La douleur de le perdre était-elle pire que celle de mourir ainsi, étouffée d'eau et de glace ! ? Il y avait une chance pour vous, pour nous, de reconstruire. Une chance de continuer une vie ensemble. J'aurais su respecter la mémoire de votre amour pour lui. J'aurais su accepter de n'être que le second…

Mais cette rage, cette amertume se distille en moi depuis des années. Je l'admirais, et je l'admire encore. Depuis mes premiers pas, je me bats contre un monstre, celui de l'envie. J'avais la position sociale, j'avais l'argent, j'avais l'avenir, mais ce n'est que grâce à lui que j'ai développé ces valeurs qui m'ont poussé à agir avec droiture et respect envers tous, envers moi-même. Sasha m'a fait meilleur, j'ai maintenu le monstre dans le noir et je l'entendais seulement gronder, parfois, la nuit. Sasha avait cet esprit, cette finesse que je n'ai jamais eus. Il comprenait les choses, il voyait les gens, il n'avait pas le désir de suivre un juste chemin, il était, malgré lui-même, le juste chemin. Sasha était l'homme le plus honnête, le plus franc, le plus juste et généreux que j'aie connu, Polina. Il était fou, mais il était pur. Même quand de mauvaises pensées envahissaient son esprit, il restait droit, serein, entier, il ne se laissait pas atteindre.

Comment parvenait-il à avoir ce recul sur les choses et cette passion à la fois ? Je ne l'ai jamais su, je ne l'aurais jamais compris. Qu'aurais-je donné pour cette force, pour ce courage ! Non, moi je n'ai rien donné, j'ai tué. J'ai tué celui que j'aurais dû sauver, par tous les moyens. J'ai anéanti ma part d'humanité.

Le poème de Lermontov à la mémoire d'Alexandre Odoïevski écorche mon cœur, il résonne et hurle dans mes oreilles. Polina, il y a tant de vers de ce génie que je voudrais écrire ici pour vous. Il parle pour lui, pour nous tous aujourd'hui :

« Mais que t'importe à toi : sois oublié
du monde, toi qui n'avais rien du monde ;
vaine louange ou calomnie immonde,
épine ou fleur, rien d'eux ne t'a souillé.
Tu n'as jamais au joug mondain plié
ton front ; enfant, tu secouas leurs chaînes,
épris du bruit des mers, du silence des plaines…»

Je suis mort. Un mort en sursis. Mon seul tribunal est le goût de votre sang sur mes lèvres. Je n'aurais même pas la force de renoncer à la vie pour me punir des vôtres que j'ai prises. Je suis un lâche qui souille les pages qui ont porté votre chère plume, tandis que vous reposez dans un cercueil de glace. Dans l'eau sombre de la Neva, vous errez. J'aurais aimé, comme ultime pardon, pouvoir vous coucher l'un près de l'autre dans la mort. Polina, j'ai perdu votre corps. Pour lui je ferai dresser une stèle : il aura la tombe du héros qu'il était.

Il semble y avoir un poème pour chaque peine, mais pour celle-ci aucun ne suffit. Elle est trop vaste, trop pleine, trop saignante.

29 février 1917

Amour ! N'aie ni peur ni doute, car notre envol est indomptable. Aucune chaîne, aucune mort ne le soumettra à son joug insatiable. Un jour nous verra réunis, où demain est éternel et où hier n'a de fin, car ils sont aujourd'hui pour toujours.

Ce jour sera l'aube, le premier battement de notre éternité.

Polina, ce sont ses mots ! Ceux qu'il a écrits et dissimulés derrière la toile. Vous saviez son sentiment face à la pérennité des choses, mais pour vous il a inscrit sa déclaration là où elle ne pourra jamais être détruite. Oh, bien sûr, elle sera recouverte par les années, peu importe. Les mots seront là, pour vous, pour toujours.

Je devrais l'enterrer avec vos journaux, je le sais, ils sont à lui, et pourtant… Je ne peux m'y résoudre.

Je l'ai compris, ma seule absolution est la vie. Car me donner la mort à laquelle j'aspire tant m'affranchirait de la honte et de la culpabilité qui me ronge. Avides, elles planent au-dessus de moi tels des vautours alors que je me prosterne aux marches du jugement. Je dois vivre, et subir, voilà mon châtiment. Vivre et chaque jour, dans le miroir, reconnaître encore et encore le crime qui est le mien. J'accepte ma punition, elle est la mienne. Je ne demande ni pardon, ni grâce, ni rémission. À Dieu, très chère Polina.

27

Elle oublie ses peurs, il sait

IL ÉTAIT DIX-NEUF HEURES TRENTE quand Éva arriva devant l'immeuble. Elle n'avait eu aucun mal à trouver : ses pas connaissaient déjà la rue. Elle leva les yeux et remarqua, sur l'un des balcons, trois personnes qui fumaient et bavardaient. Une femme d'une trentaine d'années aux longs cheveux blonds et à l'allure impeccable semblait emportée par son discours. Tout en parlant, elle agitait ses mains aux ongles parfaitement manucurés et, entre deux phrases, tirait nerveusement sur sa cigarette.

Gravissant les marches, le cœur au bord des lèvres, Éva tremblait comme une feuille. Elle s'attendait à apercevoir Dimitri chaque seconde, et l'appréhension dévorait ses entrailles.

Le Chant des partisans s'échappait de la porte grande ouverte et un brouhaha de voix vrombissait entre les murs de l'appartement. Éva s'immobilisa dans le vestibule, avisa des gens dans le couloir, mais se tourna aussitôt vers la porte de droite.

C'est là. C'est cette pièce, je le sais.

— Éva ?

Elle se retourna en sursautant et découvrit un jeune homme aux cheveux blonds coiffés en queue-de-cheval. Il s'adressa à elle en anglais :

— Je suis Lyosha, un ami de Dimitri. Il m'a demandé de te faire visiter, et cette pièce est pour la fin…

Éva acquiesça en silence, un peu mal à l'aise. Lyosha l'invita à retirer son manteau et à le suivre. L'exposition avait été aménagée entre trois pièces communicantes, parfaitement rénovées, et dans chacune étaient présentées trois fresques. Au sol, le parquet en bois clair contrastait avec les tentures noires qui couvraient les murs.

Une masse compacte bourdonnait, agglutinée autour des toiles et du buffet. Éva se faufila entre les corps et les conversations et s'approcha de la première fresque. Immédiatement, elle reconnut la place Vosstaniya où avaient eu lieu les affrontements sanglants. La foule qui s'étendait brandissait des pancartes, les poings levés. Sasha, superbe, debout sur une estrade de fortune, était figé dans son cri. Des cavaliers en uniformes tentaient de rabattre la masse sur les trottoirs, et un tramway était assailli par quelques enragés. Tout était si détaillé, si précis. Ce n'était plus du réalisme, c'était une photo.

C'est là que Sasha est mort, c'est son dernier souvenir…

Elle pleurait si souvent qu'elle ne prêta aucune attention aux larmes qui coulaient jusque dans son cou. Après une minute d'éternité, elle détacha ses yeux, et contourna la peinture.

Elle passa à la toile suivante.

Les enfants des rues, ceux de la journée patinage !

En guenilles, ils mâchouillaient des *pirojki*, certains à l'abri dans leurs tonneaux, d'autres se réchauffant autour du brasero. Somnambule, Éva continua, ignorant les gens, les sons, les voix, et elle étouffa une exclamation. Sur la glace recouverte de neige marchait une femme. Son long manteau de fourrure descendait jusqu'à ses pieds et, dans son dos, une natte blonde. Elle écartait les bras et semblait embrasser la ville qui s'étendait de chaque côté des berges.

Éva ne respirait qu'à peine lorsqu'elle passa à la pièce suivante. Elle nota que, discret, Lyosha la suivait. Ici, il y avait moins de monde, et elle put prendre plus de recul pour observer les œuvres.

Je reconnais ! C'est le lieu à Vyborg où Sasha donnait ses leçons et faisait ses réunions révolutionnaires !

Des hommes aux visages sales et marqués, aux barbes hirsutes pour certains, étaient assis autour d'une table, ou bien debout, et paraissaient débattre d'un sujet épineux. Leurs figures s'auréolaient d'un nuage de fumée et des cadavres de cigarette et de verres brisés gisaient au sol.

Éva tourna la tête, et lâcha un gémissement ému.

Sur un étang gelé, de joyeux patineurs s'amusaient. Au milieu de cette foule, figée dans un moment de grâce, la jambe légère et les bras aériens, une jeune femme semblait prête à s'envoler. Son visage n'apparaissait pas clairement, mais Éva n'en avait nul besoin.

Elle avança encore. Le peintre, cette fois, marchait derrière Polina. Autour, la rue grouillait de monde et pourtant l'on ne voyait qu'elle.

Éva n'en pouvait plus, elle n'aspirait qu'à revoir Sasha, Dimitri, peu importait son nom. Elle n'avait même plus envie de voir les toiles. Elle se tourna vers Lyosha, lui fit signe de venir, et s'essuya discrètement les yeux et les joues.

— Oui ?

— Où est Dimitri ?

— Il n'est pas ici…

Les espoirs d'Éva se fissurèrent.

— Vraiment ? Mais pourquoi ?

— Je crois qu'il t'attend autre part…

— Où ça ? Ses tableaux sont merveilleux, mais j'ai besoin de le voir.

Gêné, Lyosha se balançait d'un pied sur l'autre, visiblement indécis.

— C'est-à-dire que Dimitri m'a bien dit de tout te faire visiter, avant de te montrer la pièce…

Éva leva un regard implorant vers lui.

— Je t'en prie…

— Bon, suis-moi.

Il la ramena au vestibule.

— Je ne t'accompagne pas à l'intérieur, mais si tu as besoin de quoi que ce soit, je suis juste ici.

— D'accord… Merci.

Retenant son souffle, Éva tourna la poignée, entra, et referma la porte, subjuguée. Sur le mur de gauche, la jeune fille aux coquelicots écrivait toujours inlassablement dans son journal.

Mon Dieu… Il est si grand ! Et si beau…

Comme sur les autres fresques, les proportions correspondaient à l'échelle humaine, et la sensation d'immersion était enivrante.

— Mon Sasha…

Elle demeura longtemps, le regard perdu au loin dans la prairie. Enfin, elle se retourna.

Le lit était là, contre ce mur…

À présent, à sa place se trouvait un pupitre recouvert d'une étoffe pourpre sur lequel patientaient deux carnets ainsi qu'une photo en noir et blanc. Mais ce n'est pas ce qui attira l'attention d'Éva en premier. Ce qui lui coupa le souffle fut de découvrir, au-dessus, une myriade de tableaux et de croquis, représentant tous la même personne : elle, ou plutôt Polina.

Je vois que je ne suis pas la seule à avoir souffert d'obsession…

Éva reconnaissait chaque scène, chaque détail, chaque émotion. Sur l'un, en haut à gauche, on distinguait parmi la forêt de pins maigres, où transperçaient quelques rayons de soleil, une silhouette entre les arbres. À droite, un portrait. Sur un autre, elle se tenait debout devant l'étang. Son visage était dénué d'expression. Ni tristesse, ni colère, ni interrogation, rien. Simplement un regard. Au centre de tous ces tableaux emplis d'elle, Éva découvrit le poème.

Enfin, elle porta son attention sur le pupitre, les journaux et la photo. Sa bouche se remplit de salive, une sueur aigre perla sous ses bras, froide derrière sa nuque, et un vertige la prit, avec une terrible envie de vomir. Son cœur battait la chamade, instable, l'obligeant à respirer avec méthode et sang-froid. Lorsque son affolement se fut calmé, elle serra la photo contre son cœur, la reposa, et osa se saisir du premier journal. Tout d'abord, l'écriture cursive en russe lui parut incompréhensible. Puis, peu à peu, les mots se révélèrent à elle, les phrases prises soudain sens, et la nausée la submergea à nouveau.

Elle reposa le journal, inspira à fond et, décidée à trouver Dimitri, elle embrassa du regard le poème, les tableaux, la fresque, et surtout les journaux, puis sortit. Comme prévu, Lyosha l'attendait.

— Alors, où est-il ?

Comme seule réponse, il lui tendit un croquis du petit pont en bois du jardin de Tauride.

Arrivée là-bas, elle l'aperçut aussitôt. Elle voyait son dos, penché sur la rambarde, et elle songea soudain à cette phrase de Katherine Pancol qui l'avait marquée : « C'est beau un homme de dos qui attend une femme. C'est fier comme un héros qui, ayant tout donné, n'attend plus qu'un seul geste pour se retourner. »

Elle fit un pas, deux, trois, et sentit la neige frémir. Les arbres n'avaient pas oublié, ils chuchotaient entre eux. Oui, je me souviens, disaient-ils. Oui, oui, les mêmes. Cela fait bien longtemps…

Dans quelques empreintes, elle l'aurait rejoint. Il n'avait pas esquissé un geste et pourtant, elle savait qu'il avait perçu sa présence. Elle s'immobilisa, il n'y avait qu'un pas entre eux. Petit pas de géant entre deux mondes, foulée entre deux univers qui, au creux d'un souffle, se penchent l'un vers l'autre. Courbe dans l'espace du temps, arabesque entre les siècles que deviennent les destinées.

Il se redressa lentement face à elle, et la contempla. Se goûtant du regard, ils se rapprochèrent davantage, bercés par le silence des secondes et des années qui s'entrechoquent.

Le char du temps retient ses chevaux de course, et il y a lui, sa bouche. Cambrure légèrement humide, serment d'espérance où la mort se devra d'attendre la vie. Éva avance encore, puis s'interrompt. Ce sera la première fois. Elle ne connaît ni sa chaleur ni sa douceur. Elle a confiance, elle aime. Elle a faim de cet homme. Désir de sa bouche, de ses épaules, de son cou. Appétit de son tout, de son plein, de son Lui.

Elle pose sa main sur sa joue et elle le voit. Il est là, dissimulé juste au coin : c'est son baiser. Celui qu'elle aurait voulu exiger quand déjà il lui appartenait. Celui qu'elle a offert quand il n'était plus que prière. Du bout des doigts, elle dessine les traits de ce visage tant aimé, tant espéré. Elle sent ses veines battre, l'air enfle ses poumons. Son cœur et son estomac oscillent, trébuchent dans sa gorge. Son sang s'électrifie ; elle s'éveille à la vie.

Il la regarde toujours, immobile, de ce regard suprême qui reste à la mémoire quand les mots se sont égarés. Douce et maligne, la virgule habile de son sourire s'éclaire, s'étire. Ses yeux, cependant, demeurent sérieux et graves. Lui aussi a encore mal. Il dépose à son tour sa paume sur sa joue et son pouce tendrement la caresse. Éva tressaille, il parle et s'approche un peu plus. Son russe est la rumeur des vagues un soir d'hiver, lorsque le grain s'enroule et chavire entre les boucles écumeuses. Elle ne comprend pas ce qu'il dit, elle sait. Puis il s'incline jusqu'à presser son front contre le sien. Si près, elle sent son expiration l'effleurer. Elle devine la pulpe de ses doigts sur sa peau. À l'ombre de son cou, ils tremblent eux aussi.

Elle oublie ses peurs, il sait.

« Regardez, ils vont oser ! » Et les arbres de se pencher vers eux, sans masquer la pâle lueur de la lune qui observe elle aussi, et leurs ombres de furtivement s'étendre.

Éva se décale, glisse jusqu'à son oreille et murmure, en russe, ces mots qui lui brûlent la bouche :

— Ce baiser est à toi, maintenant et pour toujours. Il t'a toujours appartenu.

Elle sent une pression subtile contre sa nuque, une chaleur. Languissante comète s'allongeant au firmament, elle survole sa joue et rejoint ses lèvres. Elles sont souples, tièdes. Elles s'unissent juste là, dans cette évanescente ondulation à côté du sourire. Il l'entoure de ses bras, l'accueille contre lui et la serre, de toutes ses forces.

Et lorsque leur baiser s'éteint, ivres, Bonheur et Extase se prélassent au creux de leurs bouches. Puis, sans prévenir, un rire jaillit. Ils sont heureux. Ce sont des baisers légers, mordants, euphoriques. Des baisers gourmands. Prunelles qui s'embrasent, cœurs qui explosent, corps qui fusionnent. Ils ne savent ni demain ni toujours, seulement l'instant.

28

Leurs noms importaient peu

L'AIR ÉTAIT DOUX, un pigeon prenait son envol, le ronronnement d'une voiture disparaissait au coin de la rue et les pas d'un jeune homme résonnaient sur les pavés encore humides. S'immobilisant face à une vitrine, il examina les lettres calligraphiées, fraîchement peintes, de la nouvelle librairie *Le Bruit des pages.*

À plusieurs milliers de kilomètres, dans une pittoresque ville du Caucase, un jeune couple adossé contre le tronc noueux d'un acacia contemplait la prairie en contrebas, rougie de coquelicots. Une brise parfumée s'exhalait des monts et la forêt chantait la venue de l'été. L'or et le fauve de leurs cheveux se mêlaient, dansaient sous les rayons du soleil, et leurs noms importaient peu.

Œuvres citées

PLATON, *L'Apologie de Socrate*, dans *Œuvres complètes* (dir. Luc Brisson). Paris, Flammarion, 2011.

HUGO, V., *Elle était déchaussée, elle était décoiffée*, dans *Les Contemplations* (Livre Premier, Aurore, XXI), 1856.

BRONTË, E. (1847), *Les Hauts de Hurlevent*, Le Livre de Poche, 1974.

FREILIGRATH, F., poème *O lieb, so lang du lieben kannst*, « *Oh, aime, tant que tu peux aimer* », traduit de l'allemand par Eberhard Meinzolt.

TCHERNYCHEVSKI, N. (1963), *Que faire ?*, Les hommes nouveaux, éditions des Syrtes, 2000.

POUGATCHËV, A. (1902), *Les Grappes odorantes de l'acacia blanc*, dans *Florilège de la poésie d'amour russe*, éditions Christian Chomant, 2015.

POUCHKINE, A., *Au poète*, traduction d'Ivan Tourgueniev et Gustave Flaubert parue dans *La République des*

Lettres, 1876, reprise dans Isaac Pavlovsky, *Souvenirs sur Tourguéneff*, Paris, Savine, 1887. (Source Internet : La bibliothèque russe et slave.)

GOETHE, J. W. (1774), *Les Souffrances du jeune Werther*, Le Livre de Poche, 1999.

LERMONTOV, M. (1839), *À la mémoire d'A.I. Odoïevski* (Alexandre Iouriévich), dans *Œuvres poétiques*, éditions L'Âge d'homme, 1985.

PANCOL, K., *Et monter lentement dans un immense amour*, Le Livre de Poche, 2001.

Remerciements

Cette histoire vivait en moi, silencieuse, tellement présente. Je savais qu'elle m'attendait, mais encore fallait-il savoir où… Eh bien c'était sagement, en Russie, sous la neige blanche de Saint-Pétersbourg. Rencontrer cette ville et ses habitants, c'était rencontrer une part de mon âme, une chose d'intimement enfouie et essentielle.

Pour cette raison, mes premiers remerciements sont pour ce merveilleux pays, si dense et si riche, que j'espère avoir honoré comme il se doit, même si je doute que ce soit possible. Également, je tiens à faire un remerciement tout particulier à Zoë et Eduard Chuchakin, guides et historiens à Saint-Pétersbourg, pour leurs précieux conseils, leur bonne humeur et leur hospitalité sans pareille. Et puis, bien sûr, merci à tous mes chers amis pétersbourgeois. Merci à Macha, à Alexander, à Nastya, à Alyona, à Maksim, à ma douce et tendre Polina et sa petite fille Éva pour leur finesse d'esprit, leur générosité et leur force.

Cependant, de ces amis russes, il y en a un qui n'a pas d'égal. Un qui à lui seul a emporté tout le reste. Un qui a touché et mon cœur et mon âme, et aucun remerciement ne pourra jamais suffire à cette amitié. De

Konstantin, il est devenu Sasha, puis Dimitri, mais c'est le même roi, le même poète oublié du monde, lui qui n'a rien du monde. Tranquille, farouche, artiste exigeant n'attendant pas de récompense pour ses nobles exploits, il va par un libre chemin, épris du bruit des mers et du silence des plaines...

Et comment, surtout après avoir tant dansé avec leurs mots, ne pas remercier mille fois tous les poètes, les philosophes, les écrivains, les compositeurs et les peintres virtuoses, ces génies qui m'ont guidée et initiée aux mystères, aux tourments et à la beauté de l'âme russe ? Aucune liste ne pourrait être assez exhaustive, surtout si l'on prend en compte les indispensables traducteurs et éditeurs qui nous permettent de les découvrir. Tout de même, pour leurs écrits, je m'incline devant Tchernichevski, Pouchkine, Lermontov, Dostoïevski, Tolstoï, Kouprine, Essénine, Akhmatova, et tant d'autres. Pour leurs compositions sans égal, *stand up ovation* à Rachmaninov, Tchaïkovski, Prokofiev, Glinka, Dvorak, Chostakovich, Rimski-Korsakov (je vous épargne la liste interminable).

Bien entendu, il ne s'agit pas d'oublier tous les artistes non russes qui m'ont eux aussi accompagnée dans cette incroyable odyssée. Je pourrais passer des heures entières à tous les citer, à remercier l'un et l'autre pour tel poème, roman, journal, vers, morceau, extrait, mais je pense avoir déjà largement épuisé mon quota de références. Ces artistes, ces musiques, ces films, ces romans ont été des sources d'inspiration inestimables, mais surtout mes plus fidèles compagnons durant mes (délicieux) mois d'écriture en solitaire. De combien d'épiphanies et d'extases jubilatoires ont-ils été témoins, je l'ignore, tant il y en a eu. Cette période d'immersion totale, happée par le bruit des pages, a été, sans même exagérer, la plus exaltante et épanouissante de mon existence. Il y a eu des hauts, des bas, des milieux, des pics et des falaises à gravir, mais quelle extase pure. Aucun voyage ne peut être comparé avec celui entrepris avec l'écriture, au-delà des frontières de son imagination…

Concernant toutes les personnes merveilleuses qui ont cru en moi et m'ont soutenue au long de mon processus d'écriture, je ne les listerai pas, car elles se reconnaîtront toutes et savent déjà l'importance qu'elles ont pour moi. Néanmoins, je tiens à décerner quelques mentions spéciales :

Tout d'abord, une immense vague de gratitude pour l'équipe Charleston, qui m'a accueillie à bras ouverts et s'est donnée à fond pour que ce roman prenne vie sous son meilleur jour, et aussi pour tous les membres du jury qui m'ont offert la chance incroyable de partager *Le Bruit des pages* avec le reste du monde (ou du moins à la partie qui voudra bien me lire).

D'ailleurs, j'en profite pour vous remercier, vous qui avez élu mon roman comme compagnon, qui l'avez goûté et tenu entre vos mains. Merci de l'avoir aimé, ou même détesté, et d'avoir vibré au fil des pages à l'unisson avec mes personnages. Merci pour eux, de les faire vivre et exister dans vos yeux.

Ensuite, un grand merci à Stéphanie et à ses ateliers d'écriture, car c'est dans l'un d'eux que j'ai eu *le* déclic. Nous devions écrire un texte improvisé après avoir tiré au hasard un mot. Le mien était « poussière », et ça a suffi pour m'emporter aussitôt dans la librairie d'Ernest, sur les empreintes d'Éva.

Un long chemin s'est déroulé depuis, semé d'instants de joie et de doute, de rires et de larmes, d'hésitation ou de passion enflammée, et pour cela j'aimerais me remercier. Oui, me remercier d'avoir porté mon rêve jusque sur le papier, jusqu'au bout du bout du point final, et de m'être offert cet inestimable cadeau, celui de créer.

Pour conclure, il y a un dernier remerciement qui me tient particulièrement à cœur. Il s'adresse à Éva, à Dimitri, à Vitya et Sergueï. À Sasha, et Polina. Je veux ici les remercier pour le souffle vital qu'ils ont insufflé à mes poumons. Les remercier pour leur vérité. Pour le courage, la tendresse et la force qui les habitent, pour leurs espoirs et leurs craintes, pour leur douleur, pour leur amour. Merci de m'avoir donné la vie.

Achevé d'imprimer en France
par CPI Bussière
À Saint-Amand-Montrond (18)
Dépôt légal : avril 2019
N° d'impression : 2042823